파이썬 마이크로서비스

파이썬 마이크로서비스

모범 사례로 알아보는
파이썬 마이크로서비스 개발,
테스트, 배포, 확장까지

타렉 지아드 지음 김현욱 옮김

Packt>

| 지은이 소개 |

타렉 지아드 Tarek Ziadé

프랑스 디종Dijon 근교에 살고 있는 파이썬 개발자로, 모질라Mozilla 서비스 팀에서 일하고 있다. Afpy라는 프랑스 파이썬 사용자 그룹을 만들었으며, 『Expert Python Programming – Second Edition』(Packt, 2016)을 썼다. 이외에도 여러 권의 파이썬 도서를 프랑스어, 영어로 각각 저술했다. 컴퓨터 앞에서 작업에 몰두하지 않거나 가족과 어울리지 않을 때는 달리기와 트럼펫 연주로 시간을 보낸다.

개인 블로그 'Fetchez le Python'을 방문하거나 트위터 '@tarek_ziade'를 팔로우해서 연락할 수 있다.

지원을 아끼지 않는 팩트 팀과 많은 도움을 준 동료들, 스테판 페르미저(Stéfane Fermigier), 윌리엄 칸-그리니(William Kahn-Greene), 크리스 콜로시브스키(Chris Kolosiwsky), 줄리엔 비헨(Julien Vehent), 라이언 켈리(Ryan Kelly)에게 감사드린다.

애미나(Amina), 밀로(Milo), 수키(Suki), 프레야(Freya)에게 그들의 사랑과 인내심에 감사하다는 말을 전한다.

이 책을 즐겁게 썼던 만큼 독자들도 즐겁게 읽어 나가길 바란다.

| 지은이의 말 |

7년 전 모질라에서 내가 속한 팀은 파이어폭스Firefox에 관한 웹 서비스를 만들기 시작했다. 이때 만든 웹 서비스들이 지금은 마이크로서비스가 됐다. 마이크로서비스가 되기까지의 변화는 시간이 지나면서 조금씩 생겨났다.

변화를 일으킨 첫 번째 시작점은 모든 서비스를 클라우드로 이전해서 서드파티 서비스들과 연동하기 시작하면서부터다. 클라우드에서 애플리케이션을 서비스하면 자연스레 마이크로서비스 형태를 갖추게 된다.

두 번째 계기는 파이어폭스 계정 프로젝트다. 파이어폭스와 우리가 만든 서비스들이 연동하기 위해서는 단일 자격증명single identify이 필요했다. 모든 서비스가 하나의 자격증명 서비스와 효과적으로 연결되기 위해 결국 필요한 부분들이 마이크로서비스로 재설계되기 시작했다. 많은 웹 개발자들이 위와 비슷한 경험을 했거나 현재 겪고 있다고 생각한다.

파이썬은 이와 같이 작고 효과적인 마이크로서비스를 개발하는 데 최적의 언어다. 파이썬 생태계는 역동적이며, 파이썬 3의 최신 기능은 지난 5년간 뛰어난 성장을 보여준 Node.js에 비견할 경쟁력을 갖추고 있다.

이와 같은 내용을 이 책에서 다룬다. 이 책을 쓰기 위해 Runnerly라는 마이크로서비스를 개발했다. 프로젝트를 만들면서 얻은 경험을 독자 여러분과 공유하고자 한다. 이 애플리케이션은 깃허브에 올라가 있으며, 깃허브를 통해 나와 소통할 수 있다. 실수가 있다면 짚어 주길 바라며, 깃허브에서 멋진 파이썬 애플리케이션을 같이 만들어 보면서 배움을 이어갈 수 있다.

| 기술 감수자 소개 |

윌리엄 칸-그리니 William Kahn-Greene

90년대 후반부터 파이썬으로 웹 애플리케이션을 개발하고 있다. 모질라의 크래시 통계 그룹에서 일하고 있으며, bleach를 포함한 다양한 파이썬 라이브러리도 유지 보수하고 있다. CI 도구의 코드 변경 테스트가 끝나기를 기다리는 동안에 나무로 물건을 만들고 토마토를 재배하며, 4인분의 요리를 만들기도 한다.

| 옮긴이 소개 |

김현욱(nnhope@hotmail.com)

스마일게이트, 엔씨소프트 등에서 게임 플랫폼을 개발했다. C++, 파이썬을 좋아하고, 오픈소스에 기여하고 스택 오버플로 활동을 틈틈이 하고 있다. 『크로스 플랫폼 개발을 위한 C# 7과 닷넷 코어 2.0』(에이콘, 2018), 『모던 C++로 배우는 함수형 프로그래밍』(에이콘, 2018) 등을 번역했다.

| 옮긴이의 말 |

파이썬의 힘은 이해하기 쉬운 코드와 '뭘 좋아하지 몰라 다 준비된' 수많은 라이브러리, 영리한 커뮤니티 구성원들의 왕성한 활동에서 비롯됩니다. 덕분에 파이썬은 업무 생산성을 향상시키는 강력한 스크립트 제작부터 데이터 과학, 백엔드 서비스에 이르기까지 다양한 분야에서 사용되고 있습니다.

소프트웨어 개발 분야는 새로운 개념과 기술, 언어가 유난히 빈번하게 등장하며, 그중 일부는 도태되고 일부는 오랜 기간 쓰이면서 또 다른 기술을 파생시키기도 합니다. SOA를 좀 더 구체화한 개념으로 소개된 마이크로서비스는 현재의 클라우드 기반 환경에서 가장 인기 있는 아키텍처가 됐습니다.

마이크로서비스는 여러 장점을 갖고 있지만, 개발 및 운영상의 복잡성이 증가할 수 있습니다. 그렇기 때문에 자동화된 테스트, 지속적인 통합/배포(CI/CD) 및 데브옵스가 그 밑바탕을 지탱할 필요가 있습니다.

이 책은 파이썬을 활용해 마이크로서비스를 만들고 테스트하고 배포하는 전체 과정을 짚어가면서 모범 사례와 주의할 점 등을 설명합니다. 이 책의 저자인 타렉 지아드는 모질라 서비스 팀의 파이썬 개발자로 일하고 있으며, 프랑스 파이썬 사용자 그룹 및 다양한 오픈 소스 활동에서 얻은 경험을 녹여내 적절한 예제를 곁들여 설명합니다.

마이크로서비스의 개념과 아키텍처 적용 절차가 궁금하거나 파이썬 생태계를 활용해서 직접 개발을 시작해보고 싶은 독자들께 이 책은 적당한 출발선이 돼 줄 것입니다. 또한 마이크로서비스 개발에 국한되지 않는 파이썬의 전반적인 내용과 상황에 맞는 라이브러리 활용법, 그리고 모범적인 개발 프로세스를 체험하면서 여러분의 실력을 배양하는 데 든든한 밑거름이 될 것입니다.

여러 번 검토했지만 책에 잘못된 부분이 있다면 출판사나 제 메일로 보내주시면 정오표에 반영토록 하겠습니다. 원서의 예제 코드를 좀 더 보완한 샘플 코드는 https://github.com/surinkim/python_msd_kor에서 다운로드할 수 있습니다.

이제 파이썬과 또 한 번 즐거운 여정을 시작하시기 바랍니다.

| 차례 |

지은이 소개 5
지은이의 말 6
기술 감수자 소개 7
옮긴이 소개 8
옮긴이의 말 9
들어가며 19

1장 마이크로서비스 소개 **27**

서비스 지향 아키텍처의 기원 29
모놀리식 접근 방식 30
마이크로서비스 접근 방식 35
마이크로서비스의 장점 37
위험 분리 37
작은 프로젝트 38
확장 및 배포의 다양한 옵션 39
마이크로서비스의 단점 40
비논리적인 분할 40
네트워크 연동 증가 41
데이터 저장과 공유 41
호환성 이슈 42
테스트 42
파이썬으로 마이크로서비스 구현 44
WSGI 표준 45
Greenlet과 Gevent 47

트위스티드와 토네이도 50
asyncio 51
언어 성능 54
요약 57

2장 플라스크 알아보기 **59**

파이썬 버전 선택 61
플라스크에서 요청 처리 62
라우팅 67
변수와 컨버터 68
url_for 함수 72
요청 72
응답 75
플라스크 기본 기능 77
session 객체 77
전역 공간 78
시그널 80
확장과 미들웨어 82
템플릿 84
설정 87
블루프린트 89
에러 처리 및 디버깅 91
사용자 정의 에러 핸들러 91
디버그 모드 94
마이크로서비스 구조 96
요약 99

3장 코딩, 테스트, 문서화: 선순환 101

테스트의 여러 종류 103
단위 테스트 104
기능 테스트 108
통합 테스트 111
부하 테스트 113
엔드 투 엔드 테스트 116
WebTest 사용 118
pytest와 Tox 사용 121
개발자 문서 124
지속적인 통합 130
Travis-CI 131
ReadTheDocs 133
Coveralls 134
요약 136

4장 샘플 프로젝트 Runnerly 설계 139

Runnerly 애플리케이션 140
사용자 스토리 141
모놀리식 설계 143
모델 143
뷰와 템플릿 145
백그라운드 작업 149
스트라바 토큰 153
인증과 허가 155
모놀리식으로 함께 묶기 159
모놀리식 분리 161
데이터 서비스 163
Open API 2.0 사용 164

좀 더 분할 167
요약 169

5장 서비스 연동 171

동기식 호출 172
플라스크 app에서 세션 사용 174
커넥션 풀링 180
HTTP 캐시 헤더 182
데이터 전송 효율 높이기 187
GZIP 압축 187
바이너리 데이터 189
요약 193
비동기 호출 194
태스크 큐 194
토픽 큐 195
게시/구독 202
AMQP를 통한 RPC 사용 203
요약 203
테스팅 204
동기식 호출 모방 204
비동기식 호출 모방 206
Celery 모방 206
다른 비동기 호출 모방 209
요약 210

6장 서비스 모니터링 211

중앙 집중화된 로그 212
Graylog 구성 215
Graylog에 로그 보내기 219
필드 추가 222
성능 지표 224
시스템 지표 225
코드 지표 227
웹 서버 지표 231
요약 232

7장 서비스 보안 235

OAuth2 프로토콜 237
토큰 기반 인증 239
JWT 표준 240
PyJWT 243
X.509 기반 인증 245
TokenDealer 마이크로서비스 249
POST/oauth/token 구현 250
TokenDealer 사용 254
웹 애플리케이션 방화벽 257
OpenResty: 루아와 nginx 259
요청 제한 및 동시 처리 제한 262
기타 OpenResty 기능 265
코드 보안 266
외부에서 유입되는 요청 평가 267
애플리케이션 영역 제한 272
Bandit 린터 사용 274
요약 278

8장 하나로 모으기 279

리액트 대시보드 만들기 281
JSX 281
리액트 컴포넌트 283
리액트와 플라스크 288
Bower, npm, 바벨 사용 290
CORS 294
인증과 권한 부여 298
데이터 서비스와 상호작용 299
스트라바 토큰 얻기 300
자바스크립트 인증 303
요약 305

9장 Runnerly 패키징 및 실행 307

패키징 도구 모음 309
용어 정의 310
패키징 311
seup.py 파일 311
requirements.txt 파일 317
MANIFEST.in 파일 321
버전 관리 322
릴리스 325
배포 328
모든 마이크로서비스 실행 332
프로세스 관리 336
요약 341

10장 컨테이너 서비스 343

도커란? 344
도커 기본 347
도커에서 플라스크 실행 350
풀스택: OpenResty, Circus, 플라스크 352
OpenResty 353
Circus 356
도커 기반 배포 359
도커 컴포즈 361
클러스터링, 프로비저닝 364
요약 367

11장 AWS에 배포 369

AWS 개요 371
라우팅: Route 53, ELB, Auto Scaling 372
실행: EC2, Lambda 373
스토리지: EBS, S3, RDS, ElasticCache, CloudFront 375
메시징: SES, SQS, SNS 376
SES 377
SQS 377
SNS: 단순 통지 서비스 378
프로비저닝과 배포: CloudFormation, ECS 379
AWS에 배포: 기본 380
AWS 계정 설정 380
CoreOS를 사용해 EC2에 배포 383
ECS를 사용해 배포 390
Route 53 399
요약 402

12장 더 나아가기

반복자와 발생자 405
코루틴 409
asyncio 라이브러리 411
aiohttp 프레임워크 413
Sanic 414
비동기와 동기 416
요약 418

찾아보기 420

| 들어가며 |

웹 애플리케이션을 클라우드에 배포하기 위해서는 많은 서드파티 서비스들과 서로 유기적으로 연결될 수 있어야 한다. 마이크로서비스 아키텍처를 사용하면 이러한 상호작용을 관리할 수 있는 애플리케이션을 만들 수 있다. 이렇게 하더라도 각 서비스들만의 고유한 특징이 있기 때문에 모든 서비스를 올바로 연결하기는 쉽지 않다.

이 책은 이런 문제를 해결하기 위한 기술을 다룬다. 마이크로서비스의 설계, 코딩, 테스트, 배포까지 단계별로 가장 좋은 방법을 배울 수 있다.

실제 사례를 참고하면 가장 효과적인 방법을 사용해서 자신만의 파이썬 마이크로서비스를 만드는 데 도움이 된다. 이 책을 다 읽으면 검증된 모범 사례를 사용하고 일반적인 함정을 피하면서 작은 표준 단위로 제작하는 애플리케이션 개발 기술을 배우게 될 것이다. 다시 말해, 모놀리식 디자인에서 새로운 마이크로서비스 기반 개발 패러다임으로 이동하려는 파이썬 개발자를 위한 유용한 가이드가 될 것이다.

이 책의 구성

1장. 마이크로서비스 소개에서는 마이크로서비스가 무엇이고, 모던 애플리케이션에서 어떤 역할을 하는지 알아본다. 그리고 파이썬으로 마이크로서비스를 개발할 때의 장점을 알려준다.

2장. 플라스크 알아보기에서는 플라스크의 주요 특징을 소개한다. 마이크로서비스의 기초가 될 샘플 웹 애플리케이션을 만들어보면서 프레임워크를 이해한다.

3장. 코딩, 테스트, 문서화: 선순환에서는 테스트 주도 개발, 지속적인 통합에 대해 알아보며, 플라스크 애플리케이션을 개발하고 패키징할 때 어떻게 활용하는지 알아본다.

4장. 샘플 프로젝트 Runnerly 설계에서는 기능 목록과 사용자 스토리를 활용해서 모놀리식 애플리케이션을 설계하는 방법을 설명한다. 그런 다음 모놀리식 애플리케이션을 마이크로서비스로 재구성하면서 각 서비스들이 어떻게 데이터를 통해 서로 연결되는지 알아본다. 또한 HTTP API를 설명할 때 사용되는 오픈 API 2.0(이전 Swagger) 사양도 소개한다.

5장. 서비스 연동에서는 서비스와 백엔드 서비스의 연결에 대해 설명한다. 네트워크 분리를 비롯한 서비스 간의 연결과 관련된 문제를 다루는 방법, 격리된 환경에서 서비스를 테스트하는 방법도 알아본다.

6장. 서비스 모니터링에서는 코드에 로깅과 성능 지표를 추가해 전체 서비스의 상태를 명확하게 파악하고 이슈를 추적하는 방법을 설명한다.

7장. 서비스 보안에서는 마이크로서비스를 보호하기 위해 사용자 인증, 서비스 간 인증, 사용자 관리를 어떻게 해야 하는지 알아본다. 또한 사기나 남용을 어떻게 완화하는지 소개한다.

8장. 하나로 모으기에서는 최종 사용자가 마이크로서비스를 활용할 수 있게 해주는 자바스크립트 애플리케이션의 디자인과 개발 방법을 설명한다.

9장. Runnerly 패키징 및 실행에서는 Runnerly의 패키징, 빌드, 실행 방법을 설명한다. 애플리케이션의 모든 구성 요소는 단일 개발 머신에서 실행할 수 있어야 한다.

10장. 컨테이너 서비스에서는 가상화란 무엇이고, 도커를 어떻게 사용하는지, 그리고 서비스의 도커 이미지를 생성해서 '도커화'하는 방법을 소개한다.

11장. AWS에 배포에서는 AWS의 주요 서비스를 소개한 다음, 마이크로서비스 기반 애플리케이션을 배포할 때 필요한 초기 설정 방법과 활용하기 좋은 AWS 서비스를 알아본다. 클라우드에 도커 컨테이너를 배포하는 데 목적을 두고 만들어진 CoreOS 리눅스 배포판도 소개한다.

12장. 더 나아가기에서는 마이크로서비스 개발과 관련해 좀 더 알아볼 내용을 소개한다. 특히 비동기 방식을 사용해서 마이크로서비스를 만드는 방법을 알아본다. I/O를 많이 쓰는 마이크로서비스라면 비동기 방식으로 성능을 높일 수 있다.

준비 사항

이 책의 명령어와 애플리케이션을 실행하려면 파이썬 3.x, Virtualenv 1.x, Docker를 시스템에 설치해야 한다. 세부적인 사용법은 해당 내용을 설명하는 각 장에서 다룬다.

이 책의 대상 독자

이 책은 파이썬에 대한 기본 지식, 커맨드라인, HTTP 기반 애플리케이션에 대한 기본 지식을 갖추고 있으며, 파이썬 3를 활용한 마이크로서비스 개발, 테스트, 확장, 관리 방법을 배우고 싶은 독자를 대상으로 한다. 파이썬으로 마이크로서비스를 개발해 본 경험은 필요하지 않다.

편집 규약

이 책에서는 독자의 이해를 돕고자 다루는 정보에 따라 글꼴 스타일을 다르게 적용했다. 이러한 스타일의 예제와 의미는 다음과 같다.

텍스트에서 코드 단어와 데이터베이스 테이블 이름, 사용자 입력은 다음과 같이 표시한다.

"async 키워드로 인해 여기에 비동기가 사용된다는 걸 알 수 있다. 이 키워드는 함수가 코루틴으로 동작한다는 표시다."

코드 블록은 다음과 같이 표시한다.

```
import time

def application(environ, start_response):
    headers = [('Content-type', 'application/json')]
    start_response('200 OK', headers)
return bytes(json.dumps({'time': time.time()}), 'utf8')
```

코드 블록에서 좀 더 유심히 볼 필요가 있는 줄이나 항목에는 굵은체를 사용한다.

```
from greenlet import greenlet
def test1(x, y):
    z = gr2.switch(x+y)
    print(z)
```

커맨드라인 입력과 출력은 다음과 같이 표시한다.

```
docker-compose up
```

경고나 중요한 내용은 이와 같이 나타낸다.

팁이나 요령은 이와 같이 나타낸다.

독자 의견

독자로부터의 피드백은 항상 환영한다. 이 책에 대해 무엇이 좋았는지 또는 좋지 않았는지 소감을 알려주길 바란다. 독자 피드백은 앞으로 더 좋은 책을 발행하는 데 매우 중요하다.

일반적인 피드백을 우리에게 보낼 때는 간단하게 feedback@packtpub.com으로 이메일을 보내면 되고, 메시지의 제목에 책 이름을 적으면 된다.

여러분이 전문 지식을 가진 주제가 있고, 책을 내거나 책을 만드는 데 기여하고 싶다면 www.packtpub.com/authors에서 저자 가이드를 참고하길 바란다.

고객 지원

팩트출판사의 구매자가 된 독자에게 도움이 되는 몇 가지를 제공하고자 한다.

예제 코드 다운로드

원서의 예제 코드를 좀 더 보완한 샘플 코드는 에이콘출판사의 도서정보 페이지 http://www.acornpub.co.kr/book/python-microservices에서 다운로드할 수 있다. 옮긴이의 깃허브 저장소 https://github.com/surinkim/python_msd_kor에서도 수정된 예제 코드를 다운로드할 수 있다.

원서에서 사용된 예제 코드는 http://www.packtpub.com/support를 방문해 이메일을 등록하면 파일을 직접 받을 수 있으며, 원서의 Errata도 확인할 수 있다. 또한 https://github.com/PacktPublishing/Python-Microservices-Development에서도 다운로드할 수 있다.

정오표

내용을 정확하게 전달하기 위해 최선을 다했지만, 실수가 있을 수 있다. 팩트출판사의 도서에서 문장이든 코드든 간에 문제를 발견해서 알려준다면 매우 감사하게 생각할 것이다. 독자의 참여를 통해 다른 독자에게 도움을 주고, 다음 버전의 도서를 더 완성도 높게 만들 수 있다. 오탈자를 발견한다면 http://www.packtpub.com/submiterrata를 방문해 책을 선택하고, 구체적인 내용을 입력해주길 바란다. 보내준 오류 내용이 확인되면 웹사이트에 그 내용이 올라가거나 해당 서적의 정오표 부분에 그 내용이 추가될 것이다. http://www.packtpub.com/support에서 해당 도서명을 선택하면 기존 정오표를 확인할 수 있다.

한국어판은 에이콘출판사의 도서정보 페이지 http://www.acornpub.co.kr/book/python-microservices에서 찾아볼 수 있다.

저작권 침해

인터넷에서의 저작권 침해는 모든 매체에서 벌어지고 있는 심각한 문제다. 팩트출판사에서는 저작권과 사용권 문제를 매우 심각하게 인식한다. 어떤 형태로든 팩트출판사 서적의 불법 복제물을 인터넷에서 발견한다면 적절한 조치를 취할 수 있도록 해당 주소나 사이트명을 알려주길 부탁한다.

의심되는 불법 복제물의 링크는 copyright@packtpub.com으로 보내주길 바란다. 저자와 더 좋은 책을 위한 팩트출판사의 노력을 배려하는 마음에 깊은 감사의 뜻을 전한다.

질문

이 책과 관련해 질문이 있다면 questions@packtpub.com으로 문의하길 바란다. 최선을 다해 질문에 답하겠다. 한국어판에 관한 질문은 이 책의 옮긴이나 에이콘 출판사 편집 팀(editor@acornpub.co.kr)으로 문의해주길 바란다.

01

마이크로서비스 소개

천공 카드punched card를 컴퓨터의 입력과 저장 장치로 사용하던 시대 이후로 소프트웨어 개발 방식은 많은 발전을 이뤘다.

마이크로서비스microservice는 배포 주기를 단축하려는 기업들의 요구를 바탕으로 최근 몇 년에 걸쳐 나타난 개선 사항 중 하나다. 기업들은 애자일agile 방식을 도입해 새로운 제품과 기능을 최대한 빨리 배포하며, 짧은 주기로 이 과정을 반복한다.

수천, 수백만의 고객이 여러분의 서비스를 사용하고 있다고 하자. 운영 환경에 실험적인 기능을 푸시push하고 제대로 동작하지 않으면 곧바로 제거하는 방법과 배포하기 전 몇 달에 걸쳐 기능을 검증하고 게시하는 방법 중 어떤 것이 더 좋은 방법일까? 고객의 만족도를 높이고 경쟁사의 서비스보다 앞서기 위해서는 새로운 기능을 빠르게 배포하는 첫 번째 방법이 더 좋다.

넷플릭스Netflix는 작은 변경 사항을 운영 환경에 자주 업데이트하고 일부 사용자를 대상으로 테스트하는 지속적인 배포Continuous Delivery 기술을 장려한다. 넷플릭스가 만든 Spinnaker(http://www.spinnaker.io)는 업데이트의 많은 단계를 자동화하며, 새로운 기능을 독립적인 마이크로서비스로 클라우드에 배포한다.

하지만 해커 뉴스Hacker News나 레딧Reddit에서 마이크로서비스와 관련된 글을 읽어보면 난해한 전문 용어 및 유행어로 가득한 글에서 정말 필요하고 도움 되는 정보만 추려내기가 쉽지 않을 것이다.

> "구조화된(structured), 가상의(virtual), 추상적인(abstract), 분산된(distributed), 고차의(higher-order), 실용적인(applicative) 등의 단어로 마치 구원을 약속하는 듯한 글을 쓰는 것은 새로운 종교를 만드는 것과 다름없다."
>
> – 에츠허르 데이크스트라(Edsger W. Dijkstra)[1]

1장에서는 마이크로서비스가 무엇인지 살펴보고 파이썬으로 마이크로서비스를 구현하는 다양한 방법을 알아본다.

1장에서 다루는 내용은 다음과 같다.

- 서비스 지향 아키텍처
- 모놀리식 애플리케이션 개발
- 마이크로서비스 애플리케이션 개발
- 마이크로서비스 장점
- 마이크로서비스 단점

---

1. 에츠허르 데이크스트라는 네덜란드의 컴퓨터 과학자로 1972년에 튜링상을 받았다. 최단 경로에 대한 알고리즘, 'Goto문의 해악(Go To Statement Considered Harmful)'을 다룬 논문 등으로 유명하다. 책에서 인용한 글은 1979년 IEEE에서 발표한 '컴퓨터 과학에 대한 바람(My hopes of computing science)'에서 가져왔으며, 컴퓨터 공학 분야가 성숙하지 않았던 당시의 전문 용어, 유행어의 잦은 사용 등을 지적했던 내용이다. 원서의 저자인 타렉은 마이크로서비스의 표준이 정해지지 않았고, 아직까지는 미성숙된 분야라는 것을 강조하기 위해 이 글을 인용했다. – 옮긴이

- 파이썬으로 마이크로서비스 구현

1장을 마치면 마이크로서비스와 파이썬 활용 방법을 충분히 이해하고 개발을 시작할 준비가 돼 있을 것이다.

서비스 지향 아키텍처의 기원

마이크로서비스는 공식적인 표준이 없기 때문에 여러 개의 정의가 있다. 마이크로서비스를 설명할 때는 서비스 지향 아키텍처SOA, Service-Oriented Architecture가 자주 인용된다.

> SOA는 마이크로서비스보다 먼저 알려진 개념이다. 핵심 원리는 애플리케이션을 네트워크로 액세스 할 수 있는 기능 단위로 분리해서 각각 독립적인 작동과 업데이트가 가능하게 하는 것이다.
>
> – 위키피디아

앞의 SOA 개념 정의를 보면 각 기능 단위는 비즈니스의 한 측면을 담당하는 완전한 독립 서비스이며, 제공하는 기능은 인터페이스를 통해 노출한다.

SOA의 정의에서 서비스가 독립적이라는 것을 확실히 언급하고 있기는 하지만 각 서비스가 서로 연동될 때 어떤 프로토콜을 사용하는지, 그리고 애플리케이션의 구성과 배포는 어떤 식으로 해야 하는지는 모호하다. 일부 전문가들이 2009년쯤 웹에 발표한 SOA 선언(http://www.soa-manifesto.org)에는 각 서비스가 네트워크를 통해 상호작용한다는 언급도 없었다.

따라서 SOA 서비스는 동일 컴퓨터의 소켓을 사용한 프로세스 간 통신IPC, Inter-Process Communication이나 공유 메모리, 메시지 큐, 원격 프로시저 호출RPC, Remote Procedure Call 등을 사용해서 통신할 수도 있다. 사용 가능한 옵션이 다양하므로, 결국 전체 애플리케이션이 하나의 프로세스 안에서 실행되지만 않는다면 어떤 형태라도 SOA가 될 수 있는 셈이다.

마이크로서비스는 "서로 통신할 수 있는 독립적인 컴포넌트로 애플리케이션을 개발한다."라는 SOA 목표의 일부분을 충족하면서 등장했기 때문에 SOA를 좀 더 구체화한 것으로 설명된다.

좀 더 세부적인 마이크로서비스의 정의를 내리기 전에 대부분의 소프트웨어가 어떤 구조로 돼 있는지 먼저 살펴보자.

모놀리식 접근 방식

전통적인 모놀리식monolithic 애플리케이션이란 거대한 단일 구조의 애플리케이션을 뜻한다. 단순한 예로 호텔 예약 웹 사이트를 생각해보자. 이 웹 사이트는 정적 HTML 페이지와 세계 유명 도시의 호텔을 예약할 수 있는 기능을 제공한다. 고객은 원하는 호텔을 검색해서 신용카드로 예약할 수 있다.

고객이 웹 사이트에서 검색을 클릭하면 애플리케이션은 다음처럼 동작한다.

1. 호텔 데이터베이스에서 쿼리를 실행한다.
2. 검색 결과 목록에 더 많은 호텔을 보여주기 위해 파트너 회사의 서비스에 HTTP 요청을 보낸다.
3. HTML 템플릿 엔진을 사용해서 HTML 결과 페이지를 생성한다.

고객이 검색 결과 페이지에서 마음에 드는 호텔을 선택하고 예약을 클릭하면 애플리케이션은 다음과 같이 동작한다.

1. 신규 고객이라면 데이터베이스에 고객을 등록하고 인증을 거친다.
2. 은행 웹 서비스와 통신해서 결제를 처리한다.
3. 법적 근거를 위해 결제 세부 정보를 데이터베이스에 저장한다.
4. PDF 생성 서비스를 사용해서 영수증을 발행한다.

5. 이메일 서비스를 사용해서 예약 정보를 요약한 이메일을 고객에게 전송한다.
6. 이메일 서비스를 사용해서 예약된 호텔로 예약 정보를 전송한다.
7. 예약 내용을 관리하기 위해 데이터베이스에 관련 내용을 추가한다.

단순화한 과정이지만 실제 호텔 예약 서비스의 흐름 역시 위 과정과 유사하다. 이 애플리케이션은 호텔 정보, 예약 세부 사항, 결제, 고객 정보 등을 저장하는 데이터베이스와 연동된다. 또한 결제 승인, 이메일 전송 및 파트너 회사를 통해 더 많은 호텔 목록을 가져오기 위해 외부 서비스들과의 통신도 필요하다.

LAMP[Linux-Apache-MySQL-Perl/PHP/Python] 아키텍처와 유사하게 모든 요청은 데이터베이스에 연속된 SQL 쿼리를 보내고 외부 서비스를 호출한 다음, 템플릿 엔진을 사용해서 HTML 응답을 생성한다.

다음 다이어그램은 이렇게 중앙 집중화된 아키텍처를 보여준다.

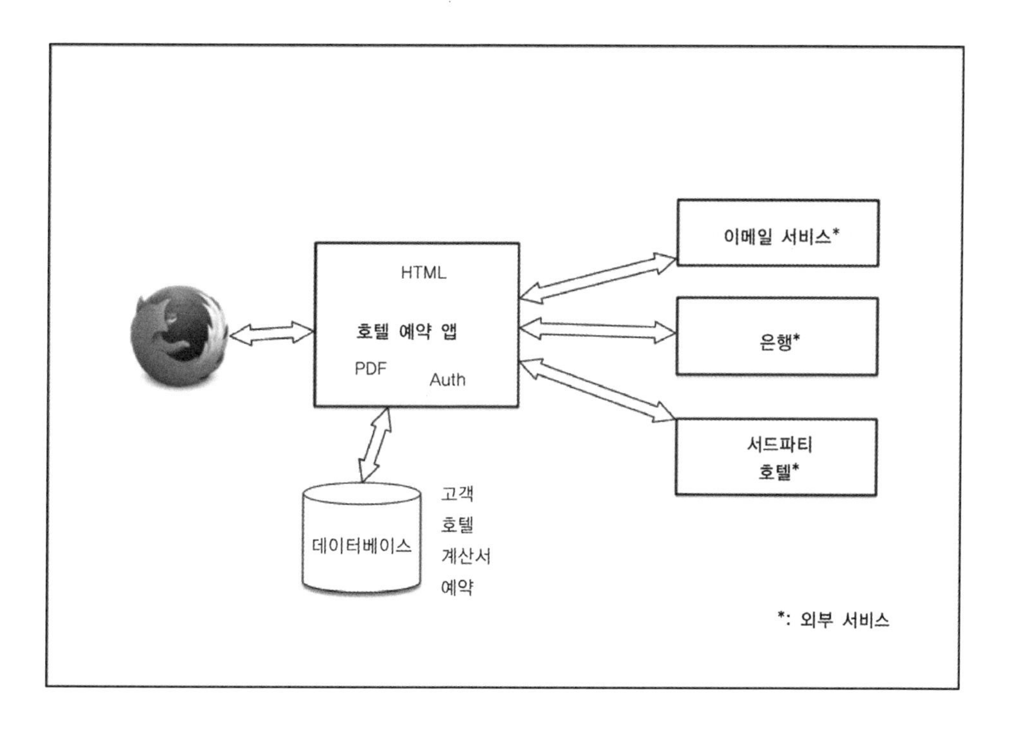

이 애플리케이션은 전형적인 모놀리식이며, 몇 가지 뚜렷한 장점을 갖고 있다.

가장 큰 장점은 전체 애플리케이션이 단일 코드 기반single code base이므로, 개발 초기에는 모든 것이 단순하다는 것이다. 테스트 커버리지coverage를 높이기 쉬우며, 코드는 깨끗이 구조화된 형태로 유지된다. 하나의 데이터베이스에 모든 데이터를 저장함으로써 데이터 모델과 쿼리 역시 쉽게 변경할 수 있기 때문에 애플리케이션 개발이 단순하다.

배포도 마찬가지다. 코드를 태깅하고 패키지를 만들어서 실행하는 과정 전반에 큰 어려움이 없다. 확장이 필요하면 호텔 예약 애플리케이션을 여러 개 실행하면 되고, 데이터베이스도 적절한 복제 방법을 적용해서 여러 개 실행하면 된다. 애플리케이션이 작은 규모로 계속 머문다면 이 방식은 충분히 좋은 방법이며, 소규모 팀에서 관리하기도 수월하다.

하지만 프로젝트는 보통 처음 예상보다 더 큰 규모로 성장해간다. 그 과정에서 단일 코드로 만든 애플리케이션은 까다로운 문제를 쏟아내기 시작한다. 예를 들어 은행 서비스나 데이터베이스 변경 같은 큰 범위의 수정이 발생하면 전체 애플리케이션은 매우 불안정한 상태가 된다. 이런 변경은 새 버전을 배포하기 위해 많은 추가 테스트를 필요로 하며, 프로젝트의 지속 여부를 결정하기도 한다. 이런 상황은 프로젝트가 지속되는 한 꾸준히 발생한다.

작은 범위의 변경 역시 위험하다. 전체 시스템을 구성하는 여러 서비스의 실행 조건이나 안정성 유지 조건은 저마다 다르므로, 어떤 서비스의 작은 수정으로 인해 발생한 문제가 시스템의 연이은 손상으로 확대될 수 있다. 예를 들어 PDF 생성 서비스에서 크래시가 발생한다면 결제와 예약 서비스 등 다른 기능 역시 위험할 수 있다.

성장이 통제되지 않는 것은 또 다른 문제다. 시간이 지나면서 새로운 기능들이 추가되고 기존 개발자들은 떠나고 새로운 개발자들이 들어온다. 이러면서 코드는 지저분해지고 테스트 속도도 느려지기 시작한다. 결국, 유지 보수가 어려운 스파게티 코드가 늘어나고 데이터 모델을 수정할 때마다 복잡한 마이그레이션 계획을 세워야만 한다.

규모가 큰 프로젝트는 보통 몇 년의 시간에 걸쳐 성장해가며, 점점 이해하기 어렵고 유지하기 힘든 상태로 변해간다. 이 문제는 개발자의 잘못이라고 말할 수 없다. 복잡성이 커지면서 작은 변경 사항들의 의미와 영향을 완전히 이해할 수 있는 사람들이 줄어드는 것이 문제다. 엉망진창인 문서와 코드 주석을 대하는 개발자들은 코드의 작은 일부분이 아니면 아예 손을 대지 않는다. 우리 모두에게 아주 익숙한 경험이다.

결코 좋은 경험은 아니며, 이런 프로젝트를 담당하는 개발자는 최신 프레임워크를 사용해서 애플리케이션을 새로 개발하고 싶어 한다. 결국 새로운 프로젝트가 시작되지만 동일한 문제는 다시 발생하며, 같은 상황이 반복된다.

모놀리식 접근 방법의 장단점을 정리하면 다음과 같다.

- 모놀리식으로 프로젝트를 시작하는 것은 쉽다. 아마 최고의 접근 방법이라고 할 수 있다.
- 중앙 집중화된 데이터베이스는 데이터 설계와 구성이 단순하다.
- 단일 애플리케이션 배포는 간단하다.
- 어떤 기능에 대한 코드 수정이, 관련되지 않은 다른 기능에도 영향을 미친다. 해당 기능에 문제가 생기면 전체 애플리케이션이 잘못될 수도 있다.
- 애플리케이션 확장에 제약이 있다. 여러 개의 인스턴스를 배포하는 방법이 있지만, 애플리케이션의 특정 기능이 대부분의 리소스를 사용한다면 결국 전체 시스템에 영향을 미친다.
- 코드가 증가하면서 깨끗이 유지하기가 어렵고 이해하기도 힘들어진다.

여기에 정리한 문제 중 일부는 해결할 수 있는 방법이 있다.

확실한 방법은 단일 프로세스에서 애플리케이션을 실행하더라도 코드는 여러 조각으로 나누는 것이다. 외부 라이브러리나 프레임워크의 도움으로 이렇게 할 수 있다.

이 도구들은 팀이나 사내에서 개발할 수도 있고, **오픈소스 소프트웨어**OSS를 사용할 수도 있다.

파이썬으로 웹 애플리케이션을 만든다면 **플라스크**Flask 같은 프레임워크를 사용할 수 있다. 이렇게 하면 비즈니스 로직에만 집중할 수 있으며, 플라스크 확장이나 파이썬 패키지로 코드를 분리하는 것도 가능하다. 작은 패키지로 코드를 분리하는 건 애플리케이션의 성장을 제어하기 위한 좋은 방법이다.

> "작은 것이 아름답다."
> – 유닉스 철학

호텔 예약 애플리케이션의 PDF 생성 서비스를 예로 들면 Reportlab(https://www.reportlab.com/opensource)이나 다른 비슷한 기능의 템플릿을 사용해서 파이썬 패키지로 분리할 수 있다. 이 패키지는 다른 곳에서 재사용할 수 있으며, 공개해도 괜찮다면 **파이썬 패키지 색인**PyPI에 게시할 수도 있다.

이런 방법으로 코드를 분리하더라도 아직 단일 프로세스에서 애플리케이션을 실행한다는 문제가 남아있다. 단일 프로세스는 필요한 특정 부분만 확장할 수가 없고 앞에서 말했듯이 다른 기능의 버그에 취약하다.

그리고 의존성 지옥Dependency Hell이라고 부르는 또 다른 문제가 있다. 애플리케이션이 어떤 기능을 지원하기 위해 A 라이브러리의 2.0 버전이 필요하다고 하자. 그런데 PDF 생성 서비스는 호환성 문제로 인해 A 라이브러리의 2.0 버전을 사용할 수 없다. 그렇다면 A 라이브러리를 뜯어 고치거나 다른 어떤 방법으로든 이 문제를 해결해야 한다.

지금까지 나열한 문제는 프로젝트가 시작한 첫 날 발생하지는 않지만, 시간이 지나면서 쌓여갈 것이다.

이번에는 동일한 호텔 예약 애플리케이션을 마이크로서비스 방식으로 개발하는 경우를 살펴보자.

마이크로서비스 접근 방식

동일한 애플리케이션을 마이크로서비스 방식으로 개발한다면 각각의 프로세스로 실행되는 분리된 컴포넌트로 코드를 구성할 수 있다. 따라서 모든 것을 처리하는 단일 애플리케이션 대신, 다음 다이어그램처럼 여러 개의 마이크로서비스로 분리가 가능하다.

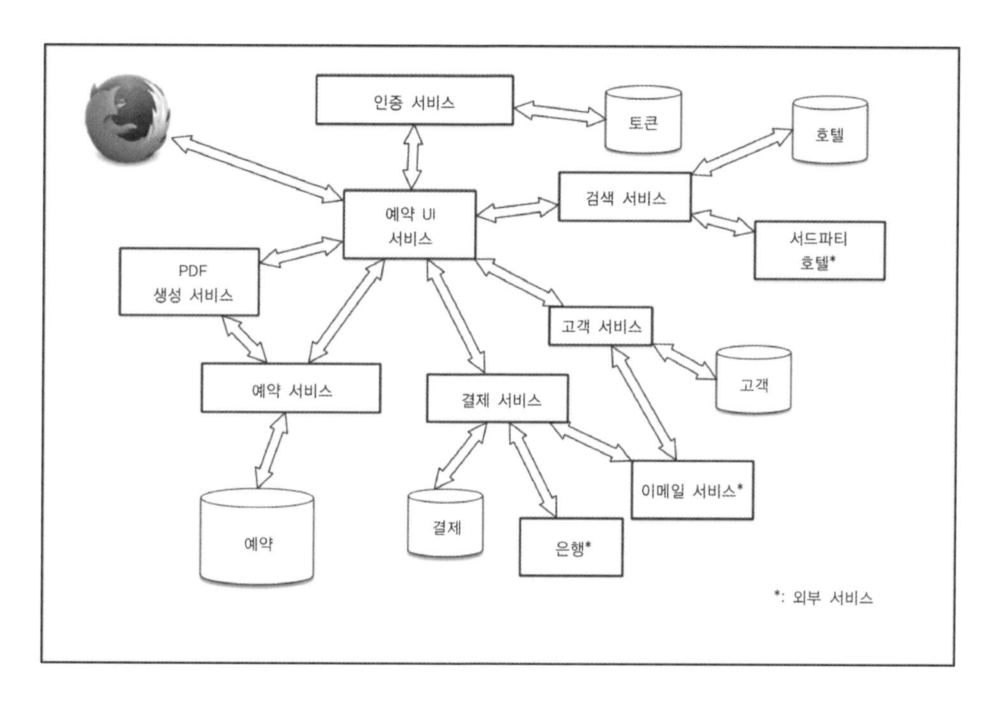

컴포넌트의 수가 늘어났다고 놀랄 필요는 없다. 단지 모놀리식 방식의 내부에 감춰져 있던 연동 흐름을 밖으로 끄집어 낸 것뿐이다. 내부의 복잡한 연동 흐름은 다음과 같이 7개의 독립적인 컴포넌트로 분리됐다.

1. **예약 UI 서비스:** 웹 UI를 생성하는 프론트엔드 서비스며, 모든 마이크로서비스와 연결된다.
2. **PDF 생성 서비스:** 영수증이나 기타 주어진 데이터와 포맷으로 PDF 문서를 생성한다.

3. **검색 서비스:** 도시 이름으로 호텔 목록을 얻어오는 서비스. 이 서비스는 자체 데이터베이스를 갖고 있다.
4. **결제 서비스:** 은행 서비스와 통신하며 결제 데이터베이스를 관리한다. 또한 결제가 성공하면 이메일을 보낸다.
5. **예약 서비스:** 예약 정보를 저장하고 PDF를 생성한다.
6. **고객 서비스:** 고객 정보를 관리하고 이메일 서비스와 연동된다.
7. **인증 서비스:** OAuth2 기반의 서비스로 인증 토큰을 반환한다. 반환된 토큰은 각 마이크로서비스가 다른 서비스를 호출할 때 인증 용도로 사용한다.

7개의 마이크로서비스는 이메일, 호텔, 은행 같은 3개의 외부 서비스와 연동하며, 앞에서 살펴본 모놀리식 호텔 예약 서비스와 동일하게 동작한다. 각 서비스는 HTTP 프로토콜을 사용해서 통신하며, RESTful 방식의 API를 제공한다.

각 마이크로서비스는 자신만의 고유한 데이터 구조를 갖기 때문에 중앙 집중화된 데이터베이스가 더 이상 필요 없다. 입/출력 데이터 형식도 JSON처럼 언어에 구애 받지 않는 형식을 사용한다. HTTP 요청/응답을 생성하는 데 문제가 없고, 사용하는 프로그래밍 언어에서 지원한다면 XML이나 YAML 같은 다른 형식을 사용할 수도 있다.

예약 UI 서비스는 **사용자 인터페이스**를 생성하기 때문에 조금 다르다. UI 개발에 어떤 프론트엔드 프레임워크를 사용했느냐에 따라 예약 UI의 출력 결과는 HTML과 JSON 혼합이 될 수도 있고, 인터페이스가 정적 자바스크립트 기반의 도구를 사용해서 브라우저에 인터페이스를 직접 생성한다면 보통의 JSON 형식이 될 수도 있다.

마이크로서비스로 설계된 웹 애플리케이션은 이러한 특별한 UI 서비스 외에도 여러 개의 마이크로서비스로 구성되며, HTTP를 통해 서로 연동하면서 전체 기능을 제공한다.

이런 맥락에서 마이크로서비스는 단일 작업에 집중하는 논리적인 단위라고 볼 수 있으며, 다음과 같이 정의할 수 있다.

> 마이크로서비스는 명확하게 정의된 계약으로 축소된 기능 목록을 제공하는 가벼운 애플리케이션이다. 이 애플리케이션은 독립적인 개발과 배포가 가능한 단일 책임(single responsibility)을 가진다.

위 정의에서는 HTTP나 JSON을 따로 언급하지 않았다. 바이너리 데이터를 교환하는 작은 UDP 기반의 서비스도 마이크로서비스의 예로 볼 수 있기 때문이다. 그렇지만 이 책에서는 마이크로서비스의 범위를 'HTTP 프로토콜을 사용하며 JSON 형식의 요청/응답을 처리할 수 있는 단순한 웹 애플리케이션'으로 한정한다.

마이크로서비스의 장점

마이크로서비스 아키텍처는 모놀리식에 비해 복잡해보이지만 다음과 같은 장점을 갖고 있다.

- 위험 분리
- 작은 프로젝트
- 확장 및 배포의 다양한 옵션

각 장점에 대해 자세히 알아보자.

위험 분리

마이크로서비스의 첫 번째 장점은 분리된 팀에서 독립적으로 서비스를 개발할 수 있다는 것이다. 예를 들어 앞에서 봤던 그림에서 예약 서비스는 그 자체가 하나의 완전한 프로젝트다. 또한 체계적으로 잘 정리된 HTTP API를 제공할 수만 있다면 개발팀에서는 선호하는 어떤 프로그래밍 언어나 데이터베이스도 사용할 수 있다.

이 사실은 모놀리식 방식에 비해 애플리케이션의 변화를 좀 더 통제할 수 있다는 것을 말해준다. 예를 들어 결제 서비스가 서드파티 은행 서비스의 연동 방식을 변경했다고 하자. 이 변경 사항은 결제 서비스 내부에만 영향을 주므로 다른 마이크로서비스들은 안정적으로 유지될 수 있다.

이런 느슨한 결합loose coupling은 단일 책임 원칙을 서비스 레벨에 적용함으로써 프로젝트의 전반적인 속도를 향상시킨다.

로버트 마틴Robert Martin이 정의한 단일 책임 원칙은, 클래스는 한 가지 이유로만 수정해야 한다는 것이다. 즉, 클래스는 명확하게 정의된 하나의 기능만 제공해야 한다는 말과 같다. 이 원칙을 마이크로서비스에 적용하면 각 마이크로서비스는 오로지 하나의 역할에만 집중하게 만들어야 한다.

작은 프로젝트

마이크로서비스의 두 번째 장점은 프로젝트의 복잡성을 감소시키는 것이다. 애플리케이션 하나에 PDF 생성, 결제 기능을 비롯한 여러 기능을 추가하면 아무리 주의해서 코드를 작성해도 전체 코드 양은 점점 증가하고 복잡해지며 속도 역시 느려진다. 분리된 애플리케이션에서 기능을 구현하면 이러한 문제를 피할 수 있으며, 자주 리팩토링하고 릴리스 주기를 짧게 하면서 코드를 수월하게 관리할 수 있다. 결국 애플리케이션의 성장과 변화를 우리가 통제할 수 있다.

작은 프로젝트는 애플리케이션을 개선할 때 발생 가능한 위험을 감소시킨다. 팀에서 새로운 프로그래밍 언어나 프레임워크를 사용해보고 싶다면 빠르게 프로토타입을 만들어 사용해본 다음, 도입 여부를 결정할 수 있다.

파이어폭스 동기화 저장소 서비스 사례를 간략히 소개하면 이 서비스는 원래 파이썬과 MySQL로 구현돼 있는데, 최근에 Go와 SQLite로 전환하는 실험을 진행했다. 저장소 기능은 명확하게 정의된 HTTP API를 제공하는 마이크로서비스로 이미 분리돼 있었기 때문에 손쉽게 프로토타입을 만들어 연동할 수 있었다.

확장 및 배포의 다양한 옵션

마이크로서비스의 세 번째 장점은 상황에 따른 확장이 쉽다는 것이다. 호텔 예약 애플리케이션의 고객이 날마다 늘어나서 PDF 생성 서비스의 CPU 사용량이 증가하기 시작했다면 더 큰 CPU를 가진 서버에 해당 마이크로서비스만 배포할 수 있다.

또 다른 예로 **레디스**Redis나 **멤캐시드**Memcached 같은 메모리 데이터베이스를 사용하는 마이크로서비스라면 CPU는 보통의 성능이지만 더 많은 램을 장착한 서버에 배포하는 식으로 조정이 가능하다.

마이크로서비스의 장점은 다음처럼 요약할 수 있다.

- 하나의 팀이 각 마이크로서비스를 독립적으로 개발할 수 있으며, 선호하는 기술을 사용할 수 있다. 릴리스 주기 역시 원하는 대로 정할 수 있다. 제공하는 HTTP API만 명확히 정의해두면 그 외의 작업은 자유도가 높다.
- 애플리케이션의 복잡성을 논리적인 컴포넌트로 분리한다. 각 마이크로서비스는 한 가지 일을 잘하는 데만 집중한다.
- 마이크로서비스는 독립형 애플리케이션이므로 배포를 효과적으로 제어할 수 있다. 따라서 확장하기도 편하다.

마이크로서비스 아키텍처는 애플리케이션이 성장하면서 발생하는 많은 문제를 해결할 수 있다. 하지만 마이크로서비스 때문에 발생하는 몇 가지 문제점도 짚어볼 필요가 있다.

마이크로서비스의 단점

앞에서 본 것처럼 마이크로서비스로 애플리케이션을 개발하면 많은 장점이 있다. 하지만 마이크로서비스가 모든 것을 해결해주는 은총알silver bullet은 아니다.

마이크로서비스로 개발하면서 부딪치게 되는 문제는 다음과 같다.

- 비논리적인 분할
- 네트워크 연동 증가
- 데이터 저장과 공유
- 호환성 이슈
- 테스트

각 문제에 대해 자세히 알아보자.

비논리적인 분할

마이크로서비스의 첫 번째 문제는 "어떻게 설계할 것인가?"다. 처음부터 완벽하게 마이크로서비스 아키텍처를 구현할 수 있는 방법은 없다. PDF 생성 서비스는 사용 용도가 명확하지만, 비즈니스 로직을 다루는 마이크로서비스들은 올바른 분리가 확인되지 않은 상태에서 개발이 시작되는 경우도 흔하다.

설계는 시도와 실패를 반복해 가면서 진행해야 한다. 더구나 마이크로서비스를 추가하거나 제거하는 것은 모놀리식 애플리케이션을 리팩토링하는 것보다 어렵다.

분할 여부가 확실하지 않다면 분할하지 않는 것이 좋다.

> "때 이른 분할은 모든 악의 근원이다."

이런 경우는 애플리케이션 하나에 코드를 그냥 두는 것이 안전하다. 나중에 코드를 떼 내어 새로운 마이크로서비스를 만들면 된다. 새로운 마이크로서비스를 만드는 것은, 두 개의 마이크로서비스를 하나로 합치는 것에 비하면 항상 쉽다.

두 개의 마이크로서비스를 합쳐야 하는 경우는 잘못된 분할 때문에 발생한다. 예를 들어 두 개의 마이크로서비스를 항상 같이 배포해야 한다거나, 어떤 마이크로서비스의 변경이 다른 서비스의 데이터 모델에 영향을 준다면 애플리케이션이 제대로 분할되지 않았음을 의미하며, 두 서비스를 다시 합쳐야 한다.

네트워크 연동 증가

두 번째 문제는 늘어나는 네트워크 연동이다. 모놀리식 버전에서는 단일 프로세스에서 모든 작업이 일어난다. 따라서 응답 결과를 만들기 위해 호출해야 하는 백엔드 서비스의 수가 상대적으로 작다.

백엔드 서비스 연동은 특별한 주의가 필요하며, 다음과 같은 질문에 답할 수 있어야 한다.

- 네트워크 끊김이나 지연으로 인해 예약 UI 서비스가 PDF 생성 서비스와 연결할 수 없다면 어떻게 처리해야 하는가?
- 예약 UI 서비스가 다른 서비스를 호출하는 방식은 동기와 비동기 중 어느 방식을 사용해야 하는가?
- 응답 시간에 어떤 영향을 주는가?

여기에 답하려면 확실한 전략이 필요하며, 5장에서알아본다.

데이터 저장과 공유

또 다른 문제는 데이터 저장과 공유다. 마이크로서비스는 다른 서비스에 대해 독립적이어야 하므로 데이터베이스를 공유하지 않는 것이 좋다. 이러한 사실을 호텔 예약 서비스에 적용해보면 다음과 같은 의문점이 생긴다.

- 모든 데이터베이스에서 동일한 사용자 ID를 사용해야 하는가? 아니면 각 서비스마다 고유한 ID를 생성해야 하는가?
- 새로운 사용자가 시스템에 추가되면 사용자 정보를 다른 서비스의 데이터베이스에 복제해야 하는가?
- 데이터 제거는 어떻게 다뤄야 하는가?

대답하기 까다로운 질문들이며, 이 책을 통해 문제를 해결할 수 있는 여러 가지 방법을 배우게 될 것이다.

마이크로서비스 기반의 애플리케이션을 설계하는 데 있어 가장 중요한 과제 중 하나는, 데이터 중복을 최대한 피하면서 독립적으로 마이크로서비스를 유지하는 것이다.

호환성 이슈

기능 변경이 여러 마이크로서비스에 영향을 미칠 때 또 다른 문제가 발생한다.

서비스 간에 전달되는 데이터가 이전 버전과 호환되지 않는 방식으로 변경됐다고 하자. 마이크로서비스를 하나씩 새 버전으로 배포할 수 있는가? 아니면 일부 마이크로서비스는 한 번에 같이 배포해야 하는가? 그렇다면 같이 배포해야 하는 서비스들은 하나의 마이크로서비스로 합쳐야 하는가?

올바른 버전 정책과 API 설계는 이러한 문제를 완화하는 데 도움을 준다. 2장에서 애플리케이션을 만들어 보면서 여기에 관해 더 알아본다.

테스트

마지막으로 엔드 투 엔드[end-to-end] 테스트나 전체 앱을 배포할 때 많은 장애물을 만날 수 있다. 효과적으로 해결하려면 애자일 개발 프로세스를 따르는 것이 좋다. 개발할 때부터 전체 애플리케이션을 실행하고 연동할 수 있어야 한다. 일부만으로는 전체 테스트를 할 수 없다.

이 책에서 배우겠지만, 지금은 여러 컴포넌트로 구성된 애플리케이션의 배포를 편하게 해주는 도구들이 많다. 이 도구들은 마이크로서비스의 성공적인 안착에 도움을 준다.

마이크로서비스는 배포 도구의 혁신을 촉진시켰고, 배포 도구의 발전은 마이크로서비스 아키텍처가 빠르고 널리 보급되는 데 큰 역할을 했다.

마이크로서비스의 단점은 다음과 같이 요약할 수 있다.

- 애플리케이션을 성급하게 마이크로서비스로 분리하는 것은 아키텍처 문제를 유발한다.
- 마이크로서비스 사이의 네트워크 연동은 약점이 될 수 있고 부가적인 오버헤드를 발생한다.
- 테스트 및 배포가 복잡할 수 있다.
- 서비스 간의 데이터 공유가 어렵다(가장 큰 단점).

이러한 단점에 대해 너무 걱정하지는 말자. 문제점이 커 보이고, 전통적인 모놀리식 방식이 상대적으로 안전하게 생각될 수도 있다. 하지만 장기적인 관점에서 보면 프로젝트를 마이크로서비스로 나눌 때 개발자나 운영자 모두 더 많은 작업을 쉽게 처리할 수 있게 된다.

파이썬으로 마이크로서비스 구현

파이썬은 놀랍도록 다재다능한 언어다. 파이썬은 단순한 시스템 스크립트부터 수백만의 사용자에게 서비스되는 대규모 객체지향 애플리케이션까지 다양한 종류의 애플리케이션을 개발하는 데 사용된다.

2014년, 필립 귀오Philip Guo가 ACMAssociation for Computing Machinery 웹 사이트에 게시한 연구 결과에 따르면 파이썬은 미국 대학에서 자바를 능가하는 인기를 누리고 있고 컴퓨터 과학을 배울 때도 가장 많이 사용된다.

이러한 현상은 소프트웨어 업계에서도 마찬가지다. 파이썬은 TIOBE 랭킹(http://www.tiobe.com/tiobe-index/)에서 상위 5개 언어에 포함돼 있으며, 웹 개발에 많이 사용되는 언어 중 하나다.

이 책은 여러분이 파이썬 언어에 이미 익숙하다고 가정한다. 파이썬 개발 경험이 없다면 다른 기본서를 먼저 읽기를 권한다.

한편 파이썬이 느리기 때문에 효과적인 웹 서비스를 개발하는 데 부적합하다는 비판도 있다. 파이썬이 느리다는 건 부정할 수 없는 사실이다. 하지만 마이크로서비스를 구축하는 데 여전히 선택되는 언어며, 많은 메이저 회사들도 파이썬을 사용하는 데 만족하고 있다.

이번에는 파이썬을 사용해서 마이크로서비스를 개발하기 위한 배경 지식을 쌓고, 비동기와 동기 방식, 성능에 대해서도 살펴본다.

이번 절에서 다룰 주제는 다음과 같다.

- WSGI 표준
- Greenlet과 Gevent
- 트위스티드와 토네이도

- asyncio
- 언어 성능

WSGI 표준

파이썬 웹 커뮤니티는 웹 서버 게이트웨이 인터페이스WSGI, Web Server Gateway Interface라는 표준을 만들었다. WSGI는 CGICommon Gateway Interface의 영향을 받았으며, 파이썬 애플리케이션이 HTTP 요청을 쉽게 처리할 수 있게 한다.

이 표준에 따라 개발된 애플리케이션은 uwsgi나 mod_wsgi 같은 WSGI 확장을 사용해서 아파치, nginx 등의 웹 서버에서 실행할 수 있다.

애플리케이션은 클라이언트의 요청을 처리해서 그 결과를 JSON 응답으로 돌려준다. 파이썬은 이러한 처리에 필요한 모든 것을 표준 라이브러리에 담고 있다.

10줄의 코드로 서버의 현재 시간을 반환하는 완전한 기능의 마이크로서비스를 만들 수 있다.[2]

```
# Chapter01
# basic_microservice.py
import json
import time

def application(environ, start_response):
    headers = [('Content-type', 'application/json')]
    start_response('200 OK', headers)
    return [bytes(json.dumps({'time': time.time()}), 'utf8')]

if __name__ == '__main__':
    from wsgiref.simple_server import make_server
```

2. 원서 예제 코드에서 누락됐거나 잘못된 코드를 수정한 한국어판 예제 코드는 다음 깃허브 저장소에서 받을 수 있다. https://github.com/surinkim/python_msd_kor.git – 옮긴이

```
    srv = make_server('localhost', 8080, application)
    srv.serve_forever()
```

파이썬 웹 커뮤니티는 WSGI를 핵심 표준으로 폭넓게 적용했다. 개발자는 WSGI 애플리케이션 함수 전후에 미들웨어를 작성하고 실행함으로써 애플리케이션을 확장할 수 있다.

Bottle(http://bottlepy.org) 같은 일부 웹 프레임워크는 이러한 표준에 따라 개발됐으며, 머지않아 모든 프레임워크가 다양한 방식으로 WSGI를 사용하게 됐다.

WSGI의 가장 큰 문제는 동기sync 방식이라는 건데, 앞의 basic_microservice.py 코드에서 `application` 함수는 요청이 들어올 때마다 호출되고 함수가 종료될 때 응답을 반환한다. 즉, 함수가 한 번 호출되면 응답을 반환할 때까지 블록된다.

따라서 마이크로서비스에 적용하면 연동된 서비스가 응답을 보내 줄 때까지 항상 대기해야 할 것이다. 바꿔 말하면 애플리케이션은 유휴 상태가 되며, 모든 준비가 완료될 때까지 클라이언트가 블록된다.

HTTP API 관점에서 보면 완전히 정상적인 동작이다. 지금은 웹 소켓을 기반으로 한 양방향 애플리케이션 개발을 얘기하는 게 아니다. 그렇지만 동시에 여러 개의 요청이 애플리케이션에 들어오면 어떻게 될까?

WSGI 서버는 스레드 풀을 사용해서 여러 개의 동시 요청을 다룬다. 그러나 수 천 개를 돌릴 수는 없다. 또한 풀이 꽉 차면 클라이언트 요청은 블록되며, 설사 마이크로서비스가 아무것도 하지 않더라도 유휴 상태가 돼 백엔드 서비스의 응답을 대기한다.

이 문제는 반대로 **트위스티드**Twisted나 **토네이도**Tornado 같은 비WSGI 프레임워크와 자바스크립트 진영의 Node.js가 큰 성공을 거둔 이유 중 하나다. 이들은 완전한 비동기async 방식이기 때문이다.

트위스티드에서 코딩할 때는 응답을 만들기 위해 콜백을 사용해서 수행한 작업을 잠시 멈춘 후 재개한다. 따라서 곧바로 새로운 요청을 받고 처리할 수 있다. 이 모델은 처리 과정의 유휴시간을 극적으로 감소시키므로 수천 개의 동시 요청을 받아들일 수 있다. 물론 각각의 응답이 더 빨라진다는 걸 의미하지는 않는다. 단지 하나의 프로세스가 더 많은 동시 요청을 받고 응답 데이터를 준비할 수 있으므로 요청을 효율적으로 관리할 수 있다.

WSGI 표준으로는 이와 비슷하게 처리할 수 있는 간단한 방법이 없다. 커뮤니티는 수년 동안 논쟁을 벌였지만 합의를 도출하는 데 실패했다. 커뮤니티는 지금까지와는 다른 방법으로 WSGI를 대체할지도 모른다.

한편 한 개의 요청을 스레드 한 개에서 처리한다는 WSGI 표준의 제약을 따른다면 동기 프레임워크로 마이크로서비스를 구축하는 건 충분히 가능하며, 좋은 방법이다.

동기식 웹 애플리케이션의 성능을 향상시키기 위한 기술로 Greenlet이 있다. 계속해서 여기에 관해 알아보자.

Greenlet과 Gevent

비동기 프로그래밍의 일반적인 원칙은 프로세스에서 여러 스레드를 실행해서 병렬성parallelism을 흉내 내는 것이다.

비동기 애플리케이션은 이벤트가 발생할 때 실행 컨텍스트를 잠깐 중지했다가 재시작하는 이벤트 루프를 사용한다. 오직 하나의 컨텍스트만 활성화돼 순서대로 사용된다. 코드의 명시적인 명령을 통해 이벤트 루프가 실행을 멈출 수 있는 위치를 나타낸다. 실행이 멈추면 프로세스는 재시작할 다른 지연된 작업을 찾는다. 나중에 프로세스는 해당 함수로 다시 돌아와 멈췄던 곳에서 시작한다. 이처럼 실행되는 컨텍스트가 전환되는 것을 **컨텍스트 스위칭**context switching이라고 한다.

Greenlet 프로젝트(https://github.com/python-greenlet/greenlet)는 Stackless 프로젝트에 기반을 둔 패키지다. 특히 CPython 구현인 greenlets를 제공한다.

Greenlet의 의사 스레드pseudo-threads는 실제 스레드와 다르게 매우 작은 비용으로 인스턴스를 만들어 파이썬 함수를 호출한다. 이 함수 내에서 switch를 사용해서 다른 함수를 조절할 수 있다. 이벤트 루프에서 스위칭이 완료되면 스레드 같은 인터페이스 패러다임을 사용해서 비동기 애플리케이션을 만들 수 있다.

다음은 Greenlet 문서의 예제 코드다.

```
# Chapter01
# greenlet_example.py
from greenlet import greenlet

def test1(x, y):
    z = gr2.switch(x+y)
    print(z)

def test2(u):
    print (u)
    gr1.switch(42)

gr1 = greenlet(test1)
gr2 = greenlet(test2)
gr1.switch("hello", " world")
```

이 코드에서 두 개의 greenlet은 switch를 사용해서 명시적으로 전환된다.

WSGI 표준에 기반을 둔 마이크로서비스를 만들기 위해 greenlet을 사용하면 I/O 요청처럼 요청이 블록되는 경우 다른 쪽으로 switch해서 여러 개의 동시 요청을 받게 할 수 있다.

하지만 greenlet에서 스위칭은 명시적이어야 하므로, 코드가 지저분해지고 이해하기 어려울 수 있다. 이런 면에서 Gevent는 매우 유용하다.

Gevent 프로젝트(http://www.gevent.org/)는 Greenlet 기반으로 만들었으며 greenlet 간의 암시적이고 자동화된 스위칭 방법을 제공한다.

Gevent는 greenlet을 사용해서 자동으로 멈추고 소켓에서 데이터 사용이 가능해지면 실행을 재개하는 소켓 모듈의 협업 버전을 제공한다. 또한 몽키 패치monkey patch라고 부르는, 표준 라이브러리 소켓을 Gevent 버전으로 자동 대체하는 기능이 있다. 이렇게 하면 단지 한 줄의 코드 추가로 표준 동기 코드가 소켓을 사용할 때마다 마술처럼 비동기가 된다.

```
# Chapter01
# gevent_example.py
from gevent import monkey; monkey.patch_all()

def application(environ, start_response):
    headers = [('Content-type', 'application/json')]
    start_response('200 OK', headers)
    # 소켓으로 필요한 작업을 한다.
    return result
```

이 암시적인 마술에는 대가가 있다. Gevent가 잘 동작하려면 모든 기본 코드가 Gevent 패치와 호환돼야 한다. 특히 C 확장을 사용하거나 Gevent가 패치한 일부 기능을 우회하는 경우 다른 패키지 일부가 계속 차단돼 예상치 못한 결과가 발생할 수 있다.

하지만 대부분의 경우에는 잘 동작한다. Gevent와 잘 동작하는 프로젝트들은 green이라 불린다. 어떤 라이브러리가 잘 동작하지 않으면 커뮤니티는 제작자에게 green이 되도록 요청한다. 흔히 일어나는 일이다.

모질라에서는 파이어폭스 동기 서비스를 확장하기 위해 이 라이브러리를 사용하기도 했다.

트위스티드와 토네이도

동시 요청의 수가 증가하고 이를 처리하는 것이 중요하다면 WSGI 표준을 포기하고 토네이도tornado나 트위스티드twisted 같은 비동기 프레임워크를 사용하고 싶은 유혹이 들 수 있다.

트위스티드는 오랫동안 사용돼왔다. 마이크로서비스를 구현하려면 다음처럼 좀 더 길고 자세하게 코드를 작성해야 한다.

```
# Chapter01
# twisted_example.py
import time
from twisted.web import server, resource
from twisted.internet import reactor, endpoints

class Simple(resource.Resource):
    isLeaf = True
    def render_GET(self, request):
        request.responseHeaders.addRawHeader(b"content-type",
                b"application/json")
        return bytes(json.dumps({'time': time.time()}), 'utf8')

site = server.Site(Simple())
endpoint = endpoints.TCP4ServerEndpoint(reactor, 8080)
endpoint.listen(site)
reactor.run()
```

트위스티드는 매우 정교하고 효과적인 프레임워크지만 HTTP 마이크로서비스로 사용하는 데는 다음과 같은 문제가 있다.

- Resource 클래스를 상속받는 클래스로 각 마이크로서비스의 endpoint를 구현해야 하며, 필요한 함수도 구현해야 한다. 몇 개의 단순한 API를 만들기 위해 많은 장황한 코드가 추가된다.

- 트위스티드 코드는 비동기적인 성질 때문에 이해하기 어렵고 디버그가 힘들다.
- 트리거를 연달아 발생시키기 위해 너무 많은 함수를 연결하면 **콜백 지옥**callback hell에 빠지기 쉽다. 코드 역시 지저분해진다.
- 트위스티드 애플리케이션은 제대로 테스트하기 어렵다. 트위스티드에 종속된 단위 테스트 모델을 사용해야 한다.

토네이도는 트위스티드와 유사한 모델에 기반을 두지만 일부 영역에서는 더 좋게 동작한다. 가벼운 라우팅 시스템을 갖고 있으며, 순수 파이썬에 가까운 코드를 만들 수 있다. 토네이도 역시 콜백 모델을 사용하기 때문에 디버깅이 어렵다.

하지만 두 개의 프레임워크는 파이썬 3에 소개된 새로운 비동기 기능을 지원하면서 격차를 줄이기 위해 노력하고 있다.

asyncio

귀도 반 로섬Guido van Rossum이 파이썬 3에 비동기 기능을 추가하는 작업을 시작했을 때 커뮤니티 일부에서는 Gevent와 같은 솔루션을 기대했다. 순차적인 동기 방식으로 애플리케이션을 만드는 것이 명시적인 콜백을 사용하는 토네이도나 트위스티드보다 더 합리적이라고 생각했기 때문이다.

하지만 귀도는 명확한 기술을 선택했고 트위스티드의 영향을 받은 튤립Tulip이라는 프로젝트에서 실험을 진행했다. 결국 이 실험을 통해 asyncio 모듈이 탄생했고 파이썬에 추가됐다.

지금 생각해보면 Gevent 방식 대신 파이썬으로 명시적인 이벤트 루프를 구현한 것이 더 합리적으로 보인다.

파이썬 핵심 개발자들이 asyncio를 코딩한 방법, 그리고 코루틴coroutine을 구현하기 위해 async와 await 키워드를 사용해서 언어를 확장한 방법은 순수 파이썬(3.5 이상 버전)으로 구현한 비동기 애플리케이션 코드가 매우 우아하며, 동기식 코드에 가깝게 보이게 한다.

코루틴은 실행이 일시적으로 중지됐다가 다시 시작되는 함수를 말한다. 12장에서 구현 및 사용 방법을 상세하게 다룬다.

이렇게 되면서 Node.js나 트위스티드(파이썬 2) 애플리케이션에서 가끔씩 보이는 지저분한 콜백 구문을 피할 수 있게 됐다.

코루틴 이외에도 파이썬 3는 비동기 애플리케이션을 만드는 데 필요한 여러 가지 기능을 asyncio 패키지에서 제공하고 있다(https://docs.python.org/3/library/asyncio.html).

파이썬은 이제 루아[Lua]만큼이나 표현력이 풍부한 코루틴 기반 애플리케이션을 만들 수 있다. 이러한 기능을 채택한 몇 개의 프레임워크가 있으며, 파이썬 3.5 이상에서 동작한다.

aiohttp(http://aiohttp.readthedocs.io)는 그런 프레임워크 중 하나로, 다음 코드처럼 단 몇 줄의 우아한 코드로 비동기 마이크로서비스를 만들 수 있다.

```
# Chapter01
# aiohttp_async.py
from aiohttp import web
import time

async def handle(request):
    return web.json_response({'time': time.time()})

if __name__ == '__main__':
    app = web.Application()
    app.router.add_get('/', handle)
```

```
    web.run_app(app)
```

이 작은 예제를 통해 비동기 애플리케이션을 구현하는 방법을 알 수 있다. 코드에서 비동기를 사용하고 있다는 유일한 단서는 함수를 코루틴으로 다루는 async 키워드다. 이 키워드는 앞으로 비동기 파이썬 애플리케이션의 모든 레벨에서 사용될 것이다.

asyncio를 사용한 또 다른 프로젝트인 aiopg는 PostgreSQL용 라이브러리다. 다음은 aiopg의 공식 문서에서 가져온 예제 코드다.

```
# Chapter01
# aiopg_example.py
import asyncio
import aiopg

dsn = 'dbname=aiopg user=aiopg password=passwd host=127.0.0.1'

async def go():
    pool = await aiopg.create_pool(dsn)
    async with pool.acquire() as conn:
        async with conn.cursor() as cur:
            await cur.execute("SELECT 1")
            ret = []
            async for row in cur:
                ret.append(row)
            assert ret == [(1,)]
loop = asyncio.get_event_loop()
loop.run_until_complete(go())
```

몇 개의 async와 await 키워드를 통해 함수가 SQL 쿼리를 실행하고 결과를 돌려주는 방식은 동기 함수와 매우 닮았다.

파이썬 3를 기반으로 한 비동기 프레임워크와 라이브러리는 지금도 생겨나고 있다. asyncio나 aiohttp 같은 프레임워크를 사용한다면 필요한 기능에 대해 해당 비동기 구현 방식을 따라야 한다.

비동기 코드에서 동기식 라이브러리를 사용해야 한다면 이벤트 루프가 블록되는 것을 막기 위한 추가 작업이 필요하다.

마이크로서비스가 제한된 수의 리소스를 다룬다면 관리가 가능할 수 있다. 하지만 이 글을 쓰는 시점에서는 동기식 구조를 유지하는 것이 비동기 프레임워크보다 더 안전할 것이다. asyncio 생태계가 더욱 정교해질 때까지는 가급적 기존의 성숙한 패키지를 사용하자.

파이썬에서는 Bottle, Pyramid, Cornice, 플라스크 같은 훌륭한 동기식 프레임워크를 사용해서 마이크로서비스를 개발할 수 있다.

이 책의 두 번째 버전에서는 비동기 프레임워크를 사용할 수도 있다. 하지만 이번 버전에서는 플라스크 프레임워크를 책 전반에 걸쳐 사용한다. 플라스크는 매우 견고하고 성숙한 프레임워크다.

여러분이 다른 파이썬 웹 프레임워크를 사용하더라도 책의 대부분의 예제를 실행할 수 있을 것이다. 마이크로서비스 개발은 보통 순수 파이썬을 사용하며, 대부분의 프레임워크가 라우팅과 같은 필수 기능을 지원하기 때문이다.

언어 성능

앞 절에서 마이크로서비스를 개발하는 두 개의 다른 방법(비동기와 동기 방식)을 살펴봤다. 어떤 기술을 사용하든 파이썬의 속도는 마이크로서비스의 성능에 직접적인 영향을 미친다.

물론 파이썬이 자바나 Go에 비해 느리다는 걸 누구나 알고 있다. 하지만 실행 속도가 항상 최고의 우선순위는 아니다. 마이크로서비스는 생애 주기 대부분을 다른 서비스로부터 네트워크 응답이 오기를 기다리면서 보낸다. 이 속도는 보통 SQL 쿼리가

Postgres 서버로부터 결과를 얻는 속도보다 덜 중요하다. 후자가 응답을 돌려줄 때 소요되는 전체 시간의 대부분을 차지하기 때문이다.

어쨌든 가능한 한 빠른 애플리케이션을 구축하고 싶은 건 당연한 바람이다.

언어 속도에 관해 파이썬 커뮤니티에서 가장 논쟁적인 주제는 GIL[Global Interpreter Lock]로 인한 성능 저하다. GIL은 존재할 이유가 있다. CPython 인터프리터 중 스레드 안전하지 않은 부분을 보호하며, 루비 같은 언어에도 이와 같은 것이 존재한다. 더 빠른 CPython 구현을 위해 GIL을 제거하려는 지금까지의 시도는 모두 실패했다.

래리 해스팅(Larry Hasting)은 **Gilectomy**라고 부르는 GIL이 없는 CPython 프로젝트를 진행하고 있다. 최소의 목표는 CPython만큼 빠른 싱글 스레드 애플리케이션을 GIL 없이 구현하는 것이다. 이 책을 쓰는 시점에서는 아직 CPython보다 느리다. 그렇지만 이 프로젝트를 관심 있게 지켜보는 것도 흥미로운 일이다. GIL이 없는 CPython은 매우 매력적일 것이다.

GIL은 동일 프로세스에서 여러 코어의 사용을 방지하는 것 외에도 뮤텍스로 인한 시스템 호출 오버헤드 때문에 높은 부하에서 약간의 성능 저하가 있다.

그렇지만 GIL에 대한 면밀한 연구는 도움이 됐다. 지난 몇 년간 인터프리터에서 GIL 경합을 줄이기 위한 작업이 진행됐고, 일부 영역에서 파이썬의 성능이 크게 개선됐다.

GIL이 제거되더라도 파이썬은 해석과 쓰레기 수집이 필요한 언어이며, 이러한 특성 때문에 성능에 대한 제약이 있다는 것을 기억하자.

파이썬이 제공하는 `dis` 모듈로 인터프리터가 함수를 분해하는 방법을 알 수 있다. 다음 예제에서 인터프리터는 26 단계 이상의 시퀀스에서 증가된 값을 산출하는 단순한 함수를 분해한다.

```
>>> def myfunc(data):
...     for value in data:
...         yield value + 1
...
>>> import dis
>>> dis.dis(myfunc)
  2       0 SETUP_LOOP          22 (to 24)
          2 LOAD_FAST            0 (data)
          4 GET_ITER
  >>      6 FOR_ITER            14 (to 22)
          8 STORE_FAST           1 (value)

  3      10 LOAD_FAST            1 (value)
         12 LOAD_CONST           1 (1)
         14 BINARY_ADD
         16 YIELD_VALUE
         18 POP_TOP
         20 JUMP_ABSOLUTE        6
  >>     22 POP_BLOCK
  >>     24 LOAD_CONST           0 (None)
         26 RETURN_VALUE
>>>
```

정적으로 컴파일되는 언어로 이 함수를 만들면 동일한 결과를 만드는 데 필요한 작업 수가 크게 감소된다.

파이썬 실행 속도를 높일 수 있는 몇 가지 방법이 있는데, 그중 하나는 C 확장이나 Cython 같은 언어의 정적 확장을 사용해서 코드 일부를 컴파일되는 코드에 작성하는 것이다. 하지만 코드는 그만큼 복잡해질 수 있다.

가장 좋은 방법은 단순히 PyPy 인터프리터(http://pypy.org/)를 사용해서 애플리케이션을 실행하는 것이다. PyPy는 JIT[Just-In-Time] 컴파일러를 구현한다. 이 컴파일러는 런타임에 파이썬 코드를 CPU가 곧바로 사용할 수 있는 기계어로 변환한다. JIT의 목적은 실행에 앞서 실시간으로 언제 어떻게 작업을 처리할지 탐지하는 것이다.

PyPY는 CPython과 버전 차이가 나지만, 운영 환경에서 사용 가능한 시점에 다다랐고 성능 역시 놀랍다. 빠른 실행 속도가 요구됐던 모질라 프로젝트 중 하나에서도 PyPy 버전이 Go만큼 빠른 속도를 보여줬기 때문에 파이썬을 사용하기로 결정한 적도 있었다.

PyPy speed center 웹 사이트(http://speed.pypy.org)는 PyPy를 CPython과 비교하는 방법을 살펴보기에 좋다.

C 확장을 사용한다면 PyPy로 다시 컴파일할 필요가 있다. 따라서 다른 개발자가 여러분이 사용하는 확장 일부를 유지 보수하고 있다면 문제가 되기도 한다. 하지만 표준 라이브러리로 마이크로서비스를 구축한다면 PyPy 인터프리터 사용을 시도해 볼 만하다.

마이크로서비스에서 오버헤드가 문제가 되는 경우는 거의 없기 때문에 파이썬과 그 생태계를 사용하면서 얻는 이득은 지금까지 설명한 성능 문제를 상쇄할 만큼 크다. 또한 성능이 문제가 된다면 마이크로서비스 접근 방식을 사용해서 성능에 민감한 부분만 따로 떼어내서 만들 수 있다.

요약

1장에서는 모놀리식과 마이크로서비스 방식의 웹 애플리케이션 개발을 비교했다. 그러면서 둘 중 하나의 방식만을 강요하고 그대로 따라야 할 필요가 없다는 것도 알아봤다.

마이크로서비스는 모놀리식으로 시작한 애플리케이션을 개선하기 위한 방법으로 고려해야 한다. 프로젝트가 커짐에 따라 서비스 로직의 일부를 마이크로서비스로 마이그레이션하고, 또한 성급한 분리와 같은 함정에 빠지지 않도록 주의해야 한다.

파이썬은 웹 애플리케이션을 개발하는 데 있어 최고의 언어 중 하나다. 수많은 멋진 패키지와 프레임워크를 제공하므로 마이크로서비스를 비롯한 다른 영역에서도 자주 선택된다.

1장에서는 비동기 및 동기 방식의 프레임워크도 몇 개 알아봤다. 이 책에서는 플라스크를 사용한다.

2장에서는 플라스크Flask 프레임워크에 관해 알아본다. 아직 플라스크에 익숙하지 않더라도 앞으로는 이 프레임워크를 좋아하게 될 것이다.

마지막으로 파이썬의 느린 속도는 특정 상황에서 문제가 될 수 있다. 하지만 해당 원인을 이해하고 해결하기 위한 다른 솔루션을 사용하면 영향을 최소화할 수 있다.

02

플라스크 알아보기

플라스크[Flask]는 WSGI 프로토콜을 통해 HTTP 요청을 처리하는 Werkzeug WSGI 툴킷(http://werkzeug.pocoo.org)과 기타 라우팅 시스템 같은 다양한 도구들을 기반으로 2010년부터 배포되기 시작했다.

Paste는 Werkzeug와 유사한 기능을 제공한다. Pylons 프로젝트의 웹 프레임워크인 Pyramid(https://trypyramid.com/)는 Paste와 기타 다양한 컴포넌트를 통합했다.

Bottle(http://bottlepy.org)을 비롯한 몇 개의 다른 프로젝트와 함께 이 도구들은 파이썬 마이크로프레임워크 생태계를 구성한다.

이들 프로젝트는 파이썬 커뮤니티에 쉽고 빠르게 웹 애플리케이션을 만드는 도구를 제공한다는 공통 목적을 갖고 있다.

'마이크로프레임워크'란 용어 때문에 오해의 소지가 있는데, 이 도구들로 마이크로 애플리케이션만 만들 수 있는 건 아니다. 대규모 사이트를 비롯한 어떤 애플리케이션이든 만들 수 있다. 여기서 마이크로micro라는 접두사는 가능하면 최소한으로 프레임워크가 개입한다는 것을 뜻한다. 그래서 애플리케이션 코드를 원하는 대로 자유롭게 구성할 수 있고, 선호하는 다른 라이브러리도 사용할 수 있다.

마이크로프레임워크는 들어오는 요청을 알아서 프로그램에 전달해주고, 처리가 완료되면 다시 자동으로 응답을 반환하는 접착제 코드(glue code)와 같다. 마이크로프레임워크는 프로젝트에 특정 패러다임을 적용할 것을 강요하지 않는다.

이런 철학은 SQL 데이터베이스를 연동하면서 확인할 수 있다. 장고Django와 같은 배터리-포함battery-included 프레임워크는 데이터베이스 쿼리 결과와 객체를 연결하는 ORMObject-Relational Mapper을 비롯해 웹 애플리케이션을 개발하는 데 필요한 모든 것을 제공한다. 프레임워크는 ORM과 단단히 결합돼 있다.

장고에서 SQLAlchemySA 등의 다른 ORM을 사용하기는 쉽지 않다. 장고의 목적이 하나의 완전한 시스템을 제공해서 개발자가 기능 구현에만 집중하게 하는 것이기 때문이다.

반면에 플라스크는 어떤 라이브러리를 사용해서 데이터를 다루는지 신경 쓰지 않는다. 프레임워크는 외부 라이브러리를 활용해 확장되며, 이런 방식으로 다양한 기능을 제공한다. 예를 들어 플라스크에서 SQLAlchemy를 사용하고 SQL 세션과 트랜잭션으로 필요한 작업을 수행하려면 프로젝트에 Flask-SQLAlchemy 같은 패키지를 추가하면 된다. 특정 라이브러리가 SQLAlchemy와 제대로 동작하지 않는다면 얼마든지 다른 것을 사용할 수 있다.

물론 플라스크가 은총알은 아니다. 선택이 자유롭다는 건 잘못된 결정을 내리기 쉽다는 말과 같다. 그래서 결함이 있거나 제대로 설계되지 않은 라이브러리를 선택할 수도 있다.

2장에서는 플라스크가 제공하는 기능과 마이크로서비스 개발을 위한 코드 구성 방법을 알아본다.

2장에서 다루는 내용은 다음과 같다.

- 파이썬 버전 선택
- 플라스크에서 요청 처리하기
- 플라스크 기본 기능
- 마이크로서비스 구조

> 2장의 목표는 플라스크로 마이크로서비스를 개발할 때 필요한 내용을 설명하는 것이다. 그러다 보니 플라스크 공식 문서와 일부 중복되는 내용이 있다. 하지만 핵심 내용과 흥미로운 이야기를 좀 더 효과적으로 전달하기 위해 노력했다. 플라스크는 좋은 온라인 문서를 갖고 있으므로, 2장의 설명이 부족하다고 느낀다면 http://flask.pocoo.org/docs의 사용자 가이드를 읽어 보자. 플라스크 코드는 깃허브(GitHub)에서 찾아볼 수 있다. 동작 방식을 자세히 이해하고 싶다면 소스코드를 읽는 것만큼 확실한 방법은 없다.

파이썬 버전 선택

플라스크는 파이썬 2와 파이썬 3를 모두 지원한다. 플라스크에 대해 알아보기 전에 어떤 버전을 사용해야 할지 먼저 살펴보자.

1장에서 알아본 것처럼 파이썬 3는 놀라울 만큼 발전했다. 파이썬 3를 지원하지 않는 패키지는 이제 찾아보기 힘들다. 일반적인 애플리케이션 개발에서 파이썬 3로 인해 곤란을 겪는 일은 없을 것이다.

또한 마이크로서비스는 각 애플리케이션이 독립적으로 실행되므로, 필요하다면 애플리케이션 일부를 파이썬 2로 개발하고, 나머지는 파이썬 3로 개발하는 것도 충분히 가능하다. 심지어 PyPy를 사용할 수도 있다.

플라스크 문서는 새로운 프로젝트에 대해서는 파이썬 3를 사용해야 한다고 명시한다. http://flask.pocoo.org/docs/latest/python3/#python3-support를 참고하자.

사실 플라스크는 파이썬 3의 최신 기능을 사용하지 않으므로, 파이썬 2에서 실행하더라도 문제가 없을 수 있다. 필요하다면 Six(http://pythonhosted.org/six/)를 사용해서 코드가 양쪽 버전에 호환되는지 확인할 수 있다.

정리하면 파이썬 2를 사용해야만 하는 특별한 이유가 없다면 파이썬 3를 사용하는 것이 좋다. 더구나 파이썬 2는 2020년 이후로 지원되지 않는다. https://pythonclock.org를 참고하자.

이 책은 모든 예제 코드에 파이썬 3.6 버전을 사용했다. 그렇지만 파이썬 3.x 상위 버전에서 실행해도 문제없이 동작할 것이다. 이제 Virtualenv를 설치해서 파이썬 개발 환경을 준비하자. Virtualenv의 설치 방법이나 사용법은 이 책에서 설명하지 않는다.

플라스크에서 요청 처리

프레임워크의 진입점은 `flask.app` 모듈의 `Flask` 클래스다. 플라스크 애플리케이션을 실행한다는 건 `Flask` 클래스의 단일 인스턴스를 띄워 외부에서 들어오는 WSGI 요청을 다루고, 이를 적절한 코드로 전달해서 처리한 후에 응답을 반환하는 것이다.

WSGI는 웹 서버와 파이썬 애플리케이션 사이의 인터페이스를 정의한 규약이다. 서버로 들어오는 요청은 고유하게 매핑되며, 플라스크 같은 프레임워크는 해당 요청을 처리할 코드로 정확하게 라우팅한다.

`Flask` 클래스는 함수를 데코레이트하는 `route` 함수를 제공한다. `route`로 함수를 데코레이트하면 `view`가 되고 Werkzeug의 라우팅 시스템에 등록된다. 시스템은 들어오

는 요청과 뷰를 연결해주는 규칙을 갖고 있는데, 뒤에서 이 규칙에 관해 설명한다.

다음은 단순하지만 완전한 기능을 갖춘 플라스크 애플리케이션의 기본 코드다.

```
# Chapter02
# flask_basic.py
from flask import Flask, jsonify

app = Flask(__name__)

@app.route('/api')
def my_microservice():
    return jsonify({'Hello': 'World!'})

if __name__ == '__main__':
    app.run()
```

이 애플리케이션은 /api를 호출하면 응답으로 JSON 데이터를 돌려주며, 이외의 호출은 404 에러를 반환한다.

단일 파이썬 모듈을 실행하면 __name__ 변수의 값은 애플리케이션 패키지의 이름인 __main__이다. 플라스크가 새로운 로거logger 인스턴스를 생성하고 디스크에서 파일 위치를 찾을 때 이 이름을 사용한다. 플라스크는 앱 설정처럼 헬퍼를 위한 루트로서 이 디렉토리를 사용하며, static과 templates 디렉토리의 기본 위치를 결정한다.

셸에서 모듈을 실행하면 플라스크 애플리케이션은 웹 서버를 실행하고 5000 포트를 열어서 연결을 대기한다.

```
$ python flask_basic.py
* Running on http://127.0.0.1:5000/ (Press CTRL+C to quit)
```

이제 다른 셸에서 curl 명령으로 /api 엔드포인트를 호출하면 HTTP 헤더와 JSON 응답을 볼 수 있다. 파이썬 딕셔너리는 jsonify() 함수를 통해 JSON 응답과 적절한

Content-Type 헤더로 변환된다.

curl 명령은 이 책에서 많이 사용된다. 리눅스나 맥OS 사용자라면 이미 설치돼 있다. 자세한 사용법은 https://curl.haxx.se/를 참고하자.

```
$ curl -v http://127.0.0.1:5000/api
*  Trying 127.0.0.1...
...
< HTTP/1.0 200 OK
< Content-Type: application/json
< Content-Length: 24
< Server: Werkzeug/0.13 Python/3.6.3
< Date: Thu, 11 Jan 2018 07:26:27 GMT
<
{
   "Hello": "World!"
}
```

jsonify() 함수는 Response 객체를 생성하고 매핑을 본문에 출력한다.

많은 웹 프레임워크가 명시적으로 request 객체를 코드로 전달하는 데 반해, 플라스크는 암시적인 전역 request 변수를 사용한다. 전역 request 변수는 내부적으로 HTTP 요청을 WSGI 환경 변수 딕셔너리로 파싱해서 만든 Request 객체를 가리키고 있다.

이러한 설계는 앞의 코드처럼 뷰 함수를 매우 단순화해준다. 응답을 만들기 위해 요청 내용을 볼 필요가 없다면 전역 request 변수를 사용할 일도 없다. 명시적으로 request 객체를 넘기는 장고 같은 경우 사용 여부에 상관없이 항상 request 객체를 함수 인수로 받아야 한다.

흔히 전역 변수는 프로그램 전체에서 공유되지만, 플라스크의 request 전역 변수는 고유한 객체이며, 스레드에 안전하다. 여기에는 컨텍스트 로컬(context local)이라는 메커니즘이 사용되는데, 뒤에서 알아본다.

print 함수를 몇 군데 집어넣어 내부에서 어떤 일이 일어나는지 살펴보자.

```
#Chapter02-flask_print.py
from flask import Flask, jsonify, request

app = Flask(__name__)

@app.route('/api')
def my_microservice():
    print(request)
    print(request.environ)
    response = jsonify({'Hello': 'World!'})
    print(response)
    print(response.data)
    return response

if __name__ == '__main__':
    print(app.url_map)
    app.run()
```

코드를 실행하고 또 다른 셸에서 curl 명령으로 /api 엔드포인트를 호출하면 다음처럼 request나 response의 세부 내용을 볼 수 있다.

```
$ python flask_print.py
Map([<Rule '/api' (HEAD, GET, OPTIONS) -> my_microservice>,
    <Rule '/static/<filename>' (HEAD, GET, OPTIONS) -> static>])
* Running on http://127.0.0.1:5000/ (Press CTRL+C to quit)

<Request 'http://127.0.0.1:5000/api' [GET]>
```

```
{'wsgi.version': (1, 0), 'wsgi.url_scheme': 'http',
 'wsgi.input': <_io.BufferedReader name=204>,
 'wsgi.errors': <_io.TextIOWrapper name='<stderr>' mode='w'
encoding='utf-8'>,
 'wsgi.multithread': False, 'wsgi.multiprocess': False,
 'wsgi.run_once': False,
 'werkzeug.server.shutdown': <function
   WSGIRequestHandler.make_environ.<locals>.shutdown_server at
0x03A344F8>,
 'SERVER_SOFTWARE': 'Werkzeug/0.13', 'REQUEST_METHOD': 'GET',
 'SCRIPT_NAME': '',
 'PATH_INFO': '/api', 'QUERY_STRING': '', 'REMOTE_ADDR': '127.0.0.1',
 'REMOTE_PORT': 6986,
 'SERVER_NAME': '127.0.0.1', 'SERVER_PORT': '5000', 'SERVER_PROTOCOL':
 'HTTP/1.1',
 'HTTP_HOST': '127.0.0.1:5000', 'HTTP_USER_AGENT': 'curl/7.53.1',
 'HTTP_ACCEPT': '*/*',
 'werkzeug.request': <Request 'http://127.0.0.1:5000/api' [GET]>}

<Response 24 bytes [200 OK]>
b'{\n  "Hello": "World!"\n}\n'
127.0.0.1 - - [11/Jan/2018 21:09:24] "GET /api HTTP/1.1" 200 -
```

플라스크 애플리케이션이 실행되고 요청이 들어와서 응답을 반환할 때까지 다음과 같은 과정을 거친다.

- **라우팅**: 플라스크가 Map 클래스를 생성한다.
- **요청**: 플라스크가 Request 객체를 뷰에 전달한다.
- **응답**: Response 객체에 필요한 내용을 채워서 응답을 보낸다.

라우팅

라우팅은 Werkzeug Map 클래스의 인스턴스인 app.url_map에서 일어난다. 이 클래스는 정규 표현식regular expressions을 사용해 클라이언트에서 호출한 엔드포인트와 일치하는 @app.route로 데코레이트된 함수를 찾는다.

기본적으로 라우팅은 HTTP 메소드 중 HEAD, GET, OPTIONS만 받아들인다. 올바른 엔드포인트라도 지원하지 않는 HTTP 메소드를 사용했다면 405 Method Not Allowed가 반환된다.

```
$ curl -v -XDELETE localhost:5000/api

* Connected to localhost (127.0.0.1) port 5000 (#0)
> DELETE /api HTTP/1.1
> Host: localhost:5000
> User-Agent: curl/7.53.1
> Accept: */*
>
* HTTP 1.0, assume close after body
< HTTP/1.0 405 METHOD NOT ALLOWED
< Content-Type: text/html
< Allow: HEAD, GET, OPTIONS
< Content-Length: 178
< Server: Werkzeug/0.13 Python/3.6.3
< Date: Thu, 11 Jan 2018 12:58:42 GMT
<
<!DOCTYPE HTML PUBLIC "-//W3C//DTD HTML 3.2 Final//EN">
<title>405 Method Not Allowed</title>
<h1>Method Not Allowed</h1>
<p>The method is not allowed for the requested URL.</p>
* Closing connection 0
```

다른 HTTP 메소드도 라우팅하고 싶다면 route 데코레이터에 전달되는 methods 인수에 필요한 HTTP 메소드를 추가하면 된다.

```
@app.route('/api', methods=['POST', 'DELETE', 'GET'])
def my_microservice():
    return jsonify({'Hello': 'World!'})
```

OPTIONS와 HEAD 메소드는 요청 핸들러가 자동으로 관리하므로, 모든 규칙에 암시적으로 추가된다. 이 동작을 비활성화하려면 provide_automatic_options 속성을 False로 설정한다. 여러 개의 Access-Control-Allow-* 헤더를 추가해야 하는 CORS를 다룰 때처럼 OPTIONS 헤더가 호출될 때 사용자 정의 헤더를 응답에 추가하고 싶다면 이 방법이 유용하다.

변수와 컨버터

라우팅 시스템이 제공하는 또 다른 기능은 변수다.

<변수_이름> 구문을 이용해서 변수를 사용할 수 있다. 이 표기법은 거의 표준처럼 사용되고 있으며(Bottle도 동일한 구문을 사용한다), 이렇게 해서 엔드포인트를 동적으로 표현할 수 있다.

고유한 사용자 ID를 N으로 표현한다고 해보자. /person/N에 대한 요청을 처리하는 함수를 만들려면 route에 /person/<person_id>를 인수로 넘겨주면 된다.

그러면 플라스크가 데코레이트 함수를 호출할 때 URL에서 <person_id> 위치의 값을 person_id 인수로 변환해준다. 다음 코드를 참고하자.

```
# Chapter02
# flask_variables_01.py
from flask import Flask, jsonify

app = Flask(__name__)

@app.route('/api/person/<person_id>')
def person(person_id):
```

```
    response = jsonify({'Hello': person_id})
    return response

if __name__ == '__main__':
    app.run( )
```

애플리케이션을 실행하고 다른 셸에서 호출해보자.

```
$ curl localhost:5000/api/person/1004
{
    "Hello": "1004"
}
```

여러 개의 라우트가 동일 URL에 연결돼 있다면 특정 규칙에 따라 어떤 것을 호출할지 결정한다. 다음 규칙은 Werkzeug의 라우팅 모듈에서 가져온 구현 설명이다.

1. 성능을 위해 인수가 없는 라우트가 먼저 실행된다. 인덱스 페이지처럼 공통적인 규칙은 보통 인수가 없으며, 이런 경우 더 빨리 매칭되게 한다.
2. 더 복잡한 규칙이 우선하므로 두 번째 인수는 가중치의 음수 길이다.
3. 마지막으로, 실제 가중치에 따라 호출한다.

Werzeug의 규칙은 정렬하는 데 필요한 가중치가 있으며, 플라스크에서는 사용하지 않는다. 그래서 더 많은 변수를 가진 뷰를 먼저 선택하고, 다음으로 파이썬이 다른 모듈을 임포트할 때 나타나는 순서대로 다른 뷰를 선택한다. 경험적으로 볼 때 애플리케이션에서 선언된 모든 경로가 중복 없이 고유한지 확인하는 것이 중요하다. 그렇지 않으면 어떤 경로를 선택했는지 추적하기가 꽤 까다로울 것이다.

또한 변수를 특정 타입으로 변환해주는 컨버터가 있다. 예를 들어 정수 타입의 변수를 사용한다면 `<int:변수_이름>`으로 표현한다. 앞의 예제 코드에 적용하면 `/person/<int:person_id>`로 표시할 수 있다.

요청이 라우트에 매칭됐지만, 컨버터가 값을 변경하는 데 실패했고 동일한 경로의 다른 라우트에도 매칭되지 않는다면 플라스크는 404 Error를 반환한다. 조금 뒤에 예제 코드에서 확인할 수 있다.

기본으로 제공되는 컨버터로 string(유니코드가 기본), int, float, path, any, uuid가 있다. path 컨버터는 슬래시(/)를 포함한다. 이는 [^/].*? 정규 표현식과 비슷하다. any 컨버터는 여러 개의 값을 조합할 수 있게 하며, 드물게 사용된다. uuid 컨버터는 UUID 스트링을 매칭한다.

필요하다면 사용자 정의 컨버터도 쉽게 만들 수 있다. 예를 들어 사용자 ID와 이름을 매칭하고 싶다면 저장된 데이터에서 ID에 해당하는 이름을 찾아 변환해주는 컨버터를 만들면 된다.

이렇게 하려면 BasicConverter 클래스를 상속하는 클래스가 필요하다. 이 클래스는 두 개의 함수를 구현하는데, to_python()은 URL 경로를 파이썬 객체로 변환해서 뷰에서 쓸 수 있게 하며, to_url()은 주어진 인수에 해당하는 URL을 만들기 위해 url_for()에서 사용한다. 다음 절에서 url_for()에 대해 설명한다.

```
# Chapter02
# flask_variables_02.py
from flask import Flask, jsonify, request
from werkzeug.routing import BaseConverter, ValidationError

_USERS = {'1': 'Tarek', '2': 'Freya'}
_IDS = {val: id for id, val in _USERS.items()}

class RegisteredUser(BaseConverter):
    def to_python(self, value):
        if value in _USERS:
            return _USERS[value]
        raise ValidationError()

    def to_url(self, value):
        return _IDS[value]
```

```
app = Flask(__name__)
app.url_map.converters['registered'] = RegisteredUser

@app.route('/api/person/<registered:name>')
def person(name):
    response = jsonify({'Hello hey': name})
    return response

if __name__ == '__main__':
    app.run()
```

변환이 실패하면 ValidationError 함수가 실행되며, 플라스크는 요청과 route 데코레이터가 매칭되지 않은 것으로 간주한다.

실제로 어떻게 동작하는지 보기 위해 몇 가지 경우를 호출해보자.

```
$ curl localhost:5000/api/person/1
{
    "Hello hey": "Tarek"
}

$ curl localhost:5000/api/person/2
{
    "Hello hey": "Freya"
}

$ curl localhost:5000/api/person/3
<!DOCTYPE HTML PUBLIC "-//W3C//DTD HTML 3.2 Final//EN">
<title>404 Not Found</title>
<h1>Not Found</h1>
<p>The requested URL was not found on the server.  If you entered the URL manually
please check your spelling and try again.</p>
```

실제 애플리케이션에서는 컨버터를 너무 많이 사용하지 않도록 주의해야 한다. 코드가 변경됐을 때 모든 라우트를 바꿔주는 건 꽤 힘든 작업이다.

라우팅은 단순히 이 함수가 어떤 경우에 호출될 것이라고 알려주는 레이블(label)이라고 이해하자. 또한 가능하면 변하지 않고 알기 쉽게 유지하는 것이 좋다.

url_for 함수

플라스크 라우팅 시스템에서 흥미 있는 또 다른 기능은 `url_for()` 함수다. 이 함수는 주어진 뷰의 실제 URL을 반환한다. 다음은 바로 앞에서 다뤘던 코드를 활용한 예제다.

```
>>> from flask_variables_02 import app
>>> from flask import url_for
>>> with app.test_request_context():
...     print(url_for('person', name='Tarek'))
...
/api/person/1
```

이 예제는 파이썬 셸에서 바로 실행할 수 있는 REPL(Read-Eval-Print Loop)을 사용했다.

이 기능은 예제 코드와 같이 실행 문맥에 따라 URL이 달라지는 경우에 유용하다. URL을 하드 코딩하는 대신 `url_for`에 함수 이름을 전달해서 정확한 URL을 얻을 수 있다.

요청

클라이언트로부터 요청이 들어오면 플라스크는 Werkzeug의 `local` 헬퍼를 사용해 스레드에 안전한[thread-safe] 블록 내에서 뷰 함수를 호출한다. `werkzeug.local`은 파이썬의

threading.local과 유사하게 동작하며, 각 스레드가 격리된 환경에서 요청을 처리할 수 있게 한다.

다시 말하면 뷰에서 전역 request 객체에 접근하는 건 고유[unique]함을 보장받으며, 멀티스레드 환경에서 다른 스레드의 데이터가 훼손되지 않는다.

앞에서 봤지만 플라스크는 WSGI 환경 변수를 사용해 request 객체를 생성한다. 이 객체는 환경 변수에서 특정 헤더를 파싱하기 위한 여러 개의 mixin 클래스가 합쳐진 Request 클래스의 인스턴스다.

WSGI PEP(https://www.python.org/dev/peps/pep-0333/#environ-variables)에서 WSGI 환경 변수의 세부 내용을 좀 더 읽어보자.

핵심은 뷰가 request 객체 속성을 사용해서 간단히 클라이언트로부터의 요청을 검토할 수 있다는 점이다. 플라스크가 처리하는 이 작업은 꽤 고수준의 작업이다. 예를 들어 승인[Authorization]과 관련된 정보가 요청에 포함돼 있다면 자동으로 Authorization 헤더가 검색돼 분리된다. 코드를 통해 알아보자.

다음 예제에서 클라이언트가 보내는 HTTP 기본 인증[Basic Auth]은 서버로 보내질 때 Basic 접두사 + base64 형태로 변환된다. 그러면 플라스크가 Basic 접두사를 감지하고 request.authorization 내의 username과 password 필드로 파싱한다.

```
# Chapter02
# flask_request.py
from flask import Flask, request

app = Flask(__name__)

@app.route("/")
def auth():
```

```
    print("The raw Authorization header")
    print(request.environ["HTTP_AUTHORIZATION"])
    print("Flask's Authorization header")
    print(request.authorization)
    return ""

if __name__ == "__main__":
    app.run()
```

다른 셀에서 다음 명령으로 기본 인증 정보를 보낸다.

```
$ curl localhost:5000 -u tarek:password
```

서버 출력은 다음과 같다.

```
(python_msd_kor) D:\Code\python\python_msd_kor\Chapter02>python
flask_request.py
 * Running on http://127.0.0.1:5000/ (Press CTRL+C to quit)
The raw Authorization header
Basic dGFyZWs6cGFzc3dvcmQ=
Flask's Authorization header
{'username': 'tarek', 'password': 'password'}
127.0.0.1 - - [20/Jan/2018 15:21:25] "GET / HTTP/1.1" 200 -
```

이 동작은 request 객체를 기반으로 하는 플러그형pluggable 인증 시스템을 쉽게 구현할 수 있게 한다. 쿠키, 파일 같은 request 객체의 다른 공통 요소들 역시 이처럼 속성을 통해 접근할 수 있으며, 이 책에서는 나중에 다룬다.

응답

지금까지 몇 개의 예제에서 jsonify() 함수를 사용했다. jsonify()는 뷰가 반환하는 매핑에서 Response 객체를 생성한다.

기술적으로 Response 객체는 직접 사용할 수 있는 표준 WSGI 애플리케이션이다. Response는 플라스크에 감싸져 웹 서버로부터 받는 WSGI environ 딕셔너리 및 start_response 함수와 함께 호출된다.

플라스크가 URL 매퍼를 통해 호출할 뷰를 선택하면 environ 사전과 start_response 인수를 받을 수 있는 호출 가능한 객체가 반환되기를 기대한다.

WSGI environ 딕셔너리는 이미 Request 객체로 파싱됐기 때문에 Response 객체가 WSGI environ과 다시 호출되는 게 조금 어색하게 보일 수 있다. 그렇지만 구현상의 문제이므로 너무 신경 쓰지 않아도 된다. 코드에서 요청과 관련된 값을 사용해야 한다면 전역 Requeset 객체를 사용하면 되며, Response 클래스 내부에서 일어나는 일은 무시할 수 있다.

반환된 값이 호출될 수 없는 경우 다음 중 하나에 해당하면 플라스크가 Response 객체로 바꾸려고 시도한다.

- str: 데이터는 UTF-8로 인코딩되고 HTTP 응답의 바디[body]로 사용된다.
- bytes/bytesarray: 바디로 사용된다.
- (response, status, headers) **튜플**: response는 Response 객체나 앞의 타입(str, bytes) 중 하나가 될 수 있다. status는 정수 타입의 응답 코드이고, header는 딕셔너리 타입의 응답 헤더다.
- (response, status) **튜플**: header가 없는 것 외에는 앞과 동일하다.
- (response, header) **튜플**: 앞과 동일하지만 추가로 header가 있다.

이외의 다른 경우는 예외를 발생한다.

일반적으로 마이크로서비스를 개발할 때는 jsonify() 함수를 사용한다. 하지만 다른 타입을 반환해야 할 때는 생성된 데이터를 Response 클래스로 변환하는 함수를 쉽게 만들어 쓸 수 있다. YAML 타입을 반환하는 예제 코드를 살펴보자.

yamlify() 함수가 반환하는 (response, status, headers) 튜플은 플라스크에 의해 적절한 Response 객체로 변환된다.

```
# Chapter02
# flask_yaml.py
from flask import Flask
import yaml # PyYAML 필요함.

app = Flask(__name__)

def yamlify(data, status=200, headers=None):
    _headers = {'Content-Type': 'application/x-yaml'}
    if headers is not None:
        _headers.update(headers)
    return yaml.safe_dump(data), status, _headers

@app.route('/api')
def my_microservice():
    return yamlify(['Hello', 'YAML', 'World!'])

if __name__ == '__main__':
    app.run()
```

플라스크가 요청을 처리하는 과정은 다음처럼 요약된다.

1. 애플리케이션이 시작할 때 @app.route()로 데코레이트된 함수는 뷰로 등록돼 app.url_map에 저장된다.
2. 엔드포인트와 호출 메소드에 따라 올바른 뷰로 요청이 전달된다.
3. Request 객체는 스레드에 안전하게 스레드-로컬 실행 컨텍스트[thread_local]

execution context 내에 생성된다.

4. Response 객체는 클라이언트에 반환할 콘텐츠를 감싸고[wrapping] 있다.

위의 4단계는 플라스크를 사용할 때 알아야 할 내용을 단순화한 것이다. 다음 절에서는 플라스크가 요청/응답 메커니즘과 함께 제공하는 중요한 기본 기능을 알아본다.

플라스크 기본 기능

지금까지 플라스크에서 클라이언트의 요청 처리 과정을 라우팅, Request 객체, Response 객체를 통해 알아봤다.

플라스크는 이 외에도 유용한 유틸리티를 많이 갖고 있다. 이번 절에서는 다음 내용을 알아본다.

- **session 객체**: 쿠키 기반 데이터
- **전역 공간**: 요청 컨텍스트에 저장하는 데이터
- **시그널**: 이벤트를 보내고 가로챔
- **확장과 미들웨어**: 기능 추가
- **템플릿**: 텍스트 기반 콘텐츠 생성
- **설정**: 파일을 통해 실행 옵션 제공
- **블루프린트**: 네임스페이스로 코드 구성
- **에러 처리와 디버깅**: 애플리케이션에서 발생하는 에러 처리

session 객체

플라스크가 각각의 클라이언트 요청에 대해 고유한 request 객체를 만드는 것과 같이 session 객체 역시 각 요청에 고유하게 생성된다.

session 객체는 딕셔너리와 비슷하며, 플라스크가 사용자 측의 쿠키에 직렬화한다. 세션에 포함된 데이터는 JSON 형태로 나타나며, zlib를 사용해서 압축되고 최종적으로 base64로 인코딩된다.

세션이 직렬화될 때는 itsdangerous(https://pythonhosted.org/itsdangerous/) 라이브러리가 애플리케이션 레벨에 정의된 secret_key 값을 사용해 콘텐츠를 서명한다. 서명에는 HMAC(https://en.wikipedia.org/wiki/Hash-based_message_authentication_code)와 SHA1을 사용한다.

이 서명은 데이터에 접미사로 추가되며, 데이터에 서명된 비밀 키를 알지 못하면 클라이언트가 쿠키에 저장된 데이터를 변조할 수 없게 한다. 데이터 자체는 암호화되지 않는다.

플라스크는 서명 알고리즘을 수정할 수 있게 해주지만, HAMC + SHA1은 데이터를 쿠키에 저장할 경우에 사용해도 충분히 좋다.

HTML을 생성하지 않는 마이크로서비스를 개발한다면 쿠키는 드물게 사용된다. 쿠키는 웹 브라우저에만 해당되기 때문이다. 하지만 각 사용자별로 임시적인 키-값 저장소를 유지한다는 아이디어는 서버 측 작업의 일부 속도를 높일 수 있기 때문에 매우 유용하게 쓸 수 있다. 예를 들어 사용자가 접속할 때마다 데이터베이스에서 사용자 정보를 찾아야 한다면 이 정보를 서버 측의 session 객체에 캐시해두면 좋다.

전역 공간

이미 설명한대로 플라스크는 특정 스레드와 요청 컨텍스트에 고유한 전역 변수 저장 메커니즘을 제공한다. 이들은 request와 session에 사용되지만, 다른 사용자 정의 객체도 저장할 수 있다.

flask.g 변수에는 모든 전역 정보가 포함돼 있고, 원하는 어떤 속성이든 여기에 설정할 수 있다.

플라스크에서 @app.before_request 데코레이터는 요청이 만들어지고 뷰에 전달하기 직전에 호출할 함수가 있을 때 사용한다. before_request를 사용하는 일반적인 경우는 전역 공간에 값을 저장할 때다. 이렇게 하면 요청 컨텍스트 안에서 호출되는 모든 함수는 g 변수를 사용해서 데이터를 얻을 수 있다.

다음 예제에서는 HTTP 기본 인증을 처리할 때 요청 컨텍스트의 username을 g 변수의 user 속성에 저장한다.

```
# Chapter02
# flask_globals.py
from flask import Flask, jsonify, g, request

app = Flask(__name__)

@app.before_request
def authenticate():
    if request.authorization:
        g.user = request.authorization['username']
    else:
        g.user = 'Anonymous'

@app.route('/api')
def my_microservice():
    return jsonify({'Hello': g.user})

if __name__ == '__main__':
    app.run()
```

클라이언트가 /api 엔드포인트를 호출하면 제공된 헤더 정보에 맞는 g.user 값이 authenticate() 함수에서 설정된다.

```
$ curl localhost:5000/api
{
```

```
    "Hello": "Anonymous"
}

C:\Program Files\cmder
$ curl localhost:5000/api --user tarek:pass
{
    "Hello": "tarek"
}
```

요청과 관련된 데이터라고 생각되면 `flask.g`를 통해 코드 전체에서 공유할 수 있다.

시그널

플라스크는 시그널[signal] 라이브러리인 Blinker(https://pythonhosted.org/blinker/)를 통합한다. 이 라이브러리는 특정 이벤트를 '구독[subscribe]'했다가 이벤트가 발생했을 때 필요한 함수를 실행한다.

여기서 말하는 이벤트는 고유한 이름표[label]를 갖고 `blinker.signal` 클래스를 통해 생성된 인스턴스다. 플라스크 0.12는 요청을 처리하는 과정 중, 중요한 순간마다 총 10개의 시그널을 발생시킨다. 전체 목록은 http://flask.pocoo.org/docs/latest/api/#core-signals-list를 참고하자.

시그널의 `connect` 함수를 사용해서 특정 이벤트를 등록할 수 있다. 시그널은 코드가 시그널의 `send` 함수를 호출하면 트리거된다. `send` 함수는 추가적인 인수를 받아서 모든 등록된 함수에 데이터를 전달한다.

다음 예제에서는 `request_finished` 시그널에 `finished` 함수를 등록한다. 이 함수는 응답 객체를 받는다.

```
# Chapter02
# flask_blinker.py
from flask import Flask, jsonify, g, request_finished
from flask.signals import signals_available

if not signals_available:
    raise RuntimeError("pip install blinker")

app = Flask(__name__)

def finished(sender, response, **extra):
    print('About to send a Response')
    print(response)

request_finished.connect(finished)

@app.route('/api')
def my_microservice():
    return jsonify({'Hello': 'World'})

if __name__ == '__main__':
    app.run()
```

시그널 기능을 사용하기 위해서는 블링커blinker를 먼저 설치해야 한다. 플라스크를 설치할 때 블링커는 기본으로 설치되지 않는다.

프레임워크가 템플릿을 렌더링하기 전에 트리거되는 before_render_template처럼 플라스크에 구현된 일부 시그널은 마이크로서비스에서 그다지 유용하지 않은 것들도 있다. 하지만 요청 객체가 만들어지고 처리되고 소멸되는 과정에서 발생하는 시그널들은 특히 로그를 남길 때 유용하다.

예를 들어 got_request_exception 시그널은 프레임워크가 어떤 일을 처리하기 전에 예외가 발생하면 트리거된다. 이 시그널은 Sentry(https://sentry.io)의 파이썬 클라이언트인 Raven이 예외를 기록하기 위해 자기 자신을 플라스크에 연결하는 방법이기도 하다.

또한 코드와 분리한 채로 이벤트를 사용해서 어떤 기능을 처리하고 싶다면 애플리케이션에 사용자 정의 시그널을 구현할 수도 있다.

예를 들어 마이크로서비스가 PDF 보고서를 생성하고 보고서에 암호화된 서명을 하고 싶다면 `report_ready` 시그널을 만들어 필요한 함수를 등록할 수 있다.

블링커 구현의 한 가지 중요 사항은 모든 등록된 함수들은 `signal.send` 호출 시에 특정한 순서 없이 동기적으로 호출된다는 점이다. 따라서 애플리케이션에서 너무 많은 시그널을 사용하면 요청 처리 시간도 그만큼 늘어나므로 병목현상[bottleneck]을 유발할 수 있다.

응답에 영향을 미치지 않는 작업이 필요하다면 RabbitMQ(http://www.rabbitmq.com/) 같은 큐를 사용해 작업을 큐에 넣고 다른 분리된 서비스에서 이 작업을 처리하는 방식을 고려할 수 있다.

확장과 미들웨어

플라스크 확장은 `flask_XXX` 이름 형식의 모듈이나 패키지로 제공돼 설치된다. 이전 버전에서는 `flask.ext.XXX` 형식이었다.

확장을 만들려면 http://flask.pocoo.org/docs/latest/extensiondev의 가이드라인을 따라야 한다. 이 가이드라인은 다른 파이썬 프로젝트에도 적용할 수 있는 모범 사례다. 플라스크는 http://flask.pocoo.org/extensions 페이지에서 선별된 확장 목록을 보여주므로 추가 기능을 찾을 때 여기를 먼저 살펴보는 것이 좋다. 확장을 어떻게 사용할 것인가는 개발자의 몫이며, 플라스크 문서에 설명된 가이드라인 외에 다른 특별한 사항을 강요하지 않는다.

플라스크 확장의 또 다른 방법으로 WSGI 미들웨어를 사용하는 방법이 있다. WSGI 미들웨어는 WSGI 엔드포인트에 대한 호출을 감싸서 WSGI 애플리케이션을 확장하는 방식이다.

다음 예제에서 미들웨어는 X-Forwarded-For 헤더를 사용해서 플라스크 애플리케이션이 nginx 같은 프록시 뒤에 있다고 속인다. 이렇게 하면 특히 테스트 환경에서 유용한 미들웨어를 만들 수 있다. 운영 환경이 아니라면 애플리케이션이 클라이언트의 주소를 얻으려고 할 때 실제 클라이언트의 원격 주소가 아닌 프록시의 주소가 remote_addr에 설정되기 때문이다.

```
# Chapter02
# flask_middleware.py
from flask import Flask, jsonify, request
import json

class XFFMiddleware(object):
    def __init__(self, app, real_ip='10.1.1.1'):
        self.app = app
        self.real_ip = real_ip

    def __call__(self, environ, start_response):
        if 'HTTP_X_FORWARDED_FOR' not in environ:
            values = '%s, 10.3.4.5, 127.0.0.1' % self.real_ip
            environ['HTTP_X_FORWARDED_FOR'] = values
        return self.app(environ, start_response)

app = Flask(__name__)
app.wsgi_app = XFFMiddleware(app.wsgi_app)

@app.route('/api')
def my_microservice():
    if "X-Forwarded-For" in request.headers:
        ips = [ip.strip() for ip in
            request.headers['X-Forwarded-For'].split(',')]
        ip = ips[0]
    else:
        ip = request.remote_addr

    return jsonify({'Hello': ip})
```

```
if __name__ == '__main__':
    app.run()
```

여기서 WSGI 애플리케이션을 감싸기 위해 app.wsgi_app을 사용했다. 앞에서 살펴 본 것처럼,플라스크의 app 객체가 WSGI 애플리케이션 자체를 가리키는 건 아니다.

WSGI environ 정보를 애플리케이션에서 얻기 전에 변조하는 건 괜찮다. 하지만 응답에 영향을 미칠 수 있는 동작을 WSGI 미들웨어 내부에서 구현하면 작업이 매우 까다로워진다.

WSGI 애플리케이션은 실제 응답 본문을 돌려주기 전에 start_response 함수가 응답 상태 코드, 헤더와 함께 호출된다. 결국 애플리케이션에 대한 단일 함수 호출이 2단계의 동작을 발생시킨다. 따라서 app 바깥에서 결과를 즉시 바꾸기 위해서는 콜백 작업이 필요하다.

좋은 예는 응답 본문을 변경할 때다. 본문을 변경하면 Content-Lengh 값이 달라진다. 따라서 미들웨어는 app이 보내는 헤더를 가로채서 본문 수정이 끝난 다음에 이 값을 다시 써야 한다. 이런 문제는 WSGI 애플리케이션 디자인의 여러 문제 중 하나일 뿐이다.

다른 WSGI 프레임워크를 사용해야 하는 기능이 아니라면 WSGI 미들웨어로 애플리케이션을 확장할 필요는 없다. 플라스크 애플리케이션 내에서 연동되는 플라스크 확장을 쓰는 것이 훨씬 좋다.

템플릿

응답을 JSON이나 YAML로 보내는 건 매우 쉽다. 단순히 데이터를 직렬화해주는 작업일 뿐이며, 대부분의 마이크로서비스는 자체 파싱이 가능한 데이터를 만든다. 하지만 어떤 경우에는 HTML 페이지나 PDF 보고서, 또는 이메일처럼 레이아웃이 필요한 문서를 생성할 필요도 있다.

플라스크는 텍스트 기반의 문서를 다루기 위해 Jinja(http://jinja.pocoo.org)라는 템플릿 엔진을 포함하고 있다. 플라스크가 Jinja를 통합한 주된 이유는 HTML 문서를 생성하기 위해서다. `render_template` 같은 함수는 Jinja 템플릿과 주어진 데이터를 사용해서 응답을 만든다.

하지만 Jinja는 HTML이나 다른 태그 기반의 문서에만 사용할 수 있는 건 아니다. 텍스트 기반이라면 어떤 문서도 만들 수 있다.

예를 들어 마이크로서비스가 이메일을 보낸다면 작성하기 다소 번거로운 표준 라이브러리의 `email` 패키지를 사용하는 대신 Jinja를 사용할 수 있다.

다음은 이메일 템플릿의 예다.

```
Date: {{date}}
From: {{from}}
Subject: {{subject}}
To: {{to}}
Content-Type: text/plain

Hello {{name}},

We have received your payment!

Below is the list of items we will deliver for lunch:

{% for item in items %}- {{item['name']}} ({{item['price']}} Euros)
{% endfor %}

Thank you for your business!

--
Tarek's Burger
```

Jinja는 두 개의 중괄호로 변수를 표시한다. 런타임에 Jinja에 전달될 수 있다면 어떤 것도 변수가 될 수 있다.

파이썬의 `if`와 `for`도 다음과 같은 표기로 템플릿 내에 직접 사용할 수 있다.

```
{% for x in y % }... {% endfor %}

{% if x %}...{% endif %}
```

다음은 이메일 템플릿을 사용해서 RFC 822 표준에 맞는 메시지를 생성하고 SMTP를 통해 보내는 파이썬 스크립트다.

```
from datetime import datetime
from jinja2 import Template
from email.utils import format_datetime

def render_email(**data):
    with open('email_template.eml') as f:
        template = Template(f.read())
    return template.render(**data)
data = {'date': format_datetime(datetime.now()),
        'to': 'bob@example.com',
        'from': 'tarek@ziade.org',
        'subject': "Your Tarek's Burger order",
        'name': 'Bob',
        'items': [{'name': 'Cheeseburger', 'price': 4.5},
                  {'name': 'Fries', 'price': 2.},
                  {'name': 'Root Beer', 'price': 3.}]}

print(render_email(**data))
```

`render_email` 함수는 `Template` 클래스를 사용해서 이메일을 생성한다.

Jinja는 이외에도 많은 기능을 갖고 있지만, 2장의 범위를 벗어나기 때문에 다루지 않는다. 마이크로서비스에서 템플릿 작업을 해야 한다면 Jinja가 좋은 선택이 될 수 있다. Jinja의 모든 기능에 대한 설명은 http://jinja.pocoo.org/docs를 참고하자.

설정

애플리케이션을 개발할 때는 데이터베이스 연결 정보나 배포와 관련된 변수처럼 실행에 필요한 옵션을 노출할 필요가 있다.

플라스크는 설정 관리에 장고Django와 비슷한 방식을 사용한다. Flask 객체는 config라는 객체를 포함하는데, 이 객체는 플라스크 애플리케이션을 실행할 때 업데이트할 수 있는 몇 개의 기본 변수를 제공한다.

예를 들어 prod_settings.py 파일에 Config 클래스를 다음처럼 정의할 수 있다.

```
class Config:
    DEBUG = False
    SQLURI = 'postgres://tarek:xxx@localhost/db'
```

그런 다음 app.config.from_object를 사용해 파일 내용을 app 객체에서 로드할 수 있다.

```
$ python
>>> from flask import Flask
>>> app = Flask(__name__)
>>> app.config.from_object('prod_settings.Config')
>>> print(app.config)
<Config {'DEBUG': False, 'TESTING': False, 'PROPAGATE_EXCEPTIONS': None,
          'PRESERVE_CONTEXT_ON_EXCEPTION': None, 'SECRET_KEY': None,
          'PERMANENT_SESSION_LIFETIME': datetime.timedelta(31),
```

```
          'USE_X_SENDFILE': False, 'LOGGER_NAME': '__main__',
          'LOGGER_HANDLER_POLICY': 'always', 'SERVER_NAME': None,
          'APPLICATION_ROOT': None, 'SESSION_COOKIE_NAME': 'session',
          'SESSION_COOKIE_DOMAIN': None, 'SESSION_COOKIE_PATH': None,
          'SESSION_COOKIE_HTTPONLY': True, 'SESSION_COOKIE_SECURE': False,
          'SESSION_REFRESH_EACH_REQUEST': True, 'MAX_CONTENT_LENGTH': None,
          'SEND_FILE_MAX_AGE_DEFAULT': datetime.timedelta(0, 43200),
          'TRAP_BAD_REQUEST_ERRORS': False, 'TRAP_HTTP_EXCEPTIONS': False,
          'EXPLAIN_TEMPLATE_LOADING': False, 'PREFERRED_URL_SCHEME': 'http',
          'JSON_AS_ASCII': True, 'JSON_SORT_KEYS': True,
          'JSONIFY_PRETTYPRINT_REGULAR': True, 'JSONIFY_MIMETYPE':
application/json',
          'TEMPLATES_AUTO_RELOAD': None,
          'SQLURI': postgres://tarek:xxx@localhost/db'}>
```

그렇지만 이와 같이 파이썬 모듈을 설정 파일로 사용하면 2가지 단점이 있다.

먼저, 단순한 클래스보다 좀 더 복잡한 코드가 설정 파일에 추가될 수 있고 이에 따라 설정 모듈을 다른 애플리케이션 코드처럼 다뤄야 할 필요가 생긴다. 하지만 설정 파일은 보통 환경에 따라 다르며, 코드와 분리해서 다루는 경우가 많다.

두 번째로, 다른 팀에 설정 파일의 관리 책임이 있다면 그 팀에서 파이썬 코드도 편집해야 한다. 이로 인해 몇 가지 문제가 발생할 수 있다. 예를 들어 텍스트 기반 설정 파일보다는 파이썬 모듈을 다루기가 더 어렵다.

플라스크는 `app.config`를 통해 설정을 제공하지만, YAML 파일이나 기타 텍스트 기반의 파일에서 추가 옵션을 로드하는 것도 쉽다.

표준 라이브러리에 INI 파서가 포함돼 있으며 많은 곳에서 활용되므로, 파이썬 커뮤니티에서는 주로 INI 포맷을 사용한다.

INI 파일에서 설정을 로드하기 위한 플라스크 확장도 많지만, 표준 라이브러리인 `ConfigParser`를 사용하는 것이 간단하다. INI를 사용할 때는 주의 사항이 있는데,

변수 형식이 모두 string이기 때문에 올바른 타입으로 변환할 책임은 애플리케이션에 있다는 것이다.

Konfig 프로젝트(https://github.com/mozilla-services/konfig)는 ConfigParser를 기반으로 만들었으며, 자동으로 int나 bool 같은 타입으로 변환해준다.

플라스크에서 Konfig를 사용하는 방법은 매우 단순하다.

```
$ more settings.ini
[flask]
DEBUG = 0
SQLURI = postgres://tarek:xxx@localhost/db

$ python
>>> from konfig import Config
>>> from flask import Flask
>>> c = Config('settings.ini')
>>> app = Flask(__name__)
>>> app.config.update(c.get_map('flask'))
>>> app.config['SQLURI']
'postgres://tarek:xxx@localhost/db'
```

블루프린트

엔드포인트가 여러 개인 마이크로서비스를 개발할 때는 엔드포인트 하나당 몇 개의 데코레이트 함수를 만들어야 할 것이다. 코드 구성의 첫 번째 논리적인 단계는 각 엔드포인트마다 하나의 모듈을 만드는 것이다. 그리고 app 인스턴스를 만들 때 이 모듈을 임포트해서 플라스크가 뷰를 등록하게 한다.

예를 들어 사원employees 데이터베이스를 관리하는 마이크로서비스가 있다고 하자. 모든 사원과 연결되는 엔드포인트나 팀과 연결되는 엔드포인트가 필요할 것이다. 따라서 애플리케이션을 다음 3개의 모듈로 구성할 수 있다.

- **app.py**: 플라스크 app 객체를 포함하고 앱을 실행한다.
- **employees.py**: 사원과 관련된 모든 뷰 함수를 제공한다.
- **teams.py**: 팀과 관련된 모든 뷰 함수를 제공한다.

이렇게 employee와 teams를 app의 하위 셋으로 만들어 각각 고유한 유틸리티나 설정을 추가할 수 있다.

블루프린트Blueprint는 네임스페이스로 뷰를 그룹화하는 방법을 제공해 이러한 방식을 더욱 발전시켰다. 플라스크 app 객체처럼 Blueprint 객체를 만들어 필요한 뷰 함수를 여기에 배치할 수 있다. 초기화 프로세스는 app.register_blueprint로 블루프린트를 등록한다. 이 호출은 블루프린트에 정의된 모든 뷰가 확실히 app에 포함되게 한다.

다음은 teams 블루프린트를 구현한 예다.

```
# Chapter02
# teams.py
from flask import Blueprint, jsonify

teams = Blueprint('teams', __name__)

_DEVS = ['Tarek', 'Bob']
_OPS = ['Bill']
_TEAMS = {1: _DEVS, 2: _OPS}

@teams.route('/teams')
def get_all():
    return jsonify(_TEAMS)

@teams.route('/teams/<int:team_id>')
def get_team(team_id):
    return jsonify(_TEAMS[team_id])
```

메인 모듈 app.py는 이 파일을 임포트한 후 app.register_blueprint(teams)로 블루프린트를 등록한다.

이 방식은 다른 애플리케이션에서 뷰를 재사용하거나 같은 애플리케이션에서 여러 번 사용하고 싶을 때 유용하다.

예를 들어 Flask-Restless(https://flask-restless.readthedocs.io/en/stable/) 확장은 자동으로 SQLAlchemy 모델을 조사해서 REST API를 제공하는데, SQLAlchemy 모델마다 하나의 블루프린트를 생성한다.

다음은 Flask-Restless 문서에서 가져온 코드다(Person은 SQLAlchemy 모델이다).

```
blueprint = manager.create_api_blueprint(Person, methods=['GET', 'POST'])
app.register_blueprint(blueprint)
```

에러 처리 및 디버깅

애플리케이션은 요청 처리 도중 무언가 잘못됐을 때 클라이언트에게 어떤 응답을 돌려줄지 제어할 수 있어야 한다. HTML 웹 애플리케이션에서는 404, 50x 에러가 발생하면 보통 특정 HTML 페이지를 보여준다. 플라스크는 자동으로 이렇게 동작하지만, 마이크로서비스에서는 클라이언트에 보내는 응답을 좀 더 조정할 필요가 있다. 이때 유용한 기능이 사용자 정의 에러 핸들러custom error handler다.

무엇이 잘못됐는지 디버깅하는 것 역시 중요한 기능이다. 플라스크는 디버그 모드로 앱을 실행할 때 활성화되는 디버거를 포함하고 있다. 이번 절에서는 여기에 관해 알아본다.

사용자 정의 에러 핸들러

코드에서 예외를 처리하지 않으면 플라스크는 HTTP 500 응답을 반환한다. 이와 같이 일반적인 에러는 본문에 비공개 정보가 포함되는 걸 방지하는 안전한 기본 동작이다.

기본 500 응답은 상태 코드를 포함한 단순한 HTML 페이지다.

```
$ curl localhost:5000/api
<!DOCTYPE HTML PUBLIC "-//W3C//DTD HTML 3.2 Final//EN">
<title>500 Internal Server Error</title>
<h1>Internal Server Error</h1>
<p>The server encountered an internal error and was unable to complete your
request. Either the server is overloaded or there is an error in the
application.</p>
```

JSON을 사용해서 마이크로서비스를 구현할 때는 클라이언트에 보내는 모든 응답을 JSON 포맷으로 맞추는 것이 관례다. 마이크로서비스를 사용하는 클라이언트는 모든 응답을 파싱할 필요가 있기 때문이다.

플라스크는 app의 에러 처리를 조정할 수 있는 여러 함수를 제공한다. 첫 번째는 @app.route처럼 동작하는 @app.errorhandler 데코레이터다. 이 데코레이터는 특정 에러 코드에 함수를 연결한다.

다음 예제에서는 플라스크가 500 서버 응답을 반환할 때 JSON 형식의 에러를 반환하는 error_handling 함수에 연결해주기 위해 이 데코레이터를 사용한다.

```
# Chapter02
# flask_500.py
from flask import Flask, jsonify

app = Flask(__name__)

@app.errorhandler(500)
def error_handling(error):
    return jsonify({'Error': str(error)}, 500)

@app.route('/api')
def my_microservice():
    raise TypeError("Some Exception")

if __name__ == '__main__':
```

```
app.run()
```

플라스크는 발생한 예외 코드와는 상관없이 항상 동일한 함수를 호출한다. 애플리케이션이 HTTP 404나 다른 4xx, 50x 응답을 생성하는 경우 플라스크가 보내는 기본 HTML 응답을 되돌려준다.

모든 4xx, 50x 에러 시에도 JSON 응답을 보낼 수 있게 하려면 모든 에러 코드에 대해 함수를 등록해줘야 한다.

abort.mapping 딕셔너리를 통해 에러 목록을 얻을 수 있다. 다음 예제에서는 app.register_error_handler를 사용해 모든 에러에 대해 error_handling 함수를 등록한다.

```
# Chapter02
# flask_error.py
from flask import Flask, jsonify, abort
from werkzeug.exceptions import HTTPException, default_exceptions, _aborter

def JsonApp(app):
    def error_handling(error):
        if isinstance(error, HTTPException):
            result = {'code': error.code, 'description': error.description,
                      'message': str(error.code) +" " + error.name}
        else:
            description = _aborter.mapping[500].description
            result = {'code': 500, 'description': description,
                      'message': str(error)}
        resp = jsonify(result)
        resp.status_code = result['code']
        return resp

    for code in default_exceptions.keys():
        app.register_error_handler(code, error_handling)
```

```python
    return app

app = JsonApp(Flask(__name__))

@app.route('/api')
def my_microservice():
    raise TypeError("Some Exception")

if __name__ == '__main__':
    app.run()
```

JsonApp 함수는 플라스크 app 인스턴스를 감싼 뒤에 발생 가능한 모든 4xx, 50x 에러에 대해 사용자 정의 JSON 에러 핸들러를 설정한다.

디버그 모드

플라스크 run 함수는 애플리케이션을 디버그 모드로 실행해주는 debug 옵션을 갖고 있다.

```python
app.run(debug=True)
```

디버그 모드는 에러가 발생했을 때 내장된 디버거를 통해 브라우저와 애플리케이션을 연결해주는 특별한 모드다.

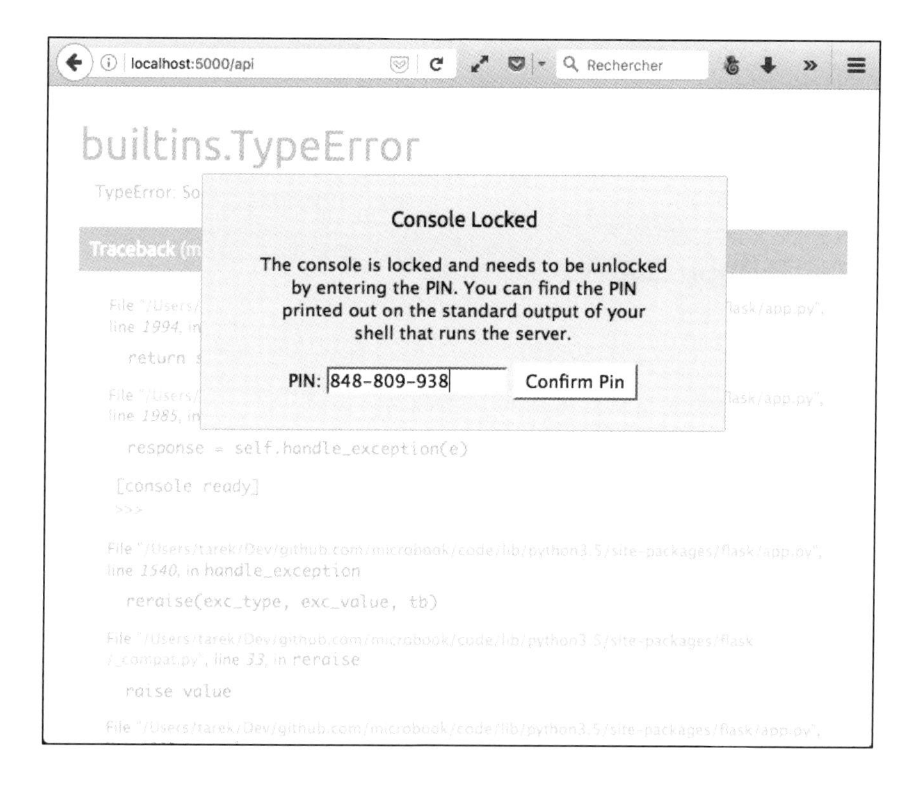

웹 디버거의 콘솔은 현재 애플리케이션을 연동할 수 있게 한다. 그리고 현재 실행 프레임에서 변수를 조사하거나 파이썬 코드를 실행할 수 있게 해준다.

플라스크에서는 다른 서드파티 디버거도 사용할 수 있다. 예를 들어 JetBrain의 PyCharm(http://www.jetbrains.com/pycharm/)은 상업용 파이썬 IDE로서 강력한 비주얼 디버거로 플라스크를 실행할 수 있다.

디버거는 원격 코드 실행을 지원한다. 따라서 콘솔에 접근하기 위해 PIN을 제공하더라도 보안상 위험이 있다. 2015년에 Patreon 온라인 서비스가 플라스크 디버거를 통해 해킹된 사례가 있다. 따라서 운영 환경에서는 애플리케이션을 디버거 모드로 실행하지 않도록 주의해야 한다. Bandit 린터(https://wiki.openstack.org/wiki/ Security/Projects/Bandit)는 디버그 플래그로 실행된 플라스크 애플리케이션을 추적하므로, 애플리케이션이 디버그 플래그로 배포되는 걸 방지하는 데 사용할 수 있다.

코드에 `pdb.set_trace()` 호출을 추가해서 문제를 추적할 때는 일반 pdb 모듈 역시 좋은 옵션이다.

마이크로서비스 구조

지금까지 플라스크가 어떻게 동작하는지, 그리고 대부분의 기본 제공 기능에 관해 알아봤다. 이 기능들을 앞으로 책에서 사용해 볼 것이다.

아직 다루지 못한 주제는 플라스크 애플리케이션을 초기화하기 위한 프로젝트 코드 구성 방법이다. 지금까지의 모든 예제는 파이썬 파일 하나를 사용했고, `app.run()`을 호출해서 서비스를 실행했다.

코드가 몇 줄에 그치지 않는 이상, 모든 것을 하나의 파일에 집어넣는 건 좋은 생각이 아니다. 코드를 릴리스하고 배포하기 위해서는 파이썬 패키지를 활용해 pip이나 Setuptools 같은 표준 패키징 도구를 사용할 수 있게 하는 것이 좋다.

또한 블루프린트에 뷰를 구성해 모듈 하나당 블루프린트 하나를 두는 것이 좋다.

`run()` 호출 역시 코드에서 제거될 수 있다. 플라스크는 FLASK_APP 환경 변수가 가리키는 모듈에서 app 변수를 찾기 위한 일반적인 실행자[runner]를 제공한다. 이 실행자는 app을 실행하는 데 사용하는 호스트와 포트를 구성하는 것과 같은 추가 옵션을 제공한다.

이 책을 위해 microservice라는 프로젝트를 만들어 깃허브에 올렸다(https://github.com/Runnerly/microservice). microservice는 일반적인 플라스크 애플리케이션이며, 단순한 구조를 구현해서 마이크로서비스 개발의 시작점으로 사용할 수 있게 했다.

이 프로젝트는 Flakon(https://github.com/Runnerly/flakon)이라는 또 다른 샘플 프로젝트를 사용한다. Flakon은 INI와 JSON을 사용해서 플라스크 애플리케이션의 구성과 초기화를 담당한다. Flakon 역시 이 책을 위해 만든 프로젝트며, 최소한의 코드를 생성해서 여러분이 마이크로서비스 개발에 집중할 수 있게 해준다. Flakon 사용 여부는 옵션이므로, 자신에게 적합하지 않다고 생각되면 프로젝트에서 제거하고 기능을 직접 구현하거나 비슷한 기능을 제공하는 다른 오픈소스 프로젝트를 사용해도 된다.

microservice 프로젝트의 기본 구조는 다음과 같다.

- **setup.py**: Distutil의 설정 파일로 프로젝트를 설치하고 릴리스하는 데 사용
- **Makefile**: 프로젝트를 만들고 빌드하고 실행하기 위해 필요한 명령을 포함
- **settings.ini**: 애플리케이션 기본 설정이 들어있는 INI 파일
- **requirements.txt**: pip 형식을 따르는 프로젝트 의존성이 들어있음
- **myservices/**:
  - **__init__.py**
  - **app.py**: app 모듈
  - **views/**: 블루프린트를 구성하는 뷰를 포함한 디렉토리
    - **__init__.py**
    - **home.py**: 루트 엔드포인트를 처리하는 home 블루프린트
- **tests**: 모든 테스트를 포함하는 디렉토리
  - **__init__.py**
  - **test_home.py**: home 블루프린트 뷰를 위한 테스트

app.py 파일의 다음 코드는 Flakon의 create_app 헬퍼를 사용해서 플라스크 app을 초기화한다. create_app은 등록하려는 블루프린트 목록 같은 몇 개의 옵션을 인수로 받는다.

```
import os
from flakon import create_app
from myservice.views import blueprints

_HERE = os.path.dirname(__file__)
_SETTINGS = os.path.join(_HERE, 'settings.ini')

app = create_app(blueprints=blueprints, settings=_SETTINGS)
```

home.py 뷰는 Flakon의 `JsonBlueprint` 클래스를 사용한다. `JsonBlueprint`는 앞 절에서 살펴봤던 에러 처리를 구현했다. 또한 Bottle 프레임워크가 하는 것처럼 뷰가 반환하는 객체가 딕셔너리라면 자동으로 `jsonify()`를 호출한다.

```
from flakon import JsonBlueprint

home = JsonBlueprint('home', __name__)

@home.route('/')
def index():
    """Home view.

    This view will return an empty JSON mapping.
    """
    return {}
```

이 애플리케이션은 패키지 이름을 사용해서 플라스크의 기본 명령으로 실행할 수 있다.

```
$ FLASK_APP=myservice flask run
 * Serving Flask app "myservice"
 * Running on http://127.0.0.1:5000/ (Press CTRL+C to quit)
```

이로써 마이크로서비스에 대한 JSON 뷰를 빌드하는 것은 `microservice/views`에 필요한 모듈을 추가하고 관련된 테스트를 만드는 것으로 구성된다.

요약

2장에서는 플라스크 프레임워크의 전체 구성을 세부적으로 살펴보고, 마이크로서비스 개발에 어떻게 사용할 수 있는지 살펴봤다.

몇 개의 중요한 내용을 요약하면 다음과 같다.

- 플라스크는 WSGI 프로토콜로 단순한 요청/응답 메커니즘을 감싸고 있다. 이렇게 해서 거의 표준 라이브러리만 사용해 애플리케이션을 개발할 수 있게 한다.
- 플라스크는 쉽게 확장할 수 있으며, 파이썬 3에서도 잘 동작한다.
- 플라스크는 블루프린트, 전역, 시그널, 템플릿 엔진, 에러 핸들러, 디버거 같은 멋진 기본 기능을 제공한다.
- `microservice` 프로젝트는 플라스크의 기본 구조를 구현한 프로젝트로, 이 책에서 마이크로서비스를 개발하는 데 사용한다. 설정 파일로 INI 파일을 사용하며, JSON으로 응답 객체를 생성해 반환하는 단순한 애플리케이션이다.

3장에서는 마이크로서비스 개발, 테스트, 문서화를 지속적으로 진행하는 개발 방법론에 초점을 맞춘다.

03

코딩, 테스트, 문서화: 선순환

완벽한 소프트웨어는 없다. 모든 프로젝트는 잠재적인 버그를 갖고 있으며, 버그를 잡는 일은 많은 시간과 비용을 소비한다.

코드와 테스트를 동시에 작성하는 TDD[Test-Driven Development]가 언제나 프로젝트 품질을 향상시키는 것은 아니지만, 개발자가 버그를 해결하고 코드를 리팩토링할 때 적은 비용과 빠른 시간에 작업을 마칠 수 있게 도움을 주는 건 사실이다.

테스트 작성은 그만큼 시간이 필요한 작업이지만, 장기적인 관점에서 보면 프로젝트를 올바른 방향으로 성장시키는 가장 좋은 방법이다. 물론 테스트를 잘못 만들어서 기대한 결과를 못 얻거나, 유지 보수가 어렵고 실행 시간이 너무 긴 테스트를 만들 가능성도 얼마든지 있다. 아무리 세계 최고의 도구 및 프로세스를 도입한다고 하더라도 코드를 대충 만들어서 불량 소프트웨어를 만드는 것까지 막을 수는 없다.

소프트웨어 업계는 오랫동안 TDD의 장점에 관해 논쟁해왔다. 지난 10년 동안 TDD의 장점을 수집한 대부분의 연구 보고서들은 TDD가 장기적으로 비용은 감소시키며, 품질은 향상시킨다고 결론지었다.

http://biblio.gdinwiddie.com/biblio/StudiesOfTestDrivenDevelopment에서 몇 개의 연구 보고서를 읽을 수 있다.

테스트 작성은 설계한 API가 올바로 동작하는지, 코드가 유기적으로 잘 들어맞는지 살피면서 전체 코드에 대한 안목을 키울 수 있는 훌륭한 방법이다. 또한 팀 구성원의 변화가 있을 때 테스트는 정확한 정보를 제공한다. 문서와 다르게 테스트는 현재 버전의 코드가 항상 반영돼 있다.

문서화는 유지 보수가 어렵고 작성하는 데 시간이 많이 걸리지만, 여전히 프로젝트의 중요한 부분이다. 소프트웨어 사용자나 새로 합류한 팀원이 맨 처음 보는 것이 문서다. "애플리케이션을 어떻게 설치하고 설정은 어떻게 바꿀 수 있나? 테스트 실행과 기능 추가 방법은 무엇인가? 어떤 방식으로 설계됐고 그 이유는 무엇인가?"

전담 인력이 없다면 코드 변경과 때맞춰 업데이트되는 프로젝트 문서를 찾아보기 힘들다. 문서에 나온 예제 코드를 따라 했지만, 제대로 실행되지 않아 좌절한 경험은 누구나 있을 것이다. 이런 상황을 해결하려면 문서 내의 코드를 뽑아내서 테스트의 일부로 만드는 것이 좋다.

테스트 및 문서화에 관련된 황금 법칙이 있다. 바로 "프로젝트의 테스트, 문서화 및 코딩은 연달아 발생해야 한다."는 것이다. 즉, 코드가 변경된 순간에 테스트와 문서에 그 변경 내용이 곧바로 반영돼야 한다는 뜻이다.

3장에서는 플라스크로 마이크로서비스를 개발할 때 사용 가능한 테스트 및 문서화 도구를 알아본다. 그리고 인기 있는 온라인 서비스를 활용해 지속적인 통합CI, Continuous Intergration을 구성하는 방법도 배운다.

3장에서 다루는 내용은 다음과 같다.

- 테스트의 여러 종류
- WebTest로 마이크로서비스 테스트
- pytest와 Tox 사용
- 개발자 문서
- 지속적인 통합

테스트의 여러 종류

여러 종류의 테스트가 있기 때문에 때로는 어떤 테스트 종류를 얘기하는 건지 혼란스러울 때가 있다. 기능 테스트를 얘기하고 있다지만, 정작 프로젝트 성격에 따라 다른 종류의 테스트를 얘기하는 경우도 흔하다.

마이크로서비스에서는 다음과 같은 5개의 뚜렷한 목표로 테스트를 분류할 수 있다.

- **단위 테스트**Unit test: 격리된 환경에서 클래스나 함수가 예상대로 동작하는지 확인한다.
- **기능 테스트**Functional test: 마이크로서비스가 고객의 관점에서 기대한 대로 동작하는지 살피고, 잘못된 요청에 대해서도 정확히 응답하는지 검증한다.
- **통합 테스트**Integration test: 마이크로서비스가 다른 서비스와 제대로 연동되는지 확인한다.
- **부하 테스트**Load test: 마이크로서비스의 성능을 측정한다.
- **엔드 투 엔드 테스트**: 전체 시스템이 제대로 동작하는지 확인한다.

계속해서 각각의 세부 내용을 알아보자.

단위 테스트

단위 테스트는 프로젝트에 추가되는 가장 단순한 테스트 종류다. 표준 라이브러리에는 테스트를 만드는 데 필요한 모든 것이 들어있다. 플라스크 기반의 프로젝트에서는 보통 뷰나 함수, 클래스를 개별적으로 검증할 수 있는 단위 테스트를 만든다.

클래스 구현과 정의가 분리돼 있는 다른 언어와 다르게 파이썬 프로젝트에서는 계약이나 인터페이스를 사용하지 않기 때문에 분리란 개념이 꽤 모호하다.

파이썬에서 개별적인 테스트를 만드는 건 특정 인수를 갖고 클래스나 함수 호출에 대한 인스턴스를 만들어서 기대한 결과가 나오는지 검증하는 것이다. 클래스나 함수 내부에서 파이썬으로 만들어지지 않은 다른 코드나 표준 라이브러리에 들어 있지 않은 코드를 호출하고 있다면 개별적인 테스트가 힘들다.

이때는 모방하기mocking를 통해 격리된 환경에서 해당 호출을 흉내 낼 수 있다. 모방하기는 지정된 입력에 대해 약속한 출력 값을 제공하되 내부에서는 실제로 어떤 처리가 일어나지 않은 채 모의 객체로 동작만 흉내 내는 것을 말한다.

모방은 격리된 테스트 환경을 제공하는 장점이 있는 반면에 때론 위험하기도 하다. 모의 객체가 실제 동작과 다르게 구현됐다면 테스트에서는 잘 돌아가던 코드가 실제 환경에서는 에러를 쏟아낼 것이다. 이런 상황은 프로젝트의 의존 라이브러리를 최신 버전으로 업데이트하면서 새롭게 추가된 기능을 모의 객체에는 반영하지 않을 때 종종 일어나는 문제다.

따라서 모방하기는 다음과 같은 3가지 경우로 제한하는 것이 좋다.

- **I/O 연산:** 코드가 서드파티 서비스를 호출하거나 소켓, 파일 등의 리소스를 사용하고 있는데, 테스트에서는 이 작업을 수행할 수 없을 때
- **CPU를 많이 사용하는 연산:** 테스트를 너무 느리게 만드는 계산이 있을 때
- **특정 상황 재현:** 네트워크 에러나 날짜/시간 변경처럼 특정 상황에서 코드를 시험하기 위한 테스트를 작성할 때

다음 코드는 requests 라이브러리(http://docs.python-requests.org)로 버그질라[Bugzilla] REST API를 호출해 버그 목록을 가져온다.

```
# Chapter03
# test_request_01.py
import requests
import bugzilla

class MyBugzilla:
    def __init__(self, account, server ='https://bugzilla.mozilla.org'):
        self.account = account
        self.server = server
        self.session = requests.Session( )

    def bug_link(self, bug_id):
        return '%s/show_bug.cgi?id=%s' % (self.server, bug_id)
```

```
    def get_new_bugs(self):
        call = self.server + '/rest/bug'
        params = {'assigned_to': self.account, 'status': 'NEW','limit': 10}

        try:
            res = self.session.get(call, params=params).json()
        except requests.exceptions.ConnectionError:
            res = {'bugs': []}

        def _add_link(bug):
            bug['link'] = self.bug_link(bug['id'])
            return bug

        for bug in res['bugs']:
            yield _add_link(bug)
```

MyBugzilla 클래스는 격리된 환경에서 테스트를 처리하는 bug_link() 함수와 실제 버그질라 서버로 요청을 보내는 get_new_bugs() 함수를 갖고 있다. 테스트를 실행할 때 버그질라 서버를 실행하는 건 너무 복잡하므로 호출을 모방하고 JSON 값을 제공해서 클래스가 독립적으로 동작하게 할 수 있다.

다음 예제에서는 네트워크 호출 요청을 쉽게 모방할 수 있는 request_mock을 사용해서 앞 내용을 구현한다.

```
# Chapter03
# test_request_02.py
import unittest
from unittest import mock
import requests
from requests.exceptions import ConnectionError
import requests_mock
from test_request_01 import MyBugzilla

class TestBugzilla(unittest.TestCase):
```

```
    def test_bug_id(self):
        zilla = MyBugzilla('tarek@mozilla.com', server = 'http://yeah')
        link = zilla.bug_link(23)
        self.assertEqual(link, 'http://yeah/show_bug.cgi?id=23')

    @requests_mock.mock()
    def test_get_new_bugs(self, mocker):
        # 요청을 모방해서 2개의 버그 목록을 반환한다.
        bugs = [{'id': 1184528}, {'id': 1184524}]
        mocker.get(requests_mock.ANY, json={'bugs': bugs})

        zilla = MyBugzilla('tarek@mozilla.com', server = 'http://yeah')
        bugs = list(zilla.get_new_bugs())

        self.assertEqual(bugs[0]['link'],
'http://yeah/show_bug.cgi?id=1184528')

    @mock.patch.object(requests, 'get', side_effect=ConnectionError('No
network'))

    def test_network_error(self, mocked):
        # 서버 다운 등의 네트워크 에러 테스트
        zilla = MyBugzilla('tarek@mozilla.com', server='http://yeah')
        bugs = list(zilla.get_new_bugs())
        self.assertEqual(len(bugs), 0)

if __name__ == '__main__':
    unittest.main()
```

프로젝트가 커질수록 모의 객체도 최신 버전을 반영하게 해야 하며, 특정 기능을 검사하는 테스트도 여러 개를 유지해야 한다. 버그질라 API의 동작이 변경됐다면 모의 객체에 변경 내용이 반영될 때까지는 테스트 결과가 실패로 나와야 한다.

test_network_error() 함수는 파이썬의 mock.patch 데코레이터를 사용해 네트워크 에러를 흉내 내는 두 번째 테스트다. 이 테스트는 네트워크가 좋지 않을 때도 클래스가 예상대로 동작하는지 검사한다.

단위 테스트를 활용하면 클래스와 함수 대부분의 동작을 검사할 수 있다. 프로젝트가 성장하고 코드가 늘어나면서 이전에 없던 새로운 상황이 발생하므로 가능한 한 많은 테스트를 만드는 것이 좋다.

물론 프로젝트 초기부터 발생 가능한 모든 상황을 예상해서 테스트를 만들기는 어렵고, 그럴 필요도 없다. 마이크로서비스에서 단위 테스트는 우선순위가 높지 않으며, 테스트 커버리지test coverage 목표를 100%로 잡는 건 작은 이득을 얻기 위해 너무 많은 유지비용을 지불하는 셈이다.

그보다는 이제 알아볼 기능 테스트를 강력히 만드는 데 집중하는 것이 좋다.

기능 테스트

마이크로서비스에서 기능 테스트란 게시된 API에 HTTP 요청을 보내서 응답을 검증하는 모든 테스트를 말한다. 이 정의는 애플리케이션을 호출하는 모든 테스트, 예를 들면 퍼징Fuzzing 테스트부터 침투Penetration 테스트, 또는 그 외의 것들을 포함할 만큼 광범위하다. 여기서 퍼징 테스트는 고의로 유효하지 않은 무작위 데이터를 보내서 애플리케이션의 이상 여부를 검증하며, 침투 테스트는 보안 취약점을 찾는다.

기능 테스트에서는 특히 다음 2개의 테스트를 중요하게 다뤄야 한다.

- 애플리케이션 기능이 의도대로 동작하는지 확인하는 테스트
- 잘못된 동작을 수정한 후 더 이상 해당 동작이 발생하지 않는지 확인하는 테스트

이 내용을 어떻게 반영하는지는 개발자에게 달려 있지만, 보통은 테스트 클래스에서 애플리케이션의 인스턴스를 생성해 연동한다.

이때, 실제 네트워크 호출은 일어나지 않으며, 테스트가 직접 애플리케이션을 호출하는 방식으로 동작한다. 하지만 원래의 흐름과 동일하게 요청/응답 과정이 발생하는

것이므로 충분히 현실적인 상황이다. 테스트가 제대로 되려면 애플리케이션 내부에서 발생하는 모든 네트워크 호출 부분을 모방해야 한다.

test_client() 함수를 사용하면 app 객체에서 곧바로 FlaskClient 인스턴스를 만들 수 있다. FlaskClient는 요청을 보내기 위해 사용된다. 다음 예제 코드는 '2장의 flask_basic.py 애플리케이션을 테스트하는데, /api 엔드포인트를 호출해서 그 응답 내용을 검증한다.

```
# Chapter03
# test_functional_01.py
import unittest
import json
import sys
sys.path.append('../Chapter02')
from flask_basic import app as _app

class TestApp(unittest.TestCase):
    def test_help(self):
        # app과 연동하기 위해 FlaskClient 인스턴스를 생성한다.
        app = _app.test_client()

        # /api 엔드포인트를 호출한다.
        hello = app.get('/api')

        # 응답을 검사한다.
        body = json.loads(str(hello.data, 'utf8'))
        self.assertEqual(body['Hello'], 'World!')

if __name__ == '__main__':
    unittest.main()
```

FlaskClient 클래스는 예제에서 사용된 get()처럼 각 HTTP 메소드에 대응하는 함수를 갖고 있다. 이 함수들은 Reponse 객체를 반환해서 결과를 검증한다.

Flask 클래스의 testing 플래그는 예외를 테스트에 전파하는 데 사용한다. 예외 처리 역시 클라이언트가 기대하는 형식의 응답을 돌려줄 수 있어야 한다. 예를 들어 API 일관성을 위해 5XX, 4XX 에러가 발생했을 때의 에러 본문도 JSON으로 변환해서 돌려줘야 한다.

다음 예제는 /api 엔드포인트를 호출했을 때 json 형식의 500 에러를 제대로 받아오는지 test_raise() 함수에서 검사한다. 또한 test_proper_404() 테스트 함수는 고의로 없는 페이지를 호출했을 때 404 에러를 제대로 반환하는지 검사한다.

```
# -*- coding: utf-8 -*-
# Chapter03
# test_functional_02.py
import unittest
import json
import sys
sys.path.append('../Chapter02')

_404 = "The requested URL was not found on the server. "\
 " If you entered the URL manually please check your "\
 "spelling and try again."

class TestApp(unittest.TestCase):
    def setUp(self):
        from flask_error import app as _app
        # app과 연동하기 위해 FlaskClient 인스턴스를 생성한다.
        self.app = _app.test_client()

    def test_raise(self):
        # /api를 호출하면 flask_error에서 고의로 에러를 발생시켜
        # json 형식의 500 에러 응답을 반환한다.
        hello = self.app.get('/api')
        if (sys.version_info > (3, 0)):
            body = json.loads(str(hello.data, 'utf8'))
        else:
            body = json.loads(str(hello.data).encode("utf8"))
        self.assertEqual(body['code'], 500)
```

```
    def test_proper_404(self):
        # 고의로 존재하지 않는 엔드포인트를 호출한다.
        hello = self.app.get('/dwdwqqwdwqd')

        # 존재하지 않는 엔드포인트이므로 상태 코드는 404이어야 한다.
        self.assertEqual(hello.status_code, 404)

        # 또한 에러 내용도 JSON 형식으로 받아온다.

        if (sys.version_info > (3, 0)):
            body = json.loads(str(hello.data, 'utf8'))
        else:
            body = json.loads(str(hello.data).encode("utf8"))
        self.assertEqual(body['code'], 404)
        self.assertEqual(body['message'], '404 Not Found')
        self.assertEqual(body['description'], _404)

if __name__ == '__main__':
    unittest.main()
```

FlaskClient 대신 사용할 수 있는 방법으로 WebTest(http://webtest.pythonpaste.org/en/latest/)가 있다. WebTest는 독창적인 몇 개의 추가 기능을 제공한다. 잠시 뒤에 WebTest에 관해서 알아본다.

통합 테스트

단위 테스트는 다른 연동 서비스를 호출하지 않은 채 코드를 테스트한다. 테스트의 속도나 단순함을 위해 실제 네트워크 연동은 모방으로 대체한다.

반면에 통합 테스트는 애플리케이션이 배포될 실제 환경에서 실행한다. 코드가 레디스나 RabbitMQ 같은 서비스를 호출한다면 통합 테스트에서는 실제로 해당 서비스를 호출해야 한다.

통합 테스트의 장점은 테스트 환경에서 동작하는 코드가 실제 환경에서도 제대로 동작하는지 검증할 수 있다는 점이다. 실제와 동일한 환경에서 테스트가 성공한다면 애플리케이션의 동작에 확신을 가질 수 있다.

반면 통합 테스트의 까다로운 점은 실제 환경에 테스트 데이터를 집어넣거나 테스트 중에 생성된 데이터를 초기화하기가 어렵다는 점이다. 또한 발생한 문제를 재연하기 위해 애플리케이션 동작을 수정하는 것도 쉽지 않은 작업이다.

그렇지만 통합 테스트는 단위 테스트, 기능 테스트와 함께 애플리케이션의 동작을 검증하는 훌륭한 보완 도구다.

보통 통합 테스트는 개발이나 스테이징staging 환경에서 실행한다. 여건이 허락된다면 통합 테스트만을 위한 전용 테스트 환경을 구축할 수도 있다.

원하는 어떤 도구를 사용해서도 통합 테스트를 작성할 수 있다. 예를 들어 `curl`만 사용해도 충분히 통합 테스트를 만들 수 있다.

이왕이면 파이썬으로 통합 테스트를 만들어 프로젝트의 테스트 모음에 넣어두면 좋다. 이렇게 하려면 파이썬 `requests` 라이브러리를 사용해서 마이크로서비스를 호출한다. 더 좋은 방법은 마이크로서비스를 호출할 수 있는 전용 클라이언트 라이브러리를 제공하는 것이다.

통합 테스트가 기능 테스트와 다른 점은 실제 환경의 서비스를 호출한다는 것이다. 그렇다면 로컬 플라스크 애플리케이션이나 실제 환경 양쪽을 대상으로 동작하는 기능 테스트도 만들 수 있을까? 잠시 뒤에 살펴볼 WebTest를 사용하면 이렇게 하는 것이 가능하다.

부하 테스트

부하 테스트의 목적은 트래픽이 증가된 상황에서 서비스의 병목 현상을 파악하고 조기 최적화premature optimization가 아닌 앞으로의 계획을 세우는 데 있다.

대부분 서비스의 초기 버전은 사용하는 데 불편함이 없을 정도로 충분히 빠를 것이다. 하지만 그 한계점을 알게 되면 서비스 배포 방법과 부하가 증가할 때 대응 방법을 찾는 데 도움을 준다.

부하 테스트를 통해 볼 수 있는 흔한 실수는 각 마이크로서비스를 빠르게 만드는 데만 집중한 나머지 특정 마이크로서비스의 여러 인스턴스를 배포하기가 어렵게 설계됐다는 점이다. 결국 이런 애플리케이션은 인스턴스 하나에만 의지할 수 있다.

부하 테스트를 만들면 다음 질문에 대한 답을 얻을 수 있다.

- 특정 사양을 갖춘 머신에서 하나의 인스턴스는 얼마나 많은 사용자를 받아들일 수 있는가?
- 10/100/1,000개의 동시 요청에 대한 평균 응답 시간은 얼마인가? 더 많은 동시성을 처리할 수 있는가?
- 서비스에 부하가 걸린 상황일 때 RAM과 CPU 중 어느 것을 더 소비하는가?
- 해당 서비스의 인스턴스를 더 추가해서 수평으로 확장할 수 있는가?
- 다른 서비스를 호출할 때 커넥션 풀을 사용할 수 있는가?
- 서비스를 한 번 실행하면 성능 저하 없이 며칠 동안 실행될 수 있는가?
- 사용량이 최고점에 한 번 도달한 뒤에도 서비스가 올바르게 동작하는가?

부하 테스트의 도구는 단순한 커맨드라인 도구부터 분산 로드 시스템에 이르기까지 다양하다.

Boom(https://github.com/tarekziade/boom)은 특별한 시나리오가 필요하지 않은 단순한 부하 테스트에 사용할 수 있다. 이 도구는 파이썬으로 만들었으며, 아파치 벤치AB,

Apache Bench와 동일한 기능을 제공한다.

다음 예제에서 Boom은 `/api` 엔드포인트에 100개의 동시 요청을 생성하고 10초 동안 보내서 436 RPS(request per second) 결과를 얻었다.[1]

```
boom http://127.0.0.1:5000/api -c 100 -d 10 -q


-------- Results --------
Successful calls          4363
Total time                10.0066 s
Average                   0.2185 s
Fastest                   0.1280 s
Slowest                   0.2440 s
Amplitude                 0.1160 s
Standard deviation        0.009818
RPS                       436
BSI                       Pretty good

-------- Status codes --------
Code 200                  4363 times.

-------- Legend --------
RPS: Request Per Second
BSI: Boom Speed Index
```

실행되는 위치나 기타 요소에 따라 결과가 다양하므로 숫자들에 너무 집중할 필요는 없다. 예를 들어 nginx 뒤에서 플라스크 애플리케이션이 여러 개의 워커와 돌아가고 있다면 커넥션 처리가 향상될 것이다.

이 작은 테스트만으로도 문제를 초기에 해결할 수 있으며, 특히 코드에서 소켓을 직접 다루고 있다면 더욱 도움이 될 것이다. 이렇게 Boom과 같은 도구를 사용하면 마이크

1. Boom은 이 책의 저자가 만든 오픈소스 도구로, https://github.com/tarekziade/boom에서 볼 수 있다. Boom으로 테스트한 애플리케이션은 2장의 flask_basic.py다. – 옮긴이

로서비스의 문제점을 쉽게 찾을 수 있다.

대화형 시나리오가 필요하다면 다른 커맨드라인 도구인 Molotov(https://github.com/tarekziade/molotov)를 사용할 수 있다. 이 도구는 마이크로서비스를 호출하고 응답을 확인할 수 있는 파이썬 함수를 작성할 수 있게 해준다.

다음 예제에서 각 함수는 Molotov가 선택하는 시나리오다.

```
import json
from molotov import scenario

@scenario(5)
async def scenario_one(session):
    res = await session.get('http://localhost:5000/api').json()
    assert res['Hello'] == 'World!'

@scenario(30)
async def scenario_two(session):
    somedata = json.dumps({'OK': 1})
    res = await session.post('http://localhost:5000/api', data=somedata)
    assert res.status_code == 200
```

Boom과 Molotov는 지표를 몇 개 보여주는데, 실행 환경의 네트워크나 CPU 등에 따라 결과는 다르게 나타난다. 또한 테스트 실행 자체가 해당 머신의 성능에도 영향을 미치기 때문에, 지표 역시 영향을 받게 된다.

부하 테스트를 돌릴 때는 서버 측에서 지표를 측정하는 것이 더 좋다. 플라스크에는 flask-profiler 도구가 있다. 이 도구는, 각 요청을 처리하는 데 걸린 시간을 수집(약간의 오버헤드가 발생한다)해서 대시보드로 보여준다.

> 세부 지표를 StatsD(https://github.com/etsy/statsd)를 통해 보내고 Graphite(https://graphite.readthedocs.io/en/latest/) 같은 전용 대시보드에서 볼 수도 있다. 지표에 대해서는 6장에서 다룬다.

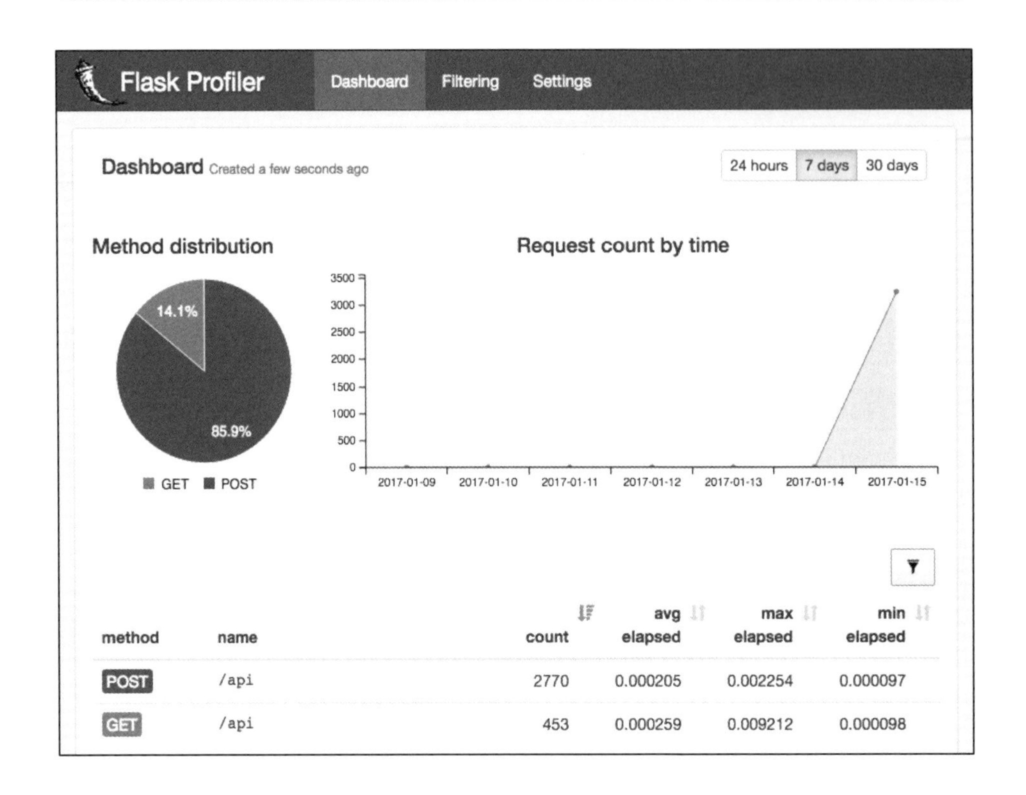

대규모 부하 테스트가 필요하다면 여러 개의 에이전트agent에 테스트를 분산할 수 있는 로드 테스트 프레임워크를 사용해야 한다. locust.io(https://docs.locust.io/en/stable/)는 이러한 프레임워크 중 하나다.

엔드 투 엔드 테스트

엔드 투 엔드 테스트에서는 최종 사용자의 관점에서 전체 시스템이 기대한대로 동작하는지 확인한다. 이 테스트는 실제 클라이언트처럼 동작해야 하고 동일한 UI를 사용해서 시스템을 호출한다.

애플리케이션 타입에 따라 단순한 HTTP 클라이언트로는 실제 사용자를 흉내 내기가 충분하지 않을 수 있다. 예를 들어 클라이언트 사이드에서 생성되는 HTML 페이지가 있다면 **셀레니움**Selenium(http://docs.seleniumhq.org) 같은 도구를 사용해야 한다. 셀레니움은 클라이언트가 모든 CSS와 자바스크립트 파일을 요청하고 각 페이지를 정확하게 렌더링하는지 확인하기 위해 브라우저를 직접 동작시킨다.

근래의 자바스크립트 프레임워크는 페이지 생성을 위해 클라이언트 측에서 많은 작업을 처리하고 있다. 이들 중 일부는 서버 측에서 템플릿 렌더링을 완전히 제거했으며, 브라우저 API로 DOMDocument Object Model을 제어해 HTML 페이지를 생성하기 위한 데이터를 서버로부터 가져온다. 이 경우 서버에 대한 호출은 지정된 URL을 렌더링하는 데 필요한 모든 자바스크립트 파일과 데이터를 가져온다.

엔드 투 엔드 테스트 작성 방법은 이 책의 범위를 벗어난다. 『Selenium 웹 드라이버 테스트 자동화』(에이콘, 2014)를 참고해서 작성 방법을 배울 수 있다.

이번 절에서 배운 내용을 정리해보면 다음과 같다.

- 기능 테스트는 가장 중요한 테스트다. 플라스크에서는 테스트에 app의 인스턴스를 만들어 연동하는 방식으로 쉽게 만들 수 있다.
- 단위 테스트는 훌륭한 수단이지만 모방을 남용하지 않게 주의해야 한다.
- 통합 테스트는 기능 테스트와 비슷하지만, 실제 환경에서 돌려야 한다.
- 부하 테스트는 마이크로서비스의 병목점을 파악해 다음 단계의 계획을 세우는 데 유용하다.
- 엔드 투 엔드 테스트는 클라이언트가 실제로 사용하는 UI와 동일한 것을 사용해야 한다.

통합/부하/엔드 투 엔드 테스트를 작성해야 하는 시점은 프로젝트를 어떻게 관리하느냐에 따라 다르다. 하지만 단위 테스트와 기능 테스트는 무언가 변경될 때마다 작성해야 한다. 이상적으로 코드에 변경이 발생하면 새로운 테스트가 추가되고 기존 테스트도 수정돼야 한다.

표준 라이브러리의 unittest 패키지를 사용하면 다른 라이브러리의 도움 없이도 단위 테스트를 만들 수 있다. 나중에 pytest(https://docs.pytest.org/en/latest/)를 사용해서 더 효과적인 단위 테스트 작성 방법을 알아본다.

다음 절에서는 WebTest를 활용한 기능 테스트에 관해 알아본다.

WebTest 사용

WebTest(http://webtest.readthedocs.io)는 오랜 시간 동안 사용돼 왔다. WebTest는 Paste 프로젝트 당시에 이안 비킹[Ian Bicking]이 개발했으며, WebOb(http://docs.webob.org) 프로젝트를 기반으로 한다. WebOb는 플라스크와 유사하지만 호환되지 않는 Requset, Response 클래스를 제공한다.

WebTest는 FlaskTest처럼 WSGI 애플리케이션에 대한 호출을 감싸서 연동할 수 있게 한다. 또한 JSON 처리에 관한 추가적인 유틸리티와 비WSGI 애플리케이션을 호출하기 위한 기능도 제공한다.

플라스크에서 사용하려면 flask-webtest 패키지를 설치한다. 다음 코드처럼 플라스크의 기본 도구와 유사하게 사용할 수 있다.

```
# Chapter03
# test_webtest_01.py
import unittest
import sys
```

```
sys.path.append('../Chapter02')
from flask_basic import app as _app

class TestMyApp(unittest.TestCase):
    def setUp(self):
        from webtest import TestApp
        # app과 연동하기 위한 클라이언트를 생성한다.
        self.app = TestApp(_app)

    def test_help(self):
        # /api 엔드포인트를 호출한다.
        hello = self.app.get('/api')

        # 응답을 검사한다.
        self.assertEqual(hello.json['Hello'], 'World!')

if __name__ == '__main__':
    unittest.main()
```

이미 알아본 것처럼 통합 테스트는 로컬 WSGI의 인스턴스 대신 실제 배포된 서버를 호출한다는 것만 제외하면 기능 테스트와 유사하다. WebTest는 파이썬 애플리케이션에 대한 호출을 실제 HTTP 애플리케이션에 대한 HTTP 요청으로 변환해주는 WSGIProxy2 라이브러리를 사용하는데, 이 기능을 활용하면 약간의 변경으로 통합 테스트와 기능 테스트를 모듈 하나에 작성할 수 있다.

다음 예제는 앞의 코드를 약간 수정했는데, HTTP_SERVER 환경 변수를 설정했다면 통합 테스트로 실행된다.

```
# Chapter03
# test_webtest_02.py
import unittest
import os
import sys
```

```
sys.path.append('../Chapter02')

class TestMyApp(unittest.TestCase):

    def setUp(self):
        # HTTP_SERVER 환경 변수가 설정됐다면
        # 그 값을 엔드포인트로 사용한다(통합 테스트).
        http_app = os.environ.get('HTTP_SERVER')
        if http_app is not None:
            from webtest import TestApp
            self.app = TestApp(http_app)
        else:
            # WSGI 애플리케이션을 호출한다(기능 테스트).
            from flask_basic import app
            from flask_webtest import TestApp
            self.app = TestApp(app)

    def test_help(self):
        # /api 엔드포인트를 호출한다.
        hello = self.app.get('/api')

        # 응답을 검사한다.
        self.assertEqual(hello.json['Hello'], 'World!')

if __name__ == '__main__':
    unittest.main()
```

HTTP_SERVER=http://myservice/로 환경 변수를 설정하고 테스트를 실행했다면 모든 호출을 http://myservice/로 보낸다.

이 방법은 두 개의 분리된 테스트를 만들지 않고도 기능 테스트를 쉽게 통합 테스트로 전환할 수 있게 해준다. 앞에서 말한 것처럼 애플리케이션 인스턴스와 상호작용할 수 없기 때문에 몇 가지 제약이 있지만, 설정을 바꾸는 것만으로 배포된 서비스가 예상대로 동작하는지 확인할 수 있는 유용한 방법이다.

pytest와 Tox 사용

지금까지 작성한 모든 테스트는 unittest.TestCase 클래스를 사용했고 unittest.main( )으로 하나씩 실행했다. 프로젝트가 커질수록 점점 더 많은 테스트 모듈이 생겨날 텐데, 자동으로 테스트를 실행할 수는 없을까?

파이썬 3.2에는 프로젝트의 모든 테스트를 자동으로 찾아 실행하는 테스트 디스커버리Test Discovery 기능이 도입됐다. 이 기능은 Nose(https://nose.readthedocs.io)와 pytest에서 사용되기도 했다.

어떤 것을 사용하느냐는 취향의 문제며, TestCase 클래스로 테스트를 작성했다면 이 도구들과 호환된다.

pytest가 제공하는 확장 기능을 사용해서 유용한 확장 프로그램이 많이 만들어졌고 파이썬 커뮤니티에서도 높은 인기를 누리고 있다. pytest는 백그라운드에서 테스트를 찾고 발견된 테스트를 곧바로 실행하므로 다른 도구에 비해 좀 더 빠르며, 출력 결과도 읽기 편하다.

pytest를 사용하기 위해 pip install pytest로 패키지를 먼저 설치하자. pytest 명령은 test_로 시작하거나 _test로 끝나는 모든 모듈에서 test_ 접두사가 붙은 함수를 실행한다. 다음은 예제 코드를 다운로드하고 Chapter03 디렉토리에서 pytest 명령을 실행한 결과다.

```
$ pytest
=========================== test session starts ===========================
platform linux -- Python 3.6.3, pytest-4.0.2, py-1.7.0, pluggy-0.8.0
rootdir: /home/hyun/work/python/python_msd_kor/Chapter03, inifile:
plugins: requests-mock-1.5.2
collected 8 items

test_functional_01.py .                                            [ 12%]
```

```
test_functional_02.py ..                                    [ 37%]
test_request_02.py ...                                      [ 75%]
test_webtest_01.py .                                        [ 87%]
test_webtest_02.py .                                        [100%]

======================= 8 passed in 0.22 seconds =======================
```

한편 http://plugincompat.herokuapp.com에서 볼 수 있는 것처럼 pytest 패키지는 많은 확장을 갖고 있다. 특히 pytest-cov와 pytest-flake8이 자주 사용된다. pytest-cov는 커버리지 결과를 보여주며, pytest-flake8은 코드가 PEP 8 스타일을 준수하는지 검사한다.

앞에서 다뤘던 test_functional_01.py 코드는 몇 개의 스타일 이슈를 갖고 있다. 다음 명령으로 pytest-flake8 실행 결과를 확인해보자.[2]

```
$ pytest --flake8 test_functional_01.py
========================= test session starts =========================
platform linux -- Python 3.6.3, pytest-4.0.2, py-1.7.0, pluggy-0.8.0
rootdir: /home/hyun/work/python/python_msd_kor/Chapter03, inifile:
plugins: requests-mock-1.5.2, flake8-0.9.1
collected 2 items

test_functional_01.py F.                                        [100%]

============================== FAILURES ==============================
____________________________ FLAKE8-check ____________________________
/home/hyun/work/python/python_msd_kor/Chapter03/test_functional_01.py:8:1
: E302 expected 2 blank lines, found 1
/home/hyun/work/python/python_msd_kor/Chapter03/test_functional_01.py:12:
5: E301 expected 1 blank line, found 0
```

2. pytest-flake8의 디폴트 로그 레벨이 DEBUG라서 warning 하나만으로도 너무 많은 로그가 출력된다. 로그 레벨을 조정한 풀 리퀘스트가 올라왔지만 반영이 되지 않고 있으므로, 실제로 테스트해보려면 pip install git+https://github.com/surinkim/pytest-flake8.git으로 패치가 반영된 패키지를 설치하자. – 옮긴이

```
/home/hyun/work/python/python_msd_kor/Chapter03/test_functional_01.py:25:
1: W391 blank line at end of file

==================== 1 failed, 1 passed in 0.24 seconds ====================
```

pytest와 연결해서 사용할 수 있는 다른 도구로 Tox(http://tox.readthedocs.io)가 있다.

프로젝트가 여러 버전의 파이썬을 필요로 하거나 가장 최근의 파이썬 2나 파이썬 3 버전에서만 동작하게 하고 싶다면 Tox는 테스트 실행을 위한 환경을 자동으로 생성해 준다.

Tox를 이용해서 파이썬 2.7과 파이썬 3.6에서만 프로젝트가 실행되게 해보자. 먼저 `pip install tox` 명령으로 Tox를 설치한 다음, 프로젝트 루트에 tox.ini 설정 파일을 만든다. Tox는 프로젝트가 파이썬 패키지라고 가정하므로 루트 디렉토리에 setup.py 파일도 필요하다.

tox.ini 파일에는 파이썬 버전과 테스트 명령을 적어준다.

```
[tox]
envlist=py27,py36

[testenv]
deps=flask
    pytest
    pytest-flake8
    pytest-cov

commands=pytest --cov --flake8 test_functional_02.py
```

`tox` 명령을 실행하면 각 파이썬 버전으로 분리된 환경을 만들고 패키지와 의존 라이브러리를 배포한 후 `pytest` 명령으로 테스트를 실행하는 과정이 자동으로 진행된다.

테스트를 빠르게 실행하고 싶다면 `tox -e` 명령으로 단일 환경에서 실행할 수도 있다.

예를 들어 `tox e py36` 명령은 파이썬 3.6 환경에서만 `pytest`를 실행한다.

Tox를 사용하면 모든 의존성을 기술해서 특정 파이썬 버전에 프로젝트가 설치될 수 있는지 확실히 알 수 있다. 따라서 프로젝트가 단일 파이썬 버전만 지원하더라도 Tox를 적극 활용하는 것이 좋다.

개발자 문서

지금까지 마이크로서비스의 여러 테스트 종류를 살펴봤다. 그러면서 코드 변경이 있을 때마다 문서 역시 변경돼야 한다고 언급했다.

이번에는 문서화에 관해 얘기한다. 문서에는 마이크로서비스 프로젝트에 관해 개발자가 알아야 할 모든 것이 포함된다. 예를 들면 다음과 같다.

- 어떻게 설계 됐는가?
- 어떻게 설치하는가?
- 어떻게 테스트를 실행하는가?
- 사용 가능한 API에는 어떤 것들이 있고, 입/출력 데이터는 무엇인가?

파이썬 문서화를 위해 조그 브랜들Georg Brandl이 개발한 **스핑크스**Sphinx(http://www.sphinx-doc.org)는 파이썬 커뮤니티에서 표준처럼 사용되고 있다.

스핑크스는 레이아웃에서 내용을 분리해 마치 소스코드처럼 문서를 다룰 수 있게 한다. 스핑크스를 사용하는 일반적인 방법은 프로젝트에 문서 내용을 포함하는 docs 디렉토리를 만든 후 스핑크스의 커맨드라인 유틸리티를 호출해 HTML, PDF 등의 문서를 생성하는 것이다.

스핑크스로 HTML을 만들면 인덱스 페이지, 자바스크립트 기반 검색 엔진, 그리고 탐색 기능을 추가해서 웹에 게시할 수 있는 멋진 정적 웹 사이트를 구축할 수 있다.

문서 내용은 반드시 파이썬의 표준 마크업 언어인 reST[reStructuredText] 형식으로 작성해야 한다. reST는 헤더, 링크, 텍스트 스타일 등을 지정할 수 있는 단순한 텍스트 파일이며, 스핑크스는 여기에 몇 개의 확장을 추가했다. http://www.sphinx-doc.org/en/latest/rest.html에서 문서 작성에 관한 도움말을 볼 수 있다.

마크다운(Markdown)은 오픈소스에서 인기리에 사용되는 또 다른 마크업 언어다. 안타깝게도 스핑크스는 일부 reST 확장 기능에 의존하기 때문에 recommonmark 패키지를 통해 마크다운을 지원하는 데는 한계가 있다.[3] 마크다운에 어느 정도 익숙하다면 reST를 사용하는 데 어려움이 없을 것이다.

스핑크스를 설치하고 `sphinx-quickstart` 명령을 실행하면 문서화에 필요한 몇 가지 항목들을 물어본다. 대답을 완료하면 index.rst 파일을 포함해 필요한 폴더, 파일들이 생성된다. 이제 `sphinx-build` 명령을 사용해서 문서를 생성할 수 있다.

Tox에서 스핑크스를 사용할 수도 있다. 이렇게 하려면 다음처럼 tox.ini에 스핑크스를 실행할 때 필요한 내용을 적어준다. 그러면 `tox -e docs` 명령으로 문서를 생성할 수 있다.[4]

```
[tox]
envlist = py36,docs

[testenv:docs]
basepython=python
deps =
    sphinx
commands=
```

3. recommonmark(https://recommonmark.readthedocs.io/en/latest/)는 하나의 프로젝트에서 .md(마크다운)와 .rst(reST)를 같이 사용할 수 있게 해준다. - 옮긴이

4. `sphinx-build` 명령은 conf.py 파일을 찾는다. conf.py는 `sphinx-quickstart`가 생성해주므로, `sphinx-build` 명령을 사용하기 전에 `sphinx-quickstart`를 실행해서 필요한 파일과 디렉토리를 먼저 생성해야 한다. - 옮긴이

```
sphinx-build -b html docs/source docs/build
```

스핑크스에서 예제 코드를 보여주려면 다음과 같이 code-block 지시자 다음에 코드를 붙여 넣으면 된다. 그러면 스핑크스가 Pygments 구문 강조기syntax highlighter를 사용해 코드를 렌더링한다.

```
플라스크 애플리케이션
=============
플라스크 공식 문서에 있는 **플라스크** 애플리케이션의 첫 번째 예제입니다.

.. code-block:: python

    from flask import Flask
    app = Flask(__name__)

    @app.route("/")
    def hello():
        return "Hello World!"
    if __name__ == "__main__":
        app.run()
```

하지만 문서에 코드를 직접 붙여 넣으면 소스코드가 변경됐을 때 자동으로 문서에 반영되지 않는다. 이 문제를 해결하려면 문서에 표시될 코드를 소스코드에서 바로 추출해야 한다.

이렇게 하려면 모듈, 클래스, 함수 등에 docstring을 추가한 다음, Autodoc 스핑크스 확장을 사용한다. Autodoc 확장은 소스의 docstring을 읽어와 문서에 삽입한다. 파이썬 표준 라이브러리(https://docs.python.org/3/library/index.html)를 문서화하는 방법도 이와 동일하다.

다음 예제에서 autofunction 지시자는 myservice/views/home.py 모듈에 있는 index 함수의 docstring을 가져온다.

```
APIS
====

**myservice** 는 루트 경로에 링크된 하나의 뷰를 포함합니다:

.. autofunction:: myservice.views.home.index
```

이제 HTML을 생성하면 페이지는 다음처럼 보인다.

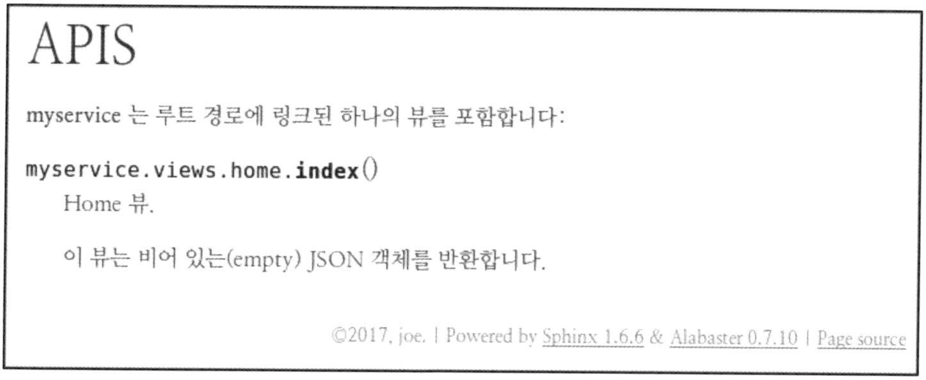

APIS

myservice 는 루트 경로에 링크된 하나의 뷰를 포함합니다:

`myservice.views.home.`**`index`**()

Home 뷰.

이 뷰는 비어 있는(empty) JSON 객체를 반환합니다.

©2017, joe. | Powered by Sphinx 1.6.6 & Alabaster 0.7.10 | Page source

literalinclude 지시자를 사용해서 파일을 지정할 수 있으며, 특정 부분을 강조 표시할 수 있는 몇 가지 옵션이 제공된다. 파일이 파이썬 모듈이라면 테스트 모음에 포함시켜 제대로 동작하는지 확인할 수도 있다.

다음은 프로젝트 문서화에 스핑크스를 사용하는 전체 예제다.

```
Myservice
=========

**myservice**는 **Flakon**을 사용하는 단순한 플라스크 애플리케이션입니다.

이 애플리케이션은 :func:`flakon.create_app`을 통해 생성됩니다.

.. literalinclude:: ../../myservice/app.py
```

```
:func:`create_app`에 전달되는 :file:`settings.ini` 파일은
플라스크 앱을 실행하는데 필요한 DEBUG 플래그 같은 옵션을 포함합니다.

.. literalinclude:: ../../myservice/settings.ini
   :language: ini

블루프린트는 :mod:`myservie.views`에서 임포트되며, 한 개의 블루프린트와 뷰 예제가
:file:`myservice/views/home.py`에 제공됩니다.

.. literalinclude:: ../../myservice/views/home.py
   :name: home.py
   :emphasize-lines: 13

뷰는 (위 코드에서 강조 표시된 것처럼) 간단한 매핑을 반환할 수 있으며,
이 경우 JSON 응답으로 변환됩니다.

.. toctree::
   :maxdepth: 2

   api
```

HTML로 렌더링된 페이지는 다음과 같다.

Myservice

myservice 는 Flakon 을 사용하는 단순한 플라스크 애플리케이션입니다.

이 애플리케이션은 **flakon.create_app()** 을 통해 생성됩니다.

```
import os
from flakon import create_app
from myservice.views import blueprints


_HERE = os.path.dirname(__file__)
_SETTINGS = os.path.join(_HERE, 'settings.ini')

app = create_app(blueprints=blueprints, settings=_SETTINGS)
```

create_app() 에 전달되는 **settings.ini** 파일은, 플라스크 앱을 실행하는데 필요한 DEBUG 플래그 같은 옵션을 포함합니다.

```
[flask]
DEBUG = true
```

블루프린트는 **myservie.views** 에서 임포트 되며, 한 개의 블루프린트와 뷰 예제가 **myservice/views/home.py** 에 제공됩니다.

```
from flakon import JsonBlueprint


home = JsonBlueprint('home', __name__)


@home.route('/')
def index():
    """Home 뷰.

    이 뷰는 비어 있는(empty) JSON 객체를 반환합니다.
    """
    return {}
```

뷰는 (위 코드에서 강조 표시된 것처럼) 간단한 매핑을 반환할 수 있으며, 이 경우 JSON 응답으로 변환됩니다.

- APIS

©2017, joe. | Powered by Sphinx 1.6.6 & Alabaster 0.7.10 | Page source

물론 Autodoc과 `literalinclude`가 내용이나 디자인을 수정하지는 않는다.

문서를 최신으로 유지하는 건 어렵고 많은 작업을 필요로 한다. 따라서 문서를 자동화할 수 있다면 어떤 방법이라도 적극 활용하는 것이 좋다.

4장에서는 Swagger와 스핑크스-Swagger 확장을 사용해서 마이크로서비스 HTTP API를 문서화하는 방법을 알아본다.

이번 절에서 배운 내용을 정리하면 다음과 같다.

- 스핑크스는 뛰어난 기능을 제공하는 프로젝트 문서화 도구다.
- 문서를 소스코드처럼 다루면 관리하기 쉽다.
- 변경이 발생했을 때 Tox를 사용해서 문서를 다시 생성할 수 있다.
- 문서에 코드를 직접 쓰지 않고, 소스에서 코드를 자동으로 읽어오게 하면 항상 최신 버전의 문서를 유지할 수 있다.

지속적인 통합

Tox는 프로젝트에 변경이 일어났을 때 필요한 작업들, 예를 들면 다양한 파이썬 환경에서 테스트 실행, 커버리지 및 PEP 8 준수 검사, 문서 생성 등을 자동화한다.

하지만 매번 검사를 실행하는 건 시간과 리소스를 소비한다. 특히 파이썬의 여러 버전을 지원한다면 더욱 그렇다.

지속적인 통합CI, Continuous Integration을 사용하면 이러한 작업들을 관리해서 문제를 해결할 수 있다.

깃Git이나 머큐리얼Mercurial 같은 **분산 버전 제어 시스템**DVCS, Distributed Version Control System의 저장소에 프로젝트를 올려두면 다른 사람이 변경 사항을 서버에 푸시할 때마다 CI가 동작한다.

깃허브GitHub, 깃랩GitLab, 비트버킷Bitbucket은 오픈소스를 개발하고 관리할 때 주로 사용되는 매우 인기 있는 서비스다. 소스를 공개하면 무료로 사용할 수 있으며, 프로젝트에 기여할 수 있는 다양한 소셜 기능도 제공한다. 또한 프로젝트의 변경이 있을 때 필요한 작업을 자동으로 실행하는 방법도 제공한다.

깃허브에서 reST 문서의 오타를 발견했다면 웹 브라우저에서 곧바로 수정하고 결과를 프리뷰를 통해 확인한 후 몇 번의 클릭만으로 프로젝트 관리자에게 PRPull Request을 보낼 수 있다. 프로젝트는 자동으로 빌드가 시작되며, 빌드가 완료되면 결과가 PR에 표시된다.

많은 오픈소스가 프로젝트를 더 성장시키기 위해 이러한 서비스를 사용하고 있다. 모질라는 Rust 프로젝트에 깃허브를 사용하고 있으며, 프로젝트 기여자도 빠르게 증가하고 있다.

Travis-CI

깃허브는 몇 개의 CI를 직접 통합했는데, Travis-CI(https://travis-ci.org)는 특히 인기 있는 도구다. 깃허브의 프로젝트를 공개로 설정하면 Travis-CI를 무료로 쓸 수 있다.

Travis-CI를 사용하기 위해서는 저장소 루트에 .travis.yml을 만들어 프로젝트에 변경 사항이 발생했을 때 수행할 작업들을 적어준다.

YAML 파일의 env 섹션은 '빌드 매트릭스build matrix'에서 사용될 환경 변수를 정의한다. '빌드 매트릭스'는 빌드 작업의 집합을 뜻하며, 각 빌드 작업은 프로젝트에 변경이 있을 때마다 병렬로 실행된다.[5]

5. 바로 다음의 .travis.yml의 경우 프로젝트에 변경 사항이 생기면 TOX_ENV 환경 변수의 값이 각각 py27, py36, docs, flake8로 설정돼 총 4번의 빌드 작업이 수행된다. – 옮긴이

다음 .travis.yml의 빌드 작업은 `tox -e` 명령을 통해 개별적으로 실행되므로, 필요한 Tox 환경과 연결할 수 있다. 이렇게 하면 특정 환경에서 빌드가 실패할 때 곧바로 알 수 있다.

```
language: python
python: 3.6
env:
 - TOX_ENV=py27
 - TOX_ENV=py36
 - TOX_ENV=docs
 - TOX_ENV=flake8
install:
 - pip install tox
script:
 - tox -e $TOX_ENV
```

파이썬 프로젝트에 필요한 모든 작업은 Travis-CI에도 포함시킬 수 있다. 위 코드의 `install` 섹션을 보면 `pip` 명령을 사용해 Tox를 설치한다.

tox-travis 프로젝트(https://github.com/tox-dev/tox-travis)는 Travis 통합을 쉽게 해준다. 이 프로젝트는 환경을 자동으로 인식하는 기능을 제공해서 tox.ini 파일 작성을 단순화한다.

시스템 레벨의 종속성이 필요하다면 YAML 파일을 통해 필요한 종속성을 설치하고 `bash` 명령도 실행할 수 있다. 기본 환경은 리눅스 데비안[Debian]이므로, YAML 파일의 `before_install` 섹션에 `apt-get` 명령을 직접 입력할 수도 있다.

Travis는 또한 `services` 섹션을 통해 프로젝트에서 사용하는 특정 데이터베이스 설정을 지원한다. 마이크로서비스가 PostgreSQL, MySQL이나 다른 인기 있는 오픈소스 데이터베이스를 사용한다면 이 기능을 사용할 수 있지만, 그렇지 않다면 빌드 시에 매번 컴파일해서 실행해 줘야 한다. Travis-CI에 대해 자세히 알고 싶다면 Travis 문서(https://docs.travis-ci.com)를 좀 더 읽어 보자.

Travis는 리눅스에서 동작한다. 맥OS에서는 제한적으로 사용할 수 있으며 윈도우는 아직 지원하지 않는다.

ReadTheDocs

Travis와 비슷한 맥락으로 깃허브 저장소 내에 연결 가능한 또 다른 서비스에는 ReadTheDocs(https://docs.readthedocs.io)가 있다.

이 서비스는 프로젝트 문서를 생성해서 호스트 해준다. 이 서비스를 사용하려고 저장소에 특별한 작업을 할 필요는 없다. 단지 ReadTheDocs를 설정만 해두면 SphinxHtmlDir에 문서가 생성되고 호스팅 서비스가 자동으로 필요한 문서들을 찾는다.

중요한 통합의 경우 ReadTheDocs를 별도의 YAML 파일을 통해 설정할 수도 있다. 모든 문서가 준비되면 https://<yourprojectname>.readthedocs.io를 통해 접근할 수 있다.

이 서비스에는 프로젝트의 새 버전이 릴리스될 때 유용하게 쓸 수 있는 버전 지원 기능이 있다. 이 기능은 Git 태그를 검사해서 각 태그마다 문서를 만들고 게시할 수 있으며, 어떤 것을 기본 버전으로 할지 결정할 수 있다.

또한 버전 기능과 마찬가지로 여러 언어 지원이 필요한 경우를 위해 국제화[i18n] 기능도 제공한다.

Coveralls

Travis-CI와 깃허브 또는 비트버킷Bitbucket을 사용할 때 저장소에서 연결 가능한 또 다른 인기 있는 서비스로 Coveralls(https://coveralls.io)가 있다. 이 서비스는 테스트 코드 커버리지를 멋진 웹 UI로 표시해준다.

Coveralls 계정에 저장소를 추가하면 테스트 실행 후에 Tox가 http://coveralls.io에 PING을 보내 Travis-CI가 직접 http://coveralls.io에 대한 호출을 트리거하게 할 수 있다.

다음은 tox.ini에서 [testenv]의 변경 부분을 강조 표시했다.

```
[testenv]
passenv = TRAVIS TRAVIS_JOB_ID TRAVIS_BRANCH
deps = pytest
    pytest-cov
    coveralls
    -rrequirements.txt

commands =.
    pytest --cov-config .coveragerc --cov myservice myservice/tests
    - coveralls
```

coveralls-python 패키지는 pytest 호출이 처리된 후 coveralls 명령을 통해 coveralls.io에 데이터를 보내기 위해 사용된다.

호출이 하이픈(-)으로 시작하는 걸 주목하자. 이렇게 하면 Makefile처럼 어떤 실패도 무시해 Tox를 로컬에서 실행했을 때 실패되는 걸 방지한다. 로컬에서 coveralls를 실행하면 인증 토큰을 포함하는 특별한 .coveralls.yml 파일을 구성하지 않는 한 항상 실패한다.

Travis에서 coveralls를 실행하려면 passenv를 통해 몇 개의 환경 변수를 전달해줘야 한다. 나머지는 자동으로 동작한다.

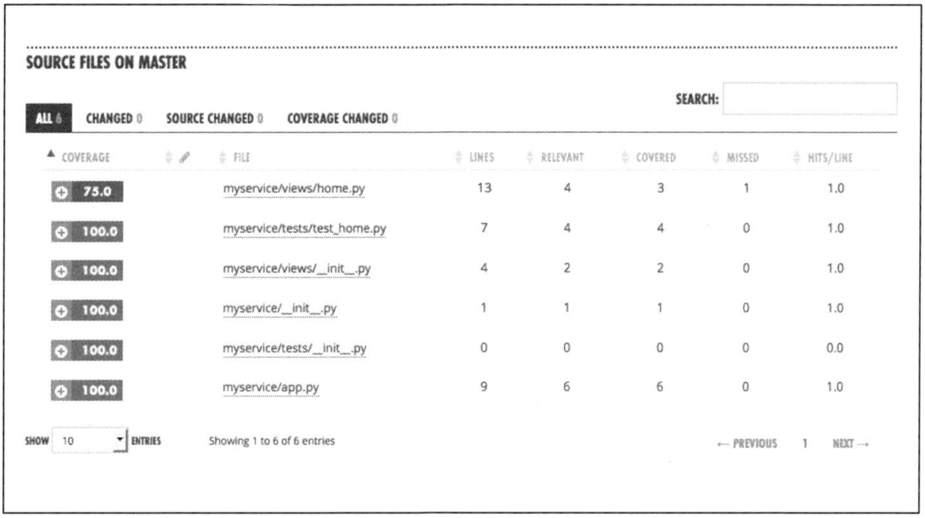

SOURCE FILES ON MASTER

ALL 6 CHANGED 0 SOURCE CHANGED 0 COVERAGE CHANGED 0 SEARCH:

COVERAGE		FILE	LINES	RELEVANT	COVERED	MISSED	HITS/LINE
75.0		myservice/views/home.py	13	4	3	1	1.0
100.0		myservice/tests/test_home.py	7	4	4	0	1.0
100.0		myservice/views/__init__.py	4	2	2	0	1.0
100.0		myservice/__init__.py	1	1	1	0	1.0
100.0		myservice/tests/__init__.py	0	0	0	0	0.0
100.0		myservice/app.py	9	6	6	0	1.0

SHOW 10 ENTRIES Showing 1 to 6 of 6 entries ← PREVIOUS 1 NEXT →

프로젝트가 변경되고 Travis-CI를 통해 빌드되면 Coveralls가 시간 경과에 따른 커버리지 요약 정보를 멋지게 출력해준다.

기타 많은 서비스가 깃허브나 Travis-CI에 연결될 수 있다. Coveralls는 그런 서비스들 중 하나일 뿐이다.

프로젝트에 이러한 외부 서비스를 추가한 뒤에는 README 파일에 서비스의 현재 상태를 표시해서 다른 개발자들이 현재 상황을 한눈에 파악할 수 있게 하는 것이 좋다.

예를 들어 저장소에 다음과 같은 README.rst 파일을 추가해보자.

```
microservice
============

This project is a template for building microservices with Flask.

.. image::
https://coveralls.io/repos/github/tarekziade/microservice/badge.svg?
branch=master
    :target:
```

```
https://coveralls.io/github/tarekziade/microservice?branch=master

.. image:: https://travis-ci.org/tarekziade/microservice.svg?branch=master
   :target: https://travis-ci.org/tarekziade/microservice

.. image::
https://readthedocs.org/projects/microservice/badge/?version=latest
   :target: https://microservice.readthedocs.io
```

깃허브의 프로젝트 첫 페이지에 다음과 같이 표시된다.

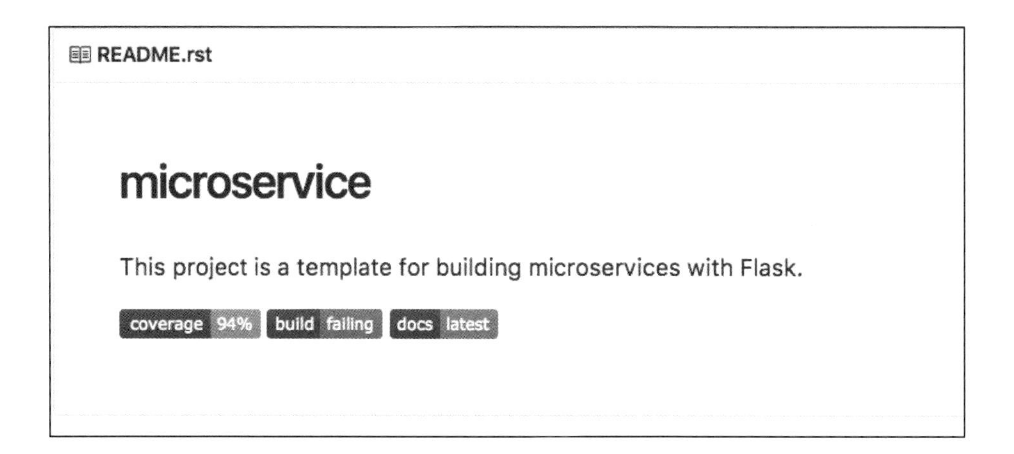

요약

3장에서는 마이크로서비스를 위해 작성할 수 있는 다양한 테스트를 알아봤다. 기능 테스트는 자주 작성하게 될 테스트다. WebTest는 이를 도와주는 훌륭한 도구다. 테스트를 실행할 때 pytest와 Tox를 결합하면 더 편리하다.

프로젝트를 깃허브에서 호스트한다면 Travis-CI를 무료로 사용할 수 있으며, 그 외에도 Coveralls 같은 서비스를 사용해서 Travis를 보완할 수 있다. 또한 ReadTheDocs를 사용해서 문서를 생성하고 게시할 수도 있다.

깃허브에 게시된 다음 프로젝트는 Travis-CI, ReadTheDocs, coveralls.io를 사용한다.

https://github.com/Runnerly/microservice

지금까지 플라스크 프로젝트를 지속적으로 개발하고, 테스트하고, 문서화하는 방법을 배웠다. 4장에서는 마이크로서비스 기반 프로젝트의 전체 설계 방법을 알아본다.

04

샘플 프로젝트 Runnerly 설계

1장에서는 마이크로서비스 아키텍처를 효과적으로 적용하는 방법은 모든 기능을 모놀리식으로 먼저 구현한 후 의미 있는 부분을 따로 떼어내 마이크로서비스로 분리하는 것이라고 했다. 프로젝트 초기부터 여러 개의 마이크로서비스를 미리 확정하고 완벽히 설계하려고 욕심을 부리면 큰 재앙을 가져올 수 있다. 프로젝트 규모가 커지면서 애플리케이션 구성이 어떻게 변할지, 또 어떻게 성장해갈지를 미리 예측한다는 건 매우 어려운 일이다.

4장에서는 요구 사항을 모놀리식으로 구현하면서 이 흐름을 따라가 본다. Runnerly는 이 책을 위해 제작한 샘플 프로젝트다. 모놀리식 구현이 끝난 뒤에는 어떤 부분을 분리하는 것이 좋을지 살펴본다. 4장을 마치면 마이크로서비스 기반의 설계가 완성돼 있을 것이다.

4장에서 다루는 내용은 다음과 같다.

- Runnerly 애플리케이션과 사용자 스토리user story 소개
- 모놀리식으로 Runnerly 개발
- 모놀리식 Runnerly를 마이크로서비스로 분리

실제 업무에서는 모놀리식 애플리케이션이 완성된 후 시간이 지남에 따라 분할의 필요성도 자연히 발생한다. 하지만 이 책의 분량과 여러분의 시간 단축을 위해 Runnerly 애플리케이션을 그 동안 충분히 사용했고, 그에 따른 경험으로 애플리케이션을 올바로 분리할 수 있는 통찰력을 얻었다고 가정한다.

Runnerly 애플리케이션

Runnerly는 마라톤, 조깅 등 달리기를 좋아하는 사람들을 위한 애플리케이션으로, 이 책 전반에 걸쳐 사용되는 샘플 프로젝트다. 일반 사용자들을 대상으로 배포되는 것은 아니므로 애플 앱 스토어나 구글 플레이 스토어에서 찾지 않길 바란다.

Runnerly는 실제로 동작하는 프로젝트며, 깃허브에서 소스를 비롯해 Runnerly와 관련된 다른 프로젝트도 살펴 볼 수 있다(https://github.com/Runnerly). 또한 사용자가 자신의 달리기 기록, 대회 정보, 훈련 계획 등을 웹 페이지에서 한 눈에 볼 수 있는 웹 뷰도 제공한다. 이 페이지는 반응형 웹이므로 스마트폰이나 데스크톱 브라우저를 통해서도 볼 수 있다. 또한 사용자 활동에 관한 월간 보고서를 보내는 기능도 있다.

Runnerly는 OAuth2 메커니즘을 통해 스트라바Strava의 정보를 사용하므로 계정을 스트라바(https://www.strava.com)에 연결해야 한다.

> OAuth2 표준은 서드파티 애플리케이션이 사용자의 고유한 액세스 토큰을 활용해서 필요한 서비스를 호출할 수 있게 해준다. 토큰은 일반적으로 서비스에서 생성하며, 토큰을 통해 호출할 수 있는 서비스 범위는 제한적이다. 스트라바는 이와 관련된 API를 제공하며, 관련 문서는 https://strava.github.io/api/v3에서 볼 수 있다.

사용자가 권한을 부여하면 Runnerly는 스트라바에서 데이터를 가져온다. 이 흐름은 많은 통합 작업을 단순화해서 애플리케이션이 대부분의 장치와 호환되게 해준다. 따라서 어떤 장치에서 스트라바를 사용할 수 있다면 Runnery 역시 사용 가능하다.

스트라바에서 데이터를 가져오면 대시보드에서 최근 10회의 달리기 기록을 보여준다. 사용자는 대회 정보, 훈련 계획, 월간 보고서 같은 추가 기능도 사용할 수 있다.

Runnerly가 제공하는 기능을 사용자 스토리를 통해 알아보자.

사용자 스토리

애플리케이션을 설명하는 가장 좋은 방법은 사용자 스토리를 활용하는 것이다. 사용자 스토리는 사용자와 애플리케이션 간에 발생하는 모든 상호작용을 간략히 설명하며, 일반적으로 프로젝트를 시작할 때 첫 번째로 작성하는 문서다.

각 상호작용의 세부 내용은 단순하게 시작하지만, 특정 사례가 발생할 때마다 다시 검토하고 수정한다. 사용자 스토리는 또한 해당 기능을 언제 마이크로서비스로 분리하는 것이 좋을지 판단하는 데도 도움을 준다. 어떤 스토리가 의존성 없이 독립적으로 일어난다면 마이크로서비스로 분리 가능한 후보가 될 수 있다.

Runnerly의 사용자 스토리는 다음과 같이 단순하게 시작한다.

- 사용자는 이메일로 Runnerly 계정을 만들 수 있다. 계정을 만들면 확인 메일이 전송되는데, 확인 메일의 링크를 눌러 계정을 활성화시킨다.
- 사용자는 Runnerly에 접속해서 사용자 프로필을 스트라바 계정에 연결한다.

- 접속한 사용자는 지난 10회의 달리기 기록을 대시보드에서 볼 수 있다.
- 접속한 사용자는 참여하고 싶은 대회를 추가할 수 있다. 다른 사용자도 해당 대회를 대시보드에서 볼 수 있다.
- 등록된 사용자는 이메일로 월간 보고서를 받는다. 이 보고서는 한 달간 어떻게 운동했는지 보여준다.
- 접속한 사용자는 대회를 위해 훈련 계획을 선택할 수 있고, 대시보드에서 훈련 계획을 볼 수 있다. 훈련 계획은 단순히 달리기 계획을 모아둔 목록이다.

앞의 사용자 스토리에서 다음과 같은 몇 개의 컴포넌트를 뽑아냈다. 특별한 순서는 없다.

- 애플리케이션은 사용자를 데이터베이스에 추가하고, 등록 시에 사용된 이메일이 사용자 소유가 맞는지 확인하는 등록 방법이 필요하다.
- 애플리케이션은 패스워드로 사용자를 인증한다.
- 스트라바에서 데이터를 가져오기 위해 사용자 프로필에 스트라바 사용자 토큰을 저장한다.
- 달리기 이외에 대회와 훈련 계획을 데이터베이스에 저장한다.
- 훈련 계획은 대회에서 좋은 성적을 거두기 위해 특정 기간 동안 연습할 달리기 목록이다. 훈련 계획을 충실히 세우기 위해서는 나이, 성별, 체중, 건강 수준 같은 사용자 정보가 필요하다.
- 월간 보고서는 데이터베이스를 조회하고 요약본을 생성해서 이메일로 전송된다.

이 정도 설명이면 시작하기에 충분하다. 계속해서 애플리케이션의 설계와 코딩 방법을 알아보자.

모놀리식 설계

이번 절은 Runnerly의 모놀리식 버전 코드에 관해 설명한다. 모놀리식 버전의 전체 코드를 상세히 보고 싶다면 https://github.com/Runnerly/monolith를 참고하자.

애플리케이션을 개발할 때 자주 사용되는 디자인 패턴은 MVC^Model-View-Controller 패턴이다. 이 패턴에서는 코드를 다음과 같이 세 부분으로 나눈다.

- **모델**^Model: 데이터를 관리한다.
- **뷰**^View: 모델을 웹, PDF 등, 특정 방법으로 출력한다.
- **컨트롤러**^Controller: 모델을 조정해서 상태를 변경한다.

파이썬의 ORM 도구인 SQLAlchemy가 모델 역할을 담당하는 건 확실하지만, 플라스크에서 뷰와 컨트롤러의 구분은 조금 모호하다. 뷰는 요청을 받고 응답을 되돌려주는 함수이므로, 데이터를 출력하는 역할 뿐 아니라 데이터를 변경하는 컨트롤러 역할도 동시에 담당하기 때문이다.

장고^Django는 MVC 패턴 대신 MVT^Model-View-Template를 사용한다. 여기서 뷰는 MVC의 컨트롤러에 해당하며, 데이터를 입력 받거나 출력한다. 템플릿은 MVC의 뷰에 해당하며, 템플릿 엔진이나 주어진 데이터로 특정 포맷의 응답을 만들 때 필요한 모든 것을 의미한다. 예를 들어 JSON 뷰에서 `json.dumps()`는 템플릿이다. Jinja로 HTML 페이지를 렌더링할 때 템플릿은 `render_template()`을 통해 호출되는 HTML 템플릿이다.

모델

SQLAlchemy를 사용하는 플라스크 애플리케이션에서는 데이터베이스 스키마를 나타내는 클래스가 모델 역할을 한다.

Runnerly의 데이터베이스 테이블은 다음과 같다.

- User: 자격증명credentials을 비롯한 사용자 정보
- Run: 스트라바에서 가져온 달리기 기록과 훈련 계획의 달리기 목록
- Race: 사용자가 추가한 대회 목록으로 날짜, 장소, 거리가 포함됨
- Plan: 연습 일정을 모아둔 훈련 계획

Flask-SQLAlchemy(http://flask-sqlalchemy.pocoo.org) 확장을 사용하면 베이스 클래스로 Model 클래스를 사용해서 테이블을 지정할 수 있다. 다음은 SQLAlchemy 클래스를 사용한 User 테이블 정의의 일부다.

```
from flask_sqlalchemy import SQLAlchemy

db = SQLAlchemy()

class User(db.Model):
    __tablename__ = 'user'
    id = db.Column(db.Integer, primary_key=True, autoincrement=True)
    email = db.Column(db.Unicode(128), nullable=False)
    firstname = db.Column(db.Unicode(128))
    lastname = db.Column(db.Unicode(128))
    password = db.Column(db.Unicode(128))
    strava_token = db.Column(db.String(128))
    age = db.Column(db.Integer)
    weight = db.Column(db.Numeric(4, 1))
    max_hr = db.Column(db.Integer)
    rest_hr = db.Column(db.Integer)
    vo2max = db.Column(db.Numeric(4, 2))
```

Flask-SQLAlchemy는 SQLAlchemy에 대한 모든 호출을 감싸서 관리하며, 모델을 제어하기 위해 세션 객체를 뷰에 노출한다.

뷰와 템플릿

요청이 들어오면 뷰가 호출되고, Flask-SQLAlchemy가 애플리케이션 컨텍스트 안에 데이터베이스 세션 객체를 설정한다. 다음 코드는 /users 엔드포인트가 호출됐을 때 뷰에서 User 테이블을 조회한다.

```
from flask import Flask, render_template

app = Flask(__name__)

@users.route('/users')
def _users():
    users = db.session.query(User)
    return render_template("users.html", users=users)

if __name__ == '__main__':
    db.init_app(app)
    db.create_all(app=app)
    app.run()
```

db.session.query() 함수가 호출되면 데이터베이스에 쿼리를 수행하고 User 테이블의 모든 결과가 users 객체에 저장된다. 이 객체는 렌더링을 위해 users.html Jinja 템플릿에 전달된다.

여기서 Jinja는 다음과 같은 템플릿을 이용해서 사용자 정보를 표시하는 HTML 페이지를 생성한다.

```
<html>
    <body>
        <h1>User List</h1>
        <ul>
            {% for user in users: %}
            <li>
```

```
            {{user.firstname}} {{user.lastname}}
          </li>
          {% endfor %}
        </ul>
    </body>
</html>
```

웹에서 데이터를 편집하려면 WTForms(http://wtforms.readthedocs.io)를 사용해서 각 모델에 대한 폼[form]을 생성할 수 있다. WTForms는 파이썬 정의를 사용해서 HTML 폼을 생성하는 라이브러리로, 요청에 포함된 데이터가 올바른 지 검증한 후에 모델을 변경하게 해준다.

Flask-WTF(https://flask-wtf.readthedocs.io) 프로젝트는 플라스크에서 사용하기 위한 목적으로 만들어졌으며, CSRF 토큰을 이용하는 보안 폼처럼 몇 개의 유용한 통합이 추가됐다.

CSRF(Cross-Site Request Forgery) 토큰은 로그인할 때 악의적인 서드파티 웹 사이트가 잘못된 폼을 앱에 보낼 수 없게 한다. 7장에서 CSRF가 어떻게 동작하고 왜 보안에 중요한지 알아본다.

다음 모듈은 FlaskForm을 사용해서 User 테이블에 대한 폼을 구현한다.

```
from flask_wtf import FlaskForm
import wtforms as f
from wtforms.validators import DataRequired

class UserForm(FlaskForm):
    email = f.StringField('email', validators=[DataRequired( )])
    firstname = f.StringField('firstname')
    lastname = f.StringField('lastname')
```

```
    password = f.PasswordField('password')
    age = f.IntegerField('age')
    weight = f.FloatField('weight')
    max_hr = f.IntegerField('max_hr')
    rest_hr = f.IntegerField('rest_hr')
    vo2max = f.FloatField('vo2max')

    display = ['email', 'firstname', 'lastname', 'password',
               'age', 'weight', 'max_hr', 'rest_hr', 'vo2max']
```

display 속성은 폼이 렌더링될 때 템플릿이 정렬된 필드 목록으로 반복되게 해준다. 그 외는 WTForms 기본 필드 클래스를 사용해서 user 테이블에 대한 폼을 생성한다. WTForms의 필드 문서에서 전체 목록을 볼 수 있다.

http://wtforms.readthedocs.io/en/latest/fields.html

생성된 UserForm은 뷰에서 2개의 목적을 갖고 사용된다. 첫 번째는 GET 요청 시에 폼을 표시하는 것이고, 두 번째는 사용자가 POST 호출로 폼을 전송할 때 데이터베이스를 업데이트하는 것이다.

```
@users.route('/create_user', methods=['GET', 'POST'])
@admin_required
def create_user():
    form = UserForm()
    if request.method == 'POST':
        if form.validate_on_submit():
            new_user = User()
            form.populate_obj(new_user)
            db.session.add(new_user)
            db.session.commit()
            return redirect('/users')
    return render_template('create_user.html', form=form)
```

UserForm 클래스는 POST 데이터를 검증하기 위한 함수뿐만 아니라 값을 User 객체로 직렬화하는 함수도 갖고 있다. 데이터가 올바르지 않으면 사용자에게 에러를 출력할 경우를 대비해서 폼 인스턴스가 field.errors에 에러 목록을 보관한다.

create_user.html 템플릿은 폼 필드 목록을 반복하며 WTForm은 적절한 HTML 태그를 렌더링한다.

```
<html>
    <body>
        <form action="" method="POST">
            {{ form.hidden_tag( ) }}
            <dl>
                {% for field in form.display %}
                    <dt>{{ form[field].label }}</dt>
                    <dd>{{ form[field]( ) }}</dd>
                    {% if form[field].errors %}
                        {% for e in form[field].errors %}
                            <p class="help-block">{{ e }}</p>
                        {% endfor %}
                    {% endif %}
                {% endfor %}
            </dl>
            <p>
            <input type=submit value="Publish">
        </form>
    </body>
</html>
```

form.hidden_tag( ) 함수는 CSRF 토큰처럼 모든 숨겨진 필드를 렌더링한다. 필요하다면 애플리케이션의 모든 폼에서 같은 패턴을 재사용하기도 쉽다.

Runnerly에서는 훈련 계획과 대회 정보 추가를 위한 폼을 생성할 때 이 패턴을 재사용한다. 템플릿은 제네릭generic한 특성이 있으므로, Jinja 매크로를 사용해 모든 폼에서 재사용할 수 있다. 대부분은 SQLAlchemy 모델 하나당 `form` 클래스 하나를 작성한다.

WTForms-Alchemy(https://wtforms-alchemy.readthedocs.io) 프로젝트를 사용하면 SQLAlchemy 모델에 기반을 둔 폼을 자동으로 만들 수 있다. 앞에서 수동으로 `UserForm`을 만들었는데, WTForms-Alchemy를 활용하면 SQLAlchemy 모델만 지정하면 되므로 작업이 훨씬 단순해진다.

```
from wtforms_alchemy import ModelForm

class UserForm(ModelForm):
    class Meta:
        model = User
```

실제로는 폼을 수동으로 조정하는 과정이 종종 필요하지만, WTForms-Alchemy를 사용해서 작업을 시작하는 것은 좋은 방법이 될 수 있다.

지금까지 살펴본 내용을 요약하면 다음과 같다.

- SQLAlchemy를 사용해 데이터베이스 모델을 생성했다(모델).
- 모델을 통해 데이터베이스와 상호작용하는 뷰와 폼을 생성했다(뷰와 템플릿).

그런데 완전한 모놀리식 애플리케이션을 개발하는 데 필요한 두 가지가 빠졌다.

- **백그라운드 작업**: 주기적으로 스트라바에서 결과를 얻고 월간 보고서를 생성
- **인증**Authentication **및 허가**authorization: 사용자의 로그인 처리 및 자신의 정보만 수정할 수 있게 제한

백그라운드 작업

스트라바에서 달리기 정보를 가져와서 Runnerly 데이터베이스에 추가하는 코드는 매시간마다 스트라바를 폴링poll한다. 월간 보고서를 생성하고 이메일로 사용자에게 보

내는 코드는 한 달에 한 번 호출된다. 두 기능 모두 플라스크 애플리케이션의 일부며, SQLAlchemy 모델을 사용한다.

클라이언트가 보내는 요청과 다르게 이 기능은 백그라운드에서 자체적으로 실행되는 작업이다.

단순히 cron 데몬을 사용해서 처리하지 않는다면 파이썬에서 백그라운드 작업을 처리하는 일반적인 방법은 분산 태스크 큐를 이용해 별도 프로세스에서 작업을 실행해주는 Celery(http://docs.celeryproject.org)를 사용하는 것이다.

이때 **메시지 브로커**[message broker]라고 부르는 중개자가 애플리케이션과 Celery 간에 메시지를 주고받는 역할을 담당한다. 예를 들어 애플리케이션이 Celery가 무언가를 실행해주기 바란다면 메시지를 브로커에 추가한다. Celery는 이를 폴링해서 작업을 처리한다.

메시지 브로커는 메시지를 저장하고 가져오는 방법만 제공한다면 어떤 서비스든 될 수 있다. Celery는 레디스(http://redis.io), RabbitMQ(http://www.rabbitmq.com), Amazon SQS(https://aws.amazon.com/sqs)를 지원하며, 이외에도 작업을 보내고 실행할 수 있는 추상화 방법을 제공하는 다른 솔루션을 사용할 수도 있다.

작업 실행을 담당하는 부분을 워커[worker]라고 부르며, `Celery` 클래스를 통해 시작할 수 있다. 플라스크 애플리케이션에서 Celery를 사용하려면 다음과 같이 `Celery` 객체의 인스턴스를 만들고, `@celery.task` 데코레이터로 백그라운드 작업을 표시한다. 이 예제는 깃허브 monolith(https://github.com/Runnerly/monolith) 프로젝트의 background.py 소스로, stravalib(http://pythonhosted.org/stravalib)를 사용해서 각 사용자의 달리기 기록을 가져온다.

```
from celery import Celery
from stravalib import Client
from database import db, User, Run
```

```
BACKEND = BROKER = 'redis://localhost:6379'
celery = Celery('__name__', backend=BACKEND, broker=BROKER)

@celery.task
def fetch_all_runs():
    from monolith.app import app
    db.init_app(app)
    run_fetched = {}

    with app.app_context():
        q = db.session.query(User)
        for user in q:
            if user.strava_token is None:
                continue
            print('Fetching Strava for %s' % user.email)
            run_fetched[user.id] = fetch_runs(user)

    return run_fetched

def activity2run(user, activity):
    run = Run()
    run.runner = user
    run.strava_id = activity.id
    run.name = activity.name
    run.distance = activity.distance
    run.elapsed_time = activity.elapsed_time.total_seconds()
    run.average_speed = activity.average_speed
    run.average_heartrate = activity.average_heartrate
    run.total_elevation_gain = activity.total_elevation_gain
    run.start_date = activity.start_date
    return run

def fetch_runs(user):
    client = Client(access_token=user.strava_token)
    runs = 0

    for activity in client.get_activities(limit=10):
```

```
        if activity.type != 'Run':
            continue
        q = db.session.query(Run).filter(Run.strava_id == activity.id)
        run = q.first()

        if run is None:
            db.session.add(activity2run(user, activity))
            runs += 1

    db.session.commit()
    return runs
```

이 예제에서 태스크는 각 유저가 갖고 있는 Strava 토큰을 찾는다. 그런 다음에 가장 최근의 달리기 기록 10개를 Runnerly로 가져온다.

이 모듈은 레디스 브로커에서 작업을 가져오는 완전한 Celery 애플리케이션이다. `pip install` 명령으로 `celery`와 `redis` 파이썬 패키지를 설치한 후 `celery worker -A background` 명령과 함께 이 모듈을 실행할 수 있다. 레디스는 실행 중이라고 가정한다.

이 명령은 Celery 워커를 실행해서 `fetch_all_runs()` 함수를 등록하고 레디스에 들어오는 메시지를 대기한다. 이제 플라스크 애플리케이션에서 background.py 모듈을 임포트해서 데코레이트된 함수를 호출할 수 있다. 결국 Celery 워커는 분리된 프로세스에서 레디스에 등록된 함수를 실행하게 된다.

```
from flask import Flask, jsonify

app = Flask(__name__)

@app.route('/fetch')

def fetch_runs():
    from monolith.background import fetch_all_runs
    res = fetch_all_runs.delay()
```

```
    res.wait()
    return jsonify(res.result)
```

이 예제에서 /fetch에 대한 호출은 태스크가 완료될 때까지 대기한다. 물론 Runnerly에서는 사용자당 몇 초씩 걸리는 작업들에 대해서는 wait()를 호출해서 기다리는 일이 없어야 한다.

Celery 서비스는 플라스크 애플리케이션이 레디스에 메시지를 전달하면 실행되기 때문에 어떤 면에서는 그 자체를 마이크로서비스로 볼 수 있다. 또한 레디스 서버와 Celery를 다른 서버에서 실행할 수도 있다. 하지만 여전히 같은 코드를 기반으로 실행되므로 모놀리식 방식이란 건 변함이 없다.

백그라운드 워커를 실행하는 또 다른 이유는 주기적인 작업 실행이 필요할 때다. 플라스크 애플리케이션에서 매 시간마다 작업을 실행하는 대신 Celery의 주기적 태스크[periodic task] 기능(http://docs.celeryproject.org/en/latest/userguide/periodic-tasks.html)을 사용할 수 있다. 이 경우 단일 작업을 실행할 때와 동일한 방법으로 플라스크 애플리케이션이 주기적 작업을 스케줄링할 수 있다.

스트라바 토큰

다음으로 필요한 작업은 각 사용자의 스트라바 토큰을 얻어 user 테이블에 저장하는 것이다.

이미 말한 것처럼 이는 OAuth2 댄스[dance]를 통해 이뤄진다. 연결된 사용자가 Runnerly 사용 허가를 위해 스트라바로 리다이렉트되고, 허가를 받으면 OAuth2 코드와 함께 다시 Runnerly로 리다이렉트된다. OAuth2 코드는 저장할 수 있는 토큰으로 변환 가능하다.

stravalib 라이브러리는 이 과정을 처리하기 위해 몇 가지 유틸리티를 제공한다. 첫 번째는 authorization_url() 함수다. 이 함수는 OAuth2 처리를 시작하기 위해 사용자에게 표시되는 전체 URL을 반환한다.

```
app.config['STRAVA_CLIENT_ID'] = 'runnerly-strava-id'
app.config['STRAVA_CLIENT_SECRET'] = 'runnerly-strava-secret'

def get_strava_auth_url():
    client = Client()
    client_id = app.config['STRAVA_CLIENT_ID']
    redirect = 'http://127.0.0.1:5000/strava_auth'
    url = client.authorization_url(client_id=client_id,
                                   redirect_uri=redirect)
    return url
```

이 예제에서 redirect는 애플리케이션이 접근 권한을 받은 후 스트라바가 리다이렉트 하는 URL이다. 여기서는 애플리케이션이 로컬에서 실행된다. get_strava_auth_url() 함수는 연결된 Runnerly 사용자에게 링크를 표시하기 위해 사용한다.

사용자가 스트라바 사이트에서 Runnerly 사용을 허가하면 /strava_auth 뷰는 토큰과 교환할 수 있는 코드를 얻는다. 토큰은 앞으로 스트라바 요청 시에 사용된다. stravalib 라이브러리의 Client 클래스는 변환을 위한 exchange_code_for_token() 함수를 제공한다.

뷰는 단순히 토큰을 user 데이터베이스에 복사한다.

```
@auth.route('/strava_auth')
@login_required
def _strava_auth():
    code = request.args.get('code')
    client = Client()
    xc = client.exchange_code_for_token
    access_token = xc(client_id=auth.app.config['STRAVA_CLIENT_ID'],
```

```
        client_secret=auth.app.config['STRAVA_CLIENT_SECRET'], code=code)
    current_user.strava_token = access_token
    db.session.add(current_user)
    db.session.commit()
    return redirect('/')
```

뷰에서 @login_required와 current_user는 인증과 허가에 관련된 부분이다. 계속해서 여기에 관해 알아보자.

인증과 허가

모놀리식 애플리케이션은 거의 준비를 마쳤다. 마지막으로 사용자를 인증할 수단을 추가해야 한다. Runnerly는 연결된 사용자가 '누구'인지를 알아야 대시보드에 관련 정보를 정확히 표시할 수 있다. 또한 폼 역시 보안이 필요하다. 예를 들어 다른 사용자의 정보는 수정하지 못하게 해야 한다.

모놀리식 애플리케이션에서는 매우 단순한 방법인 기본 인증(https://en.wikipedia.org/wiki/Basic_access_authentication)을 사용한다. 이때는 사용자의 자격증명을 Authorization 헤더에 실어 보낸다. 보안적인 관점에서 서버가 SSL을 사용한다면 기본 인증 방법도 괜찮다. 웹 사이트가 HTTPS를 통해 호출되면 URL의 쿼리 부분을 포함한 전체 요청이 암호화되기 때문에 전송이 보호된다.

패스워드에 관한 가장 단순한 보호 방법은 패스워드를 저장할 때 원래 패스워드로 되돌릴 수 없는 해시 형태로 저장하는 것이다. 이렇게 하면 서버가 손상되더라도 패스워드가 유출될 위험을 최소화할 수 있다. 이 방법을 사용할 때의 인증 프로세스는 사용자가 입력한 패스워드의 해시 값을 미리 저장해 둔 해시와 비교하는 것이다.

일반적으로 전송 계층(transport layer)은 애플리케이션 보안의 약점이 아니다. 요청을 받은 뒤에 서비스에서 발생하는 일이 가장 중요하다. 인증 처리 과정 중에는, 공격자가 패스워드를 가로챌 수도 있다. 7장에서 공격 영역을 줄이는 방법을 알아본다.

Werkzeug는 패스워드 해시를 다루는 몇 가지 유틸리티를 제공한다. `User` 클래스에 포함된 `generate_password_hash()`와 `check_password_hash()`가 그중 하나다.

기본으로 Werkzeug는 SHA-1과 함께 PBKDF2(https://en.wikipedia.org/wiki/PBKDF2)를 사용한다. SHA-1은 솔트[salt]를 사용해서 값을 해시한다.

`User` 클래스에 패스워드를 설정하고 검증하는 함수를 추가하자.

```
from werkzeug.security import generate_password_hash, check_password_hash

class User(db.Model):
    __tablename__ = 'user'
    # ... all the Columns ...

    def __init__(self, *args, **kw):
        super(User, self).__init__(*args, **kw)
        self._authenticated = False

    def set_password(self, password):
        self.password = generate_password_hash(password)

    @property
    def is_authenticated(self):
        return self._authenticated

    def authenticate(self, password):
        checked = check_password_hash(self.password, password)
        self._authenticated = checked
        return self._authenticated
```

set_password() 함수는 새 사용자가 데이터베이스에 생성될 때 패스워드 해시 값을 생성해서 User 모델에 저장한다. 패스워드를 검증하기 위한 모든 시도는 authenticate()를 통해 해시를 비교하게 된다.

Flask-Login(https://flask-login.readthedocs.io/) 확장은 사용자 로그인, 로그아웃에 필요한 모든 것을 제공하며, 연결된 사용자를 추적해 애플리케이션의 동작 방식을 변경할 수 있게 해준다.

Flask-Login은 현재 플라스크 세션에 사용자 정보를 설정하는 2개의 함수 login_user(), logout_user()를 제공한다. login_user() 함수가 호출되면 플라스크 세션에 사용자 ID가 저장되고 클라이언트 측에 쿠키가 설정된다. 사용자가 로그아웃하기 전까지는 다음 요청 시에 이 정보를 재사용할 수 있다.

이 메커니즘이 동작하려면 LoginManager 인스턴스가 애플리케이션 시작 시에 만들어져야 한다. 다음 코드에는 LoginManager 생성 및 로그인, 로그아웃 뷰 함수가 있다.

```
from flask_login import current_user, LoginManager

@auth.route('/login', methods=['GET', 'POST'])
def login():
    form = LoginForm()
    if form.validate_on_submit():
        email, password = form.data['email'], form.data['password']
        q = db.session.query(User).filter(User.email == email)
        user = q.first()
        if user is not None and user.authenticate(password):
            login_user(user)
            return redirect('/')
    return render_template('login.html', form=form)

@auth.route("/logout")
def logout():
    logout_user()
```

```
    return redirect('/')

login_manager = LoginManager()
login_manager.init_app(app)

@login_manager.user_loader
def load_user(user_id):
    user = User.query.get(user_id)
    if user is not None:
        user._authenticated = True
    return user
```

@login_manager.user_loader 데코레이트 함수는 Flask-Login이 저장된 사용자 ID를 실제 사용자 인스턴스로 변환할 때 사용한다.

인증 처리는 로그인 뷰에서 user.authenticate()를 호출할 때 처리된다. 그런 다음 login_user(user_id)에서 세션에 저장된다.

마지막으로 처리해야 하는 건 허가되지 않은 접근으로부터 뷰를 보호하는 것이다. 예를 들어 사용자 편집 폼은 로그인되지 않은 사용자가 접근할 수 없어야 한다. @login_required 데코레이터는 로그인하지 않은 뷰에 대한 접근을 401 Unauthorized 에러와 함께 거부한다.

이 코드는 app.route() 호출 다음에 위치한다.

```
@auth.route('/create_user', methods=['GET', 'POST'])
@login_required
def create_user():
    # ... code
```

코드에서 @login_required 데코레이터는 인증 처리된 올바른 사용자라는 걸 확실히 해준다.

하지만 이 데코레이터는 권한permission을 다루지 않는다. 권한 다루기는 Flask-Login 프로젝트 영역 밖이고, Flask-Principal(https://pythonhosted.org/Flask-Principal/)을 사용해서 처리할 수 있다.

앞에서 정의한 사용자 스토리에는 조금 지나친 감이 있다. Runnerly 사용자 중 특별한 권한을 갖고 있는 사용자는 관리자다. 관리자는 애플리케이션 전반에 걸쳐 강력한 권한을 갖고 있는 반면, 일반 사용자는 자신의 정보만 변경할 수 있다.

`is_admin` 불리언Boolean 플래그를 `User` 모델에 추가하면 `@login_required` 같은 비슷한 데코레이터를 생성해서 플래그를 확인할 수 있다.

```
def admin_required(func):
    @functools.wraps(func)
    def _admin_required(*args, **kw):
        admin = current_user.is_authenticated and current_user.is_admin
        if not admin:
            return login_manager.unauthorized()
        return func(*args, **kw)
    return _admin_required
```

같은 맥락으로 애플리케이션 컨텍스트에서 `current_user` 변수를 찾아 더 세밀한 권한 검증을 할 수 있다. 예를 들어 자기 자신의 데이터는 바꾸지만 다른 사용자의 데이터는 못 바꾸게 하는 데 이를 사용할 수 있다.

모놀리식으로 함께 묶기

모놀리식 설계는 훌륭한 방법이며, 개발 단계의 첫 번째 목표가 될 수 있다. 물론 모든 과정은 3장에서 설명한 것처럼 TDD를 통해 진행해야 한다.

모놀리식은 또한 PostgreSQL이나 MySQL로 배포 가능한 관계형 데이터베이스를 사용해 쉽고 간단히 구현할 수 있다. SQLAlchemy의 추상화 덕분에 로컬 버전은 SQLite3

와 같이 실행될 수 있으며 일상적인 작업과 테스트를 편하게 해준다.

애플리케이션을 만들기 위해 다음과 같은 확장과 라이브러리를 사용한다.

- **Flask-SQLAlchemy와 SQLAlchemy**: 모델을 위해 사용한다.
- **Flask-WTF와 WTForms**: 모든 폼을 위해 사용한다.
- **Celery와 레디스**: 백그라운드 처리와 주기적인 태스크를 위해 사용한다.
- **Flask-Login**: 인증과 허가를 위해 사용한다.

전체 설계는 다음 다이어그램과 같다.

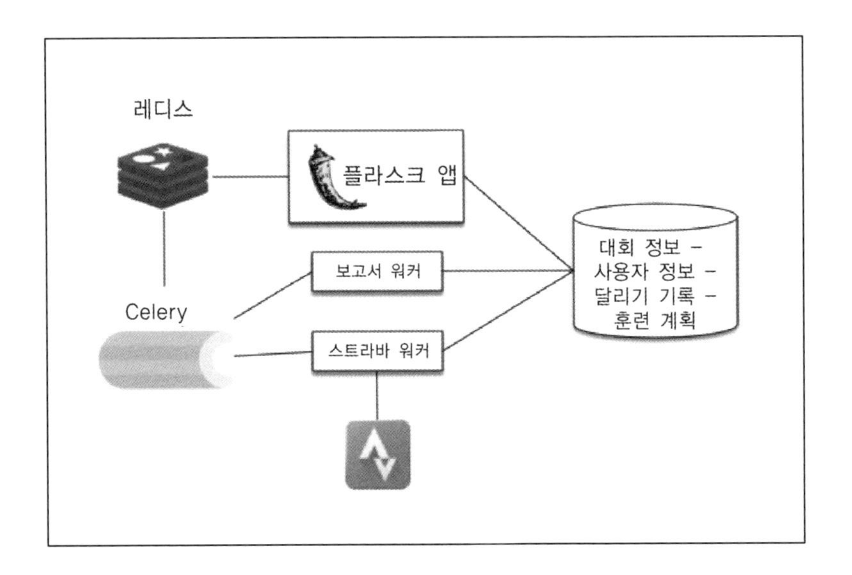

일반적으로 플라스크 애플리케이션을 하나의 레디스, 하나의 Celery 인스턴스와 함께 동일 서버에 배포하고 아파치나 nginx 같은 웹 서버를 통해 요청을 처리한다. 데이터베이스는 서버에 같이 둘 수도 있고 별도 서버에 둘 수도 있다.

서버는 여러 개의 플라스크 프로세스와 Celery 프로세스를 생성해서 처리 가능한 요청 수와 사용자 수를 늘릴 수 있다.

작업 부하를 제대로 처리하지 못할 때 가장 먼저 고려할 방법은 다른 애플리케이션 서버를 추가하고 데이터베이스와 레디스를 전담하는 전용 서버를 두는 것이다. 필요하다면 세 번째 단계로 레디스와 PostgreSQL 인스턴스를 더 늘릴 수 있는데, 복제replication나 샤딩sharding 전략이 필요하므로 가장 좋은 방법을 고민해야 한다.

애플리케이션이 세 번째 단계에 도달하면 Amazon SQS, Amazon RDS처럼 즉시 적용 가능한 솔루션이 좋은 선택이 될 수 있다. 11장에서 알아본다.

모놀리식 분리

Runnerly를 세상에 내놓자 점점 더 많은 사용자가 생겨나기 시작했다. 새 기능이 추가되고 버그도 수정됐으며, 데이터베이스 크기도 꾸준히 증가하기 시작했다.

첫 번째 문제는 주기적으로 스트라바를 호출하고 보고서를 생성하는 백그라운드 프로세스에서 발생했다. 사용자가 수천 명으로 늘었기 때문에 이 작업이 서버 리소스의 대부분을 차지하며, 사용자들은 프론트엔드 속도가 느려진 것을 확실히 경험하고 있다.

서버 분리의 필요성이 점점 커지고 있다. 하지만 Celery와 레디스를 사용하는 모놀리식 애플리케이션에서는 문제가 되지 않는다. 백그라운드 작업을 전담할 몇 개의 서버를 추가해주면 되기 때문이다.

이때 가장 큰 문제는 Celery 워커 코드에서 플라스크 애플리케이션 코드를 가져와 사용해야 한다는 점이다. 따라서 백그라운드 워커 전용 배포에 전체 플라스크 애플리케이션이 포함돼야 한다. 그러므로 애플리케이션 변경이 일어날 때마다 백그라운드 워커 역시 변경해줘야 한다.

결국 스트라바에서 데이터를 가져오는 작업 하나를 위해 플라스크가 갖고 있는 모든 종속성을 서버에 설치해야 하고, 템플릿에서 부트스트랩을 사용한다면 Celery 워커 서버에도 부트스트랩을 배포해야 한다.

이러한 의존성 문제는 "Celery 워커가 왜 플라스크 애플리케이션에 있어야 하는가?"라는 의문을 갖게 한다. Runnerly 개발을 시작하는 단계에서는 아무 문제가 없는 설계였지만, 지금은 취약한 설계였다는 것이 명확해졌다.

Celery와 애플리케이션간의 상호작용은 매우 구체적이다. 스트라바 워커는 다음이 필요하다.

- 스트라바 토큰을 얻는다.
- 새로운 달리기 정보를 추가한다.

Celery 워커 코드가 플라스크 앱 코드를 사용하는 대신 데이터베이스를 직접 연결해 완전히 독립적으로 작동할 수 있다.

Celery 워커를 분리된 마이크로서비스로 만드는 것이 모놀리식을 분리하는 첫 번째 단계다. 이를 **스트라바 서비스**라고 부르자. 보고서를 만드는 워커도 같은 방법으로 독립적으로 실행하기 위해 분리할 수 있다. 이것을 **보고서 서비스**라고 부르자. 두 개의 Celery 워커는 각각 단일 작업을 수행하는 데만 집중할 수 있다.

여기서 설계상 가장 큰 결정은 새로운 마이크로서비스가 데이터베이스를 직접 호출할 것인지 아니면 서비스와 데이터베이스 간의 중개 역할을 하는 HTTP API를 통해 호출할지를 결정하는 것이다.

데이터베이스에 직접 연결하는 게 가장 단순한 해결책처럼 보이지만, 이 방법은 또 다른 문제를 가져온다. 플라스크 애플리케이션, 스트라바 서비스, 보고서 서비스는 모두 같은 데이터베이스를 공유하기 때문에 무언가 변경될 때마다 이들 모두가 영향을 받을 수 있다.

중간 계층을 두고 서로 다른 서비스들에게 자신들의 작업에 필요한 정보만 제공하게 한다면 데이터베이스 의존성 문제를 줄일 수 있을 것이다. 잘 설계하면 데이터베이스

스키마에서 변경 사항이 발생해도 HTTP API 계약 호환성을 유지할 수 있다.

스트라바와 보고서 서비스는 Celery 워커이므로 이들에 대해서는 어떤 HTTP API도 설계할 필요가 없다. 이들은 레디스 브로커에서 어떤 작업을 가져온 다음 데이터베이스 호출을 이어줄 서비스와 상호작용한다. 이 새로운 서비스를 **데이터 서비스**라고 부르자.

데이터 서비스

다음 다이어그램은 새로운 애플리케이션 구성을 설명한다. 보고서 서비스와 스트라바 서비스는 모두 레디스에서 작업을 가져오고 데이터 서비스와 상호작용한다.

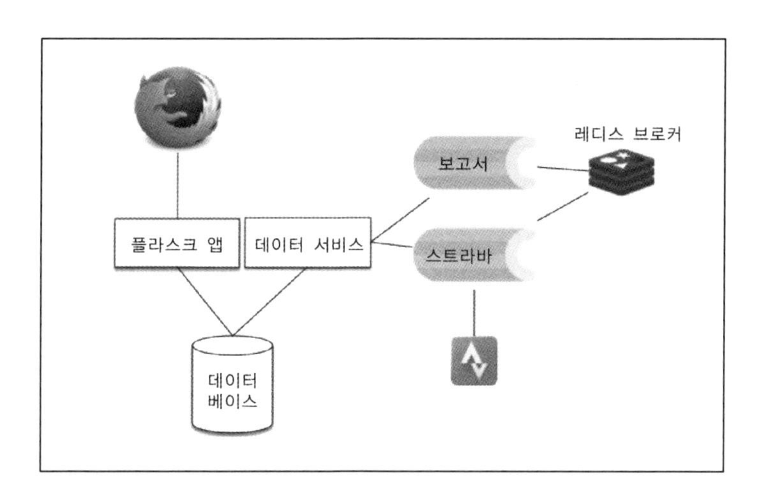

데이터 서비스는 모든 사용자 및 달리기 정보를 포함하는 데이터베이스를 감싸고 있는 HTTP API다.

현재 구성에서 새로운 마이크로서비스를 분리하려고 할 때 확신이 서지 않는다면 분리하지 않는 것이 좋다.

Celery 워커가 필요로 하는 정보는 레디스 브로커를 통해 전달해야 한다.

하지만 보고서 서비스의 경우 모든 정보를 레디스를 통해 보내는 건 데이터양이 많을 수 있으므로 좋은 방법이 아니다. 사용자가 한 달에 30번쯤 달리기를 한다면 보고서 서비스가 데이터 서비스로부터 정보를 직접 가져오게 하는 것이 더 간단하다.

데이터 서비스 뷰는 다음 API를 구현해야 한다.

- 스트라바 서비스가 사용하는 달리기 정보 추가를 위한 POST API
- 보고서 서비스를 위한 API
- 사용자 ID 목록을 가져오기 위한 GET API
- 주어진 사용자 ID와 요청한 월[month]로 달리기 정보를 얻는 GET API

가능한 한 적은 엔드포인트를 위해 HTTP API를 최소화했다. 서비스 구현을 위해서는 Open API 2.0 표준을 사용한다.

Open API 2.0 사용

Swagger라고 부르는 Open API 2.0 사양은 JSON이나 YAML을 사용해서 HTTP API의 사용 방법과 입출력 데이터를 설명한다. Swagger는 서비스가 JSON 문서를 보내고 받는다고 가정한다.

Swagger는 XML 웹 서비스 시대의 WSDL과 동일한 목표를 갖고 있지만 훨씬 가볍고 직관적이다. 다음 예제는 `GET` 메소드를 지원하며, 사용자 ID 목록을 반환하는, `/apis/users_ids` 엔드포인트에 대한 간략한 Open API 설명이다.

```
swagger: "2.0"
info:
    title: Runnerly Data Service
```

```
    description: returns info about Runnerly
    license:
      name: APLv2
      url: https://www.apache.org/licenses/LICENSE-2.0.html
    version: 0.1.0
basePath: /api
paths:
    /user_ids:
      get:
        operationId: getUserIds
        description: Returns a list of ids
        produces:
        - application/json
        responses:
          '200':
            description: List of Ids
            schema:
              type: array
              items:
                type: integer
```

오픈 API 2.0의 자세한 전체 사양은 http://swagger.io/specification/에서 볼 수 있다. schema 섹션의 데이터 타입은 JSON 스키마 사양을 따른다(http://json-schema.org/latest/json-schema-core.html). 여기서는 /user_ids 엔드포인트가 정수 배열을 반환한다고 설명한다.

이 사양을 통해 요청 시에 어떤 헤더를 제공해야 하는지, 응답의 content-type은 무엇인지와 같은 API에 관한 많은 세부 내용을 제공할 수 있다.

Swagger 사용은 다음과 같은 장점이 있다.

- 서비스에 대한 기능 테스트를 만들고 데이터를 검증하는 것처럼 유용하게 사용할 수 있는 Open API 2.0 클라이언트가 아주 많다.

- API에 관해 개발 언어와 무관한 표준 문서를 제공한다.
- 서버는 요청과 응답이 사양을 준수하는지 검사할 수 있다.

Connexion(https://github.com/zalando/connexion) 같은 일부 웹 프레임워크는 Swagger 표준으로 모든 라우팅을 만들고 I/O 데이터를 확인해준다. 플라스크에서 사용할 수 있다.

다음은 Swagger로 HTTP API를 개발할 때 고려할 점이다.

- Swagger 사양 파일을 먼저 만들고 이를 활용해서 애플리케이션을 만드는 방식이다. Connexion이 이 방식을 사용한다.
- 코드를 먼저 만들고, 여기서 Swagger 사양 파일을 생성한다. 일부 툴킷은, 예를 들면 뷰의 `docstring`를 읽어서 이를 처리한다.

첫 번째 방식의 가장 큰 장점은 Swagger 사양을 최신으로 유지할 수 있다는 것이다. 두 번째 방법은 기존 프로젝트에 Swagger를 도입할 때 유용한 방법이다.

플라스크 앱을 구현할 때 첫 번째 방법을 사용하는 Connexion 같은 프레임워크는 높은 수준의 유틸리티를 제공한다. 스펙 파일과 함수만 전달해주면 Connexion이 플라스크 앱을 생성한다. Connexion은 `operationId` 필드를 사용해서 각 작업에 대해 호출할 함수를 결정한다.

이 방법에서 주의할 점은 Swagger 파일에 세부 정보(파이썬 함수에 대한 전체 경로)가 포함된다는 것인데, 언어에 무관한 사양을 만드는 데 방해가 될 수 있다. 또한 주어진 경로와 각 연산의 메소드로 파이썬 함수를 찾는 자동 해석기가 제대로 동작하게 하려면 예를 들어 `GET /api/users_ids`의 구현은 `api.users_ids.get()`에 있어야 한다.

Flakon(2장에서 살펴봤다)은 다른 방식을 사용한다. 이 프로젝트는 `SwaggerBlueprint`라는 특별한 블루프린트 클래스를 갖고 있다. 이 클래스는 사양에 파이썬 함수를 추가하도록 요구하지 않으며, 연산 위치도 추측하지 않는다.

이 사용자 정의 블루프린트는 Swagger 사양 파일을 사용하고 @api.route와 유사한 @api.operation 데코레이터를 제공한다. 이 데코레이터는 라우트 대신에 operationId 이름을 사용하므로 블루프린트는 명시적으로 올바른 라우트에 뷰를 링크할 수 있다.

다음 예제에서는 Swagger 블루프린트를 생성하고 getUserIds 연산을 구현한다.

```
from flakon import SwaggerBlueprint

api = SwaggerBlueprint('swagger', spec='api.yml')

@api.operation('getUserIds')
def get_user_ids():
    # .. do the work ..
```

파이썬 구현은 Swagger 스펙을 변경하지 않고도 이름을 바꾸고 이동할 수 있다.

데이터 서비스의 나머지 API는 설명대로 구현되며, Runnerly 저장소(https://github.com/Runnerly)에서 찾을 수 있다.

좀 더 분할

지금까지 백그라운드 작업과 관련된 모든 것을 모놀리스에서 분리했고 메인 애플리케이션과 연결하기 위해 새 마이크로서비스에 HTTP API 뷰도 추가했다.

새로운 API로 달리기 정보를 추가할 수 있기 때문에 모놀리스에서 떼어낼 수 있는 또 다른 부분이 생겼다. 바로 훈련 계획이다.

훈련 계획이 새로운 달리기 정보를 생성할 수 있다면 자기 자신을 실행하면 된다. 사용자가 새 훈련 계획을 시작하기를 원한다면 메인 애플리케이션은 훈련 계획 마이크로서비스와 연결해서 새로운 달리기 계획 생성을 요청할 수 있다.

설계는 더 나은 데이터 격리를 위해 변경될 수 있다. 훈련 계획 마이크로서비스는 스트라바 API가 활동을 반환하는 것과 마찬가지로, 특정 구조로 달리기 목록을 반환하는 API를 게시한다. 메인 플라스크 애플리케이션은 이 정보들을 Runnerly 달리기 정보로 변환한다. 훈련 계획은 Runnerly 사용자에 관해 알지 못하더라도 동작할 수 있다. 주어진 몇 개의 매개변수를 사용해서 훈련 계획을 생성한다.

하지만 새롭게 분리하는 건 정당한 이유가 있어야 한다. "훈련 계획 알고리즘이 CPU를 많이 소비하는가?", "다른 애플리케이션에서도 사용하는 시스템으로 확장되고 있는가?", "앞으로 다른 데이터가 필요할 수 있는가?"

새로운 마이크로서비스로 분리를 결정할 때마다 결국 손대기 힘든 비대한 애플리케이션으로 끝날 위험이 있다.

같은 맥락에서 대회 정보 기능은 Runnerly 데이터베이스와 완전히 독립적이므로 마이크로서비스로 분리하는 것이 가능하다.

다음 다이어그램은 메인 플라스크 애플리케이션을 비롯한 4개의 마이크로서비스로 구성된 최종 Runnerly 디자인을 보여준다. 8장에서는 메인 애플리케이션을 없애고 데이터 서비스를 마이크로서비스로 완전히 전환하는 방법과 모두를 통합하는 자바스크립트 애플리케이션 작성법을 알아본다.

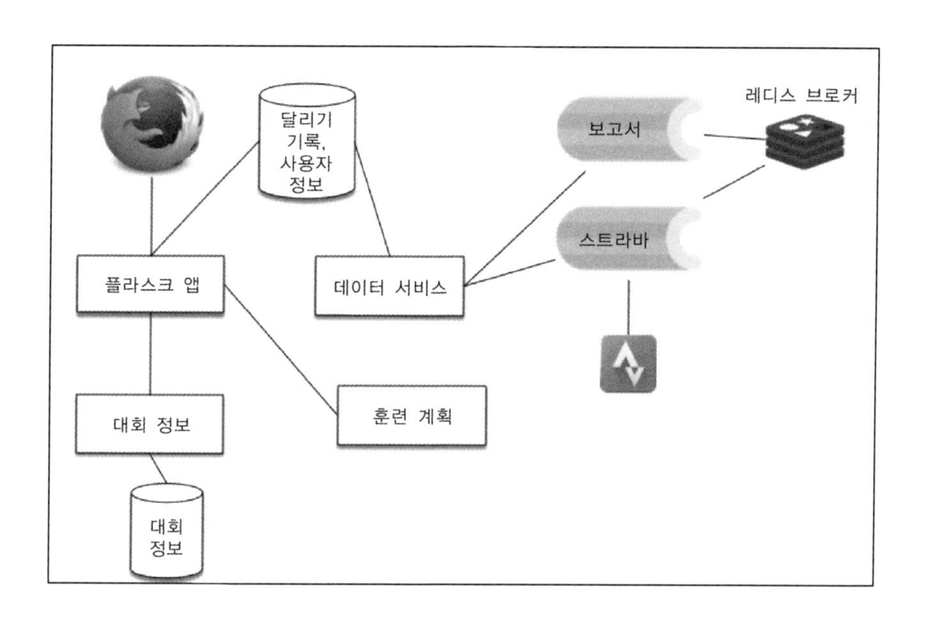

요약

Runnerly 애플리케이션은 데이터베이스와 몇 개의 백엔드 서비스를 갖고 있는 전형적인 웹 애플리케이션이다. 모놀리식으로 시작하는 건 나중에 필요한 서비스를 분리하기 위한 과정이다.

4장에서는 모놀리식 애플리케이션을 어떻게 마이크로서비스로 조금씩 분리하는지, 그리고 Celery 같은 도구가 어떤 도움을 주는지 알아봤다. 각 백그라운드 작업은 독립적인 Celery 작업으로 분리할 수 있으며, 마이크로서비스로 분리할 수 있는 잠재적 후보다.

또한 마이크로서비스 간의 API를 정의하는 데 큰 도움을 주는 도구인 Swagger도 살펴봤다.

분리 작업은 진보적이기도 하지만, 동시에 보수적이어야 한다. 결국에는 마이크로서비스를 개발하고 유지하는 비용이, 분리해서 얻는 장점을 능가할 수 있기 때문이다.

소프트웨어 아키텍처를 좋아한다면 Runnerly의 마지막 설계 버전이 매력적일 것이다. 이 설계는 Runnerly를 배포하고 확장하는 데 많은 옵션을 제공한다.

하지만 지금은 애플리케이션 1개가 서로 연동이 필요한 다수의 애플리케이션으로 늘어났다. 앞에서 살펴본 다이어그램에서 모든 연결선은 애플리케이션의 약점이 될 수도 있다. 레디스가 다운되면 어떻게 해야 할까? 또는 처리 과정 중에 데이터 서비스와 스트라바 서비스 사이의 네트워크 연결이 끊어지면 어떻게 해야 할까?

시스템에 문제가 발생했을 때는 문제를 해결해서 원래 상태로 되돌릴 수 있어야 한다. 또한 시스템이 정상으로 돌아온 이후에는 문제의 원인과 다음으로 해야 할 일도 알아야 한다.

5장에서는 이러한 작업에 관해 알아본다.

05

서비스 연동

4장의 후반부에서는 Runnerly 모놀리식 앱을 여러 개의 마이크로서비스로 분리했는데, 이러면서 각 서비스 사이의 네트워크 연동 필요성이 증가했다.

애플리케이션은 달리기 정보와 대회 목록을 데이터베이스에서 가져와 메인 웹 뷰에 보여준다. 이 목록은 즉시 보여주는 것이 좋으므로 동기 방식으로 호출한다. 반면에 Celery 워커는 백그라운드에서 작업을 처리하며, 레디스 브로커를 통해 비동기로 명령을 받는다.

동기와 비동기를 같이 사용하는 것이 유용할 때도 있다. 예를 들어 기존 훈련 계획 정보를 보여주는 동안 사용자가 새 훈련 계획을 선택하면 백그라운드에서 새로운 달리기 목록을 만들 수 있다.

한편으로 Runnerly의 향후 버전에서는 어떤 서비스의 이벤트가 다른 서비스들의 연쇄적인 반응을 유발하면서 서비스 간 연동이 더 빈번해질 수 있다. 따라서 비동기 메시지를 통해 시스템을 느슨하게 연결하는 것은 이러한 상호 의존성을 방지하는 데 매우 유용하다.

종합하면 서비스 간의 연동은 동기식, 비동기식 방법 모두 필요하다. 이러한 연동은 효과적으로 이뤄져야 하며, 문제가 생겼을 때를 대비한 계획 역시 필요하다.

네트워크 연동이 늘어나면서 비롯되는 또 다른 문제는 테스트다. 어떻게 격리된 환경의 마이크로서비스를 테스트할 수 있을까?

5장에서 다루는 내용은 다음과 같다.

- 다른 서비스를 동기식으로 호출하는 효과적인 방법
- 다른 서비스를 비동기식으로 호출하는 방법과 이벤트를 통해 다른 서비스와 커뮤니케이션하는 방법
- 네트워크 의존성이 있는 서비스를 테스트하는 방법

동기식 호출

마이크로서비스 사이의 동기식 연동은 JSON 형식의 RESTful API를 통해 처리할 수 있다고 앞의 장들에서 배웠다.

HTTP와 JSON은 표준처럼 굳어져 있으며, 가장 많이 사용되는 패턴이다. 따라서 JSON을 받는 HTTP API로 웹 서비스를 구현하면 어떤 프로그래밍 언어를 사용하는 개발자라도 이 API를 손쉽게 사용할 수 있다.

반면에 RESTful을 따르는 것은 필수가 아니며, 정확한 표준이 없다. 인터넷에는 POST와 PUT의 장점에 대해 논쟁하는 글들이 가득하다.

어떤 프로젝트는 REST API 대신 HTTP를 통한 **원격 프로시저 호출**RPC, Remote Procedure

Call을 사용하기도 한다. RPC에서는 엔드포인트 URL의 일부분인 액션에 중점을 둔다. REST에서는 리소스에 초점을 두며, 액션은 HTTP 메소드로 정의된다.

또 다른 프로젝트는 양쪽 모두가 혼합돼 있으며, 표준을 엄격하게 따르지 않는다. 이렇게 볼 때 서비스에서 가장 중요한 것은 동작의 일관성과 문서화의 수준이라고 볼 수 있다.

이 책은 RPC보다 REST를 기반으로 하되 엄격하게 따르지는 않는다. 또한 PUT과 POST 논쟁에 대해 어떤 의견도 드러내지 않는다.

JSON 데이터를 보내고 받는 것은 마이크로서비스가 다른 서비스와 연동하기 위한 가장 단순한 방법이다. 마이크로서비스는 호출할 엔드포인트와 HTTP 요청을 보낼 때 어떤 매개변수를 같이 전달해야 하는지만 알면 된다.

HTTP 요청을 보내기 위해서는 HTTP 클라이언트를 사용한다. 파이썬은 이러한 목적으로 기본 `http.client` 모듈을 제공하지만, `requests` 라이브러리(https://docs.python-requests.org)는 향상된 API와 기능을 기본으로 제공하기 때문에 더 쉽게 작업할 수 있다.

`requests` 라이브러리의 HTTP 요청은 세션 개념을 기반으로 만들어졌으며, 가장 사용하기 좋은 방법은 `Session` 객체를 만들고 다른 서비스와 연동 시에 이를 재사용하는 것이다.

`Session` 객체는 애플리케이션이 보내는 모든 요청에 공통적으로 설정해야 하는 인증 정보와 기본 헤더 값을 갖고 있다. 예를 들어 다음 예제에서 `Session` 객체는 `Content-Type` 헤더와 인증 정보를 자동으로 생성한다.

```
# Chapter05
# synchronouscalls.py
```

```
from requests import Session

s = Session()
s.headers['Content-Type'] = 'application/json'
s.auth = 'tarek', 'password'

# 호출이 일어날 때 헤더와 인증 정보가 모두 설정된다.
s.get('http://localhost:5000/api').json()
s.get('http://localhost:5000/api2').json()
```

다른 서비스와 연동하기 위해 이 패턴을 플라스크 앱에 어떻게 적용하는지 알아보자.

플라스크 app에서 세션 사용

플라스크 Application 객체의 extensions에는 애플리케이션의 특정 상태 등을 저장할 수 있다. 여기서는 Session 객체를 저장하는 용도로 사용한다. 다음 코드처럼 extensions를 먼저 등록한 다음 Session을 추가한다.

```
# Chapter05
# flask_session.py
from requests import Session

def setup_connector(app, name='default', **options):
    if not hasattr(app, 'extensions'):
        app.extensions = {}

    if 'connectors' not in app.extensions:
        app.extensions['connectors'] = {}
    session = Session()

    if 'auth' in options:
        session.auth = options['auth']
    headers = options.get('headers', {})
```

```
    if 'Content-Type' not in headers:
        headers['Content-Type'] = 'application/json'
    session.headers.update(headers)

    app.extensions['connectors'][name] = session
    return session

def get_connector(app, name='default'):
    return app.extensions['connectors'][name]
```

이 코드에서 setup_connector() 함수는 Session 객체를 생성해 앱의 extensions에 저장한다. 생성된 Session의 Content-Type 헤더 값은 application/json이 기본으로 지정되므로 JSON 기반의 마이크로서비스에 데이터를 보내는 데 쓸 수 있다.

이처럼 세션이 앱에 저장되면 뷰에서는 get_connector() 함수로 저장된 세션을 가져올 수 있다. 다음 예제에서 플라스크 애플리케이션은 5001 포트에서 요청을 기다린다. 그리고 요청이 들어오면 응답을 만들기 위해 5000 포트에서 실행되고 있는 또 다른 마이크로서비스를 동기식으로 호출한다.

```
# Chapter05
# flask_sync_call.py
from flask import Flask, jsonify
from flask_session import setup_connector, get_connector

app = Flask(__name__)
setup_connector(app)

@app.route('/api', methods=['GET', 'POST'])
def my_microservice():
    with get_connector(app) as conn:
        sub_result = conn.get('http://localhost:5000/api').json()
    return jsonify({'result': sub_result, 'Hello': 'World!'})
```

```
if __name__ == '__main__':
    app.run(port=5001)
```

셸에서의 호출 결과는 다음과 같다.[1]

```
$ curl localhost:5001/api
{
    "Hello": "World!",
    "result": {
        "Hello": "World!"
    }
}
```

flask_sync_call.py의 문제점은 모든 것이 기대한대로 동작할 것이라는 안이한 생각을 하고 있다는 것이다. 마이크로서비스 호출에 지연이 발생해서 응답 반환에 30초가 걸린다면 어떻게 될까?

기본적으로 요청은 응답이 준비될 때까지 행hang이 걸리므로 마이크로서비스를 호출할 때는 이런 상황을 피해야 한다. 이때는 timeout 옵션이 유용하다. 요청을 만들 때 timout 옵션을 사용하면 서버가 곧바로 응답하지 못하는 경우 ReadTimeout 예외가 발생한다. 다음 예제는 2초 이상 응답이 없으면 요청을 종료하고 비어있는 응답을 반환한다.

```
# Chapter05
# request_timeout.py
from flask import Flask, jsonify
from requests.exceptions import ReadTimeout
from flask_session import setup_connector, get_connector
```

1. 여기서는 셸이 3개 필요하다. 첫 번째 셸에서는 Chapter02의 flask_basic.py를 실행하고, 두 번째 셸에서는 flask_sync_call.py를 실행한 후 마지막 셸에서 curl 명령을 실행한다. – 옮긴이

```
app = Flask(__name__)
setup_connector(app)

@app.route('/api', methods=['GET', 'POST'])
def my_microservice():
    with get_connector(app) as conn:
        try:
            result = conn.get('http://localhost:5000/api',timeout=2.0).json()
        except ReadTimeout:
            result = {}

    return jsonify({'result': result, 'Hello': 'World!'})

if __name__ == '__main__':
    app.run(port=5001)
```

타임아웃이 발생했을 때의 처리는 서비스 성격에 따라 달라진다. 예제 코드에서는 비어있는 결과를 돌려주지만, 특정 에러를 발생시켜야 하는 경우도 있을 것이다. 어떤 경우 서비스 간의 연동을 매끄럽게 처리하려면 타임아웃 처리는 필수다.

연결이 끊기거나 서버에 접속할 수 없다면 또 다른 에러가 발생한다. 이 경우는 요청이 여러 번 시도된 뒤에 ConnectionError가 발생한다. 다음 코드는 ConnectionError가 발생했을 때 request_timeout.py와 동일하게 비어있는 응답을 돌려준다.

```
# Chapter05
# connection_error.py
from flask import Flask, jsonify
from requests.exceptions import ConnectionError
from flask_session import setup_connector, get_connector

app = Flask(__name__)
setup_connector(app)

@app.route('/api', methods=['GET', 'POST'])
```

```
def my_microservice():
    with get_connector(app) as conn:
        try:
            result = conn.get('http://localhost:5000/api',timeout=2.0).json()
        except ConnectionError:
            result = {}

    return jsonify({'result': result, 'Hello': 'World!'})

if __name__ == '__main__':
    app.run(port=5001)
```

이처럼 항상 타임아웃 옵션을 사용하는 것은 좋은 습관이다.

한편 이 방법을 좀 더 개선해서 요청을 만들 때마다 매번 옵션을 설정할 필요 없이 세션 레벨에 기본 값을 설정해 두는 것도 생각할 수 있다.

이를 위해서는 requests 라이브러리의 전송 어댑터[Transport Adapter] 기능을 사용한다. 이 기능을 사용하면 세션이 호출하는 특정 호스트에 대한 동작을 정의할 수 있는데, 타임아웃을 설정하거나 서비스가 응답하지 않을 때의 재시도 횟수를 retries 옵션으로 지정할 수 있다.

앞에서 다뤘던 setup_connector() 함수를 개선해보자. 이번에는 어댑터에 timeout과 retries 옵션을 추가해 모든 요청에 기본 값으로 사용될 수 있게 한다.

```
# Chapter05
# http_adapter.py
from requests.adapters import HTTPAdapter
from requests import Session

class HTTPTimeoutAdapter(HTTPAdapter):
    def __init__(self, *args, **kw):
        self.timeout = kw.pop('timeout', 30.)
```

```
        print('self.timeout = ', self.timeout)

        super().__init__(*args, **kw)

    def send(self, request, **kw):
        timeout = kw.get('timeout')
        if timeout is None:
            kw['timeout'] = self.timeout
        return super().send(request, **kw)

def setup_connector(app, name='default', **options):
    if not hasattr(app, 'extensions'):
        app.extensions = {}

    if 'connectors' not in app.extensions:
        app.extensions['connectors'] = {}
    session = Session()

    if 'auth' in options:
        session.auth = options['auth']

    headers = options.get('headers', {})

    if 'Content-Type' not in headers:
        headers['Content-Type'] = 'application/json'
    session.headers.update(headers)

    retries = options.get('retries', 3)

    #timeout은 아래 두 가지 중 하나의 방법으로 설정한다.
    #1) 하나의 float 값으로 connect/read timeout을 동일하게 설정
    #2) 하나의 float 튜플로 connect/read timeout을 다르게 설정
    timeout = options.get('timeout', (5.0, 3.0)) #2) 방법 사용

    adapter = HTTPTimeoutAdapter(max_retries=retries, timeout=timeout)
    session.mount('http://', adapter)
    app.extensions['connectors'][name] = session
```

```
    return session

def get_connector(app, name='default'):
    return app.extensions['connectors'][name]
```

session.mount(host, adapter) 함수는 이제부터 모든 HTTP 서비스를 호출할 때 requests 라이브러리가 HTTPTimeoutAdapter를 사용하게 한다. host 인수로 사용된 http:// 값은 모든 HTTP 호출을 뜻한다.

mount() 함수의 뛰어난 점은 애플리케이션 로직에 따라 각 서비스별로 세션의 동작을 조정할 수 있다는 것이다. 예를 들어 특정 서비스에 대해서는 재시도 횟수와 타임아웃 값을 다르게 설정하고 싶다면 어댑터 인스턴스를 새로 만들어 연결할 수 있다.

```
adapter2 = HTTPTimeoutAdapter(max_retries=1, timeout=1.)
session.mount('http://myspecial.service', adapter2)
```

이러한 기능 덕분에 하나의 요청 Session 객체를 애플리케이션에 저장해 두고 여러 개의 HTTP 서비스와 연동하는 데 사용할 수 있다.

커넥션 풀링

requests 라이브러리는 내부적으로 urllib3를 사용한다. urllib3는 호출하는 각 호스트당 하나의 커넥션 풀pool을 생성하고 해당 호스트를 다시 호출할 때 재사용한다. 따라서 여러분의 서비스가 다른 서비스를 여러 개 호출하더라도 커넥션의 재사용에 대해 걱정할 필요는 없다. requests 라이브러리가 알아서 처리해준다.

하지만 플라스크는 동기 프레임워크이므로 싱글 스레드로 실행한다면 requests 라이브러리의 커넥션 풀링이 그리 도움 되지 않는다. 하나의 요청이 완전히 처리된 이후에만 그 다음 요청이 처리되기 때문이다. 이런 상황에서 requests는 원격 호스트당 오직 하나의 연결만 유지한다.

그렇다면 멀티스레드 환경에서는 어떨까? 여러 개의 스레드에서 플라스크 애플리케이션이 실행되고 동시에 많은 커넥션이 맺어진다면 커넥션 풀링은 다른 서비스에 대한 커넥션 수를 제어하는 데 중요한 역할을 한다. 다른 서비스에 대한 커넥션 수를 무한정으로 늘려서 재앙을 불러오고 싶지는 않을 것이다.

조금 전에 만들었던 HttpTimeoutAdapter 클래스를 커넥션 풀을 조정하는 데 사용할 수 있다. 이 클래스는 HTTPAdapter 클래스를 상속하는데, HTTPAdapter 생성자에서 urllib3 커넥션 풀 옵션을 조정할 수 있다.

HTTPAdapter 생성자에는 다음과 같은 옵션을 설정할 수 있다.

- **pool_connections**: 커넥션 풀의 수로, 기본 값은 DEFAULT_POOLSIZE(10)이다.
- **pool_maxsize**: 커넥션 풀에 저장되는 최댓값으로, 기본 값은 DEFAULT_POOLSIZE(10)이다.
- **max_retries**: 각 커넥션의 최대 재시도 횟수다.
- **pool_block**: 커넥션 풀이 pool_maxsize에 도달 했을 때 동작 방식을 결정한다. true로 설정하면 커넥션 풀이 가득 찼을 때 더 이상 연결을 생성하지 않고 대기한다. false로 설정하면 커넥션 풀이 가득 찼더라도 새로운 연결을 생성한다. 이 옵션은 호스트에 대한 커넥션 수를 최대화하는 데 유용하다.

예를 들어 다음 코드에서 애플리케이션이 멀티스레드로 동작한다면 25개의 동시 커넥션을 처리할 수 있다.

```
adapter = HTTPTimeoutAdapter(max_retries=retries,
                             timeout=timeout, pool_connections=25)
```

스레드를 여러 개 사용하는 것은 서비스 성능을 향상시키는 좋은 방법이지만, 그만큼 위험 요소 또한 존재한다. 플라스크의 스레드 로컬 메커니즘은 각 스레드가 자신만의 고유한 flask.g, flask.request, flask.response를 소유하도록 보장한다. 따라서 스레드에 안전하게 하기 위해 특별한 작업이 필요 없다. 그렇지만 뷰는 여러 스레드가 동시에 액세스하기 때문에 특별한 관리가 필요하다.

flask.g 외부에서 어떤 상태도 공유하지 않는다면 크게 문제될 것이 없다. 모든 것이 정상적으로 동작할 것이다. 다만 session은 스레드에 안전하지 않으므로 각 스레드당 하나의 세션만 사용해야 한다.

flask.g 외부에서 어떤 상태를 공유하고 변경하면서도 적절한 잠금Lock을 사용하지 않는다면 난관에 부딪칠 것이다. 뷰가 너무 복잡해서 스레드에 안전한지 확인이 힘들다면 스레드는 하나, 프로세스는 여러 개로 생성하는 방법이 좋다. 이 경우 각 프로세스는 외부 서비스와 단일 커넥션이 설정된 session을 실행해서 요청을 직렬화serialize 한다.

이 직렬화는 동기식 프레임워크가 갖고 있는 제한 요소로, 많은 프로세스를 생성해야 하기 때문에 메모리를 많이 소비한다. Gevent 같은 암시적인 비동기 도구를 사용하는 것 역시 메모리 소비가 높다.

다른 서비스에 대한 호출 속도를 높일 수 있는 한 가지 방법은 HTTP 캐시 헤더를 사용하는 것이다.

HTTP 캐시 헤더

HTTP 프로토콜은 클라이언트의 요청 페이지가 마지막 방문 이후에 변하지 않았다는 걸 알려주기 위한 몇 개의 캐시 메커니즘을 갖고 있다. 캐싱은 GET이나 HEAD처럼 모든 읽기 전용 엔드포인트를 호출할 때 적용할 수 있다.

캐싱을 구현하는 가장 단순한 방법은 응답에 ETag 헤더를 보내주는 것이다. ETag 값은 클라이언트가 요청한 리소스의 버전 정보라고 볼 수 있다. 타임스탬프, 증분 버전incremental version, 해시 값 등이 될 수 있으며, 어떤 값을 사용할 것인지는 서버에서

정하기 나름이지만 중복되지 않는 고유한 값이어야 한다.

클라이언트에서 ETag를 사용하는 흐름은 다음과 같다. 먼저 클라이언트가 응답을 받으면 캐시로 사용할 로컬 딕셔너리를 만든다. 이 딕셔너리에 키는 url, 값은 응답 본문과 Etag 값을 저장한다. 서버에 새 요청을 보낼 때는 딕셔너리에 저장된 ETag 값을 가져와 If-Modified-Since 헤더에 포함시킨다. 서버에서 받은 응답 코드가 304라면 가장 최근에 받아온 내용에서 변한 것이 없다는 뜻이므로 로컬 캐시에 저장해 둔 응답 본문을 가져와 재사용한다.

이 방식은 요청한 콘텐츠가 변경되지 않았다면 서버가 응답 본문을 채우지 않고 304 상태 코드만 즉시 반환하므로 서버의 응답 시간을 크게 줄일 수 있다. 또한 응답 본문이 비어 있으므로 네트워크 사용량 역시 줄어든다.

requests 라이브러리의 session과 함께 사용할 수 있는 CacheControl 프로젝트는 이러한 동작을 상당히 투명하게 구현한다. 앞의 예제에서 HTTpTimeoutAdapter 클래스는 request.adapters.HttpAdapter를 상속 받는데, 그 대신 cachecontrol.CacheControlAdapter를 상속받게 하는 것만으로 캐시를 활성화할 수 있다. 물론 호출하는 서비스에서도 ETag를 사용한 캐싱 처리를 지원해야 한다.

캐시 로직은 서비스가 다루는 데이터의 본질에 기반을 두므로, 모든 데이터를 다룰 수 있는 공통적인 캐시 방법을 구현하기는 어렵다.

가장 현실적인 방법은 모든 리소스에 버전을 매겨 데이터가 변경될 때마다 해당 버전을 변경하는 것이다. 다음 예제에서는 현재 서버 시간으로 ETag 값을 생성해서 user 캐시에 사용한다. ETag 값은 밀리초로 표시하는 epoch 시간이며, user의 modified 필드에 저장된다.

```
# Chapter05
# etag.py
import time
```

```
from flask import Flask, jsonify, request, Response, abort

app = Flask(__name__)

def _time2etag(stamp=None):
    if stamp is None:
        stamp = time.time()
    return str(int(stamp * 1000))

_USERS = {'1': {'name': 'Tarek', 'modified': _time2etag()}}

@app.route('/api/user/<user_id>', methods=['POST'])
def change_user(user_id):
    print(request)

    user = request.json
    # 새 타임스탬프 설정
    user['modified'] = _time2etag()
    _USERS[user_id] = user
    resp = jsonify(user)
    resp.set_etag(user['modified'])
    return resp

@app.route('/api/user/<user_id>')
def get_user(user_id):
    if user_id not in _USERS:
        return abort(404)
    user = _USERS[user_id]

    # if_none_match와 modified 값이 동일하면 304 반환
    if user['modified'] in request.if_none_match:
        return Response(status=304)

    resp = jsonify(user)


    # ETag 설정
    resp.set_etag(user['modified'])
```

```
    return resp

if __name__ == '__main__':
    app.run()
```

get_user() 함수는 _USERS에서 정보를 읽어 반환하고, response.set_etag로 ETag 값을 설정한다. 뷰가 호출되면 If-None-Match 헤더에 설정된 값이 modified 값과 동일한지 검사해서 동일하다면 304 응답을 반환한다.

change_user() 함수는 클라이언트가 보낸 POST 요청으로 user 정보를 수정할 때 사용한다. 다음은 etag.py를 실행하고 클라이언트에서 요청을 보냈을 때의 결과다. 먼저 1번 user 정보를 얻은 후 POST 요청을 보내 1번 user의 나이 정보를 추가한다. 다시 1번 user 정보를 요청해서 나이 정보가 추가됐는지 확인한다. 마지막 요청을 보낼 때는 If-None-Match 헤더에 modified 값을 설정해서 보낸다. 서버의 modified 값과 동일한 값을 설정했으므로 서버의 응답 코드는 304 NOT MODIFIED다.

```
$ curl http://127.0.0.1:5000/api/user/1
{
   "modified": "1517277171671",
   "name": "Tarek"
}

$ curl -H "Content-Type: application/json" -X POST -d "{\"name\":\"Tarek\",
\"age\":40}" http://127.0.0.1:5000/api/user/1
{
   "age": 40,
   "modified": "1517277439296",
   "name": "Tarek"
}

$ curl http://127.0.0.1:5000/api/user/1
{
```

```
    "age": 40,
    "modified": "1517277439296",
    "name": "Tarek"
}

$ curl -v -H "If-None-Match: 1517277439296" http://127.0.0.1:5000/api/user/1
*   Trying 127.0.0.1...
...
< HTTP/1.0 304 NOT MODIFIED
...
```

이 코드는 ETag 사용 방법을 보여주기 위한 예제로, ETag 값으로 사용되는 서버 시간에 의존한다. 실제 업무에서 사용하려면 시간을 임의로 바꿀 수 없게 해야 하며, 여러 개의 서버에서 실행한다면 ntpdate 같은 서비스를 사용해서 서버 시간을 동기화해야 한다.

한편 두 개의 요청이 어떤 항목을 동시에 바꾸려고 하면 경쟁 조건race condition의 문제가 발생하며, 때에 따라서는 애플리케이션에 큰 문제가 될 수 있다. 해결 방법은 데이터베이스를 통해 항목을 수정하고 이러한 변경이 트랜잭션 내에서 진행되도록 하는 것이다.

다소 번거로울 수 있는 이러한 필요 작업 때문에 일부 개발자는 Etag 값에 해시 함수를 사용하는 경우도 있다. 이렇게 하면 서버가 분산돼 있어도 계산하기 쉽고 타임스탬프 문제도 발생하지 않는다. 하지만 해시 계산은 CPU 사용을 증가시키며 해시 값 계산을 위해 전체 항목을 읽어야 하므로 속도 역시 느려질 수 있다. 이런 경우는 데이터베이스에 해시 값을 저장하는 별도 테이블을 둬서 해결이 가능하다.

앞서 말했듯이 효과적인 HTTP 캐시 로직을 구현하기 위한 공통된 해법은 없다. 하지만 서버에서 많은 읽기 작업을 처리한다면 캐싱은 충분히 구현 가치가 있는 작업이다.

한편 캐싱을 아무리 멋지게 구현했더라도, 내용 자체가 자주 업데이트된다면 어쩔 수 없이 새로운 데이터를 매번 보내줘야 할 것이다. 다음 절에서는 데이터 전송 효율을 높일 수 있는 몇 가지 방법을 알아본다.

데이터 전송 효율 높이기

JSON 형식은 꽤 장황한verbose 편이다. 데이터를 JSON으로 표현할 때는 이런 특징이 유용할 수 있다. 모든 내용은 명확한 텍스트이며, 파이썬 딕셔너리나 리스트를 통해 읽기도 편하다.

하지만 HTTP 요청과 응답으로 JSON 형식을 사용할 때는 얘기가 달라진다. 네트워크 사용량은 더 늘어나며, 파이썬 객체를 JSON으로 직렬화/역직렬화하는 것 역시 CPU 부담을 가중시킨다.

이러한 문제를 피하기 위해 데이터 전송 시에는 압축을 사용하거나 바이너리 형식으로 변환해서 보내는 방법을 사용한다. 이렇게 하면 데이터 크기를 줄여서 처리 시간을 향상시킬 수 있다.

GZIP 압축

대역폭을 줄이는 가장 단순한 방법은 GZIP 압축을 사용하는 것이다. 이렇게 하면 네트워크를 통해 전송되는 모든 정보가 더 작아진다. 아파치나 nginx는 응답을 즉시 압축하는 기능을 기본으로 지원하므로, 파이썬 코드에서 별도의 압축 처리를 구현할 필요가 없다.

다음과 같은 nginx 설정은 플라스크 애플리케이션이 5000번 포트에서 생성하는 `application/json` 형식의 모든 응답에 대해 GZIP 압축을 적용한다.

```
http {
    gzip on;
```

```
gzip_types application/json;
gzip_proxied any;
gzip_vary on;

server {
    listen 80;
    server_name localhost;
    location / {
        proxy_pass http://localhost:5000;
    }
}
```

localhost:8080은 localhost:5000의 애플리케이션을 프록시한다. 클라이언트에서 Accept-Encoding: gzip 헤더를 사용해서 localhost:8080으로 HTTP 요청을 보내면 압축을 시작한다.

```
$ curl http://localhost:8080/api -H "Accept-Encoding: gzip"
<바이너리 출력>
```

파이썬에서 requests 라이브러리의 response는 gzip으로 인코딩된 압축을 자동으로 해제한다. 압축 해제는 약간의 추가 작업이 들어가지만, 파이썬의 gzip 모듈은 매우 빠르고 효과적인 zlib를 사용하므로 부담을 최소화한다.

```
>>> import requests
>>> requests.get('http://localhost:8080/api',
headers={'Accept-Encoding':'gzip'}).json()
{'Hello': 'World!'}
>>>
```

서버에 보내는 데이터를 압축하려면 gzip 모듈을 사용해서 데이터를 압축하고 Content-Encoding 헤더를 지정한다.

```
>>> import gzip, json, requests
>>> data = {'Hello': 'World!', 'result': 'OK'}
>>> data = bytes(json.dumps(data), 'utf8')
>>> data = gzip.compress(data)
>>> headers = {'Content-Encoding': 'gzip'}
>>> requests.post('http://localhost:8080/api',
...     headers=headers,
...     data=data)
<Response [200]>
```

이처럼 클라이언트에서 내용을 압축해서 보내면 nginx에서 루아[Lua]를 사용해 압축 해제를 구현하지 않는 이상, 파이썬 코드에서 직접 압축을 풀어야 한다. 반면에 아파치는 mode_deflate 모듈과 SetInputFilter 옵션을 사용해서 풀 수 있다.

정리하면 모든 서비스 응답에 GZIP 압축을 적용하는 건 nginx나 아파치에서는 손쉬운 작업이며, 클라이언트 역시 올바른 헤더를 설정하는 것만으로 이득을 얻을 수 있다. 반면에 요청에 GZIP 압축을 적용하는 건 약간 까다롭다. 아파치를 사용하지 않는다면 압축 해제 기능을 파이썬 코드나 다른 어딘가에 구현해야 하기 때문이다.

HTTP 요청과 응답의 데이터 크기를 더 줄이고 싶다면 바이너리 데이터로 변환하는 방법이 있다. 이렇게 하면 데이터를 압축 해제할 필요가 없으며, 속도도 향상된다.

바이너리 데이터

마이크로서비스에서 많은 데이터를 처리해야 한다면 바이너리 데이터를 사용해서 네트워크 대역폭을 줄이고 성능도 향상시킬 수 있다.

주로 사용되는 2개의 바이너리 형식은 프로토콜 버퍼[protobuf]와 MessagePack이다.

Protobuf는 교환할 데이터를 스키마에 기술해 바이너리 데이터를 색인한다. 새로운 도메인 특화 언어[Domain Specific Language]를 배워야 하고 스키마도 만들어야 하므로 작업량이 늘어난다.

다음 예제는 Protobuf 문서에서 가져왔다.

```
package tutorial;

message Person {
    required string name = 1;
    required int32 id = 2;
    optional string email = 3;

    enum PhoneType {
        MOBILE = 0;
        HOME = 1;
        WORK = 2;
    }

    message PhoneNumber {
        required string number = 1;
        optional PhoneType type = 2 [default = HOME];
    }

    repeated PhoneNumber phones = 4;
}

message AddressBook {
    repeated Person people = 1;
}
```

굳이 언급하지 않더라도 이 코드는 파이썬과 거리가 있어 보이며, 차라리 데이터베이스 스키마와 더 유사하다. 전송할 데이터를 이와 같이 기술하는 건 좋은 습관이지만, 마이크로서비스가 Swagger 정의를 사용하고 있다면 다소 중복이 될 수 있다.

MessagePack은 스키마가 없으며, 단순히 함수를 호출해서 압축 및 해제를 할 수 있다. MessagePack은 대부분의 언어로 구현돼 있으며, 파이썬 라이브러리인 msgpack은

JSON과 동일 수준의 편의성을 제공한다. pip install msgpack-python 명령으로 설치할 수 있다.

```
>>> import msgpack
>>> data = {"this": "is", "some": "data", 1:2}
>>> msgpack.dumps(data)
b'\x83\xa4this\xa2is\xa4some\xa4data\x01\x02'
>>> msgpack.loads(msgpack.dumps(data))
{b'this': b'is', b'some': b'data', 1: 2}
```

데이터가 직렬화되면 문자열은 바이너리로 변환되고 기본 직렬화자(default serializer)를 통해 다시 역직렬화된다. 이는 원래 타입을 유지할 필요가 있을 때 고려할 사항이다.

MessagePack은 Protobuf와 비교하면 확실히 사용하기 편하다. 하지만 둘 중 어느 것이 더 빠르고 최고의 압축률을 제공하는지는 단순하게 비교할 수 없으며, 사용하는 데이터의 성격에 따라 다를 수 있다. 드물지만 JSON이 바이너리 형식보다 더 빠른 경우도 있다.

압축 효율로 보면 MessagePack을 사용했을 때 10%에서 20% 정도의 압축 효과를 기대할 수 있다. 그러나 보통의 마이크로서비스처럼 JSON에 많은 문자열이 들어있으면 GZIP을 사용하는 것이 훨씬 효과적이다. 다음 예제에서는 많은 문자열을 포함하는 87K의 JSON 데이터를 MessagePack과 gzip을 차례로 사용해서 압축하고 그 결과를 비교한다.

```
>>> import json, msgpack, gzip
>>> with open('data.json') as f:
... data = f.read()
...
>>> python_data = json.loads(data)
```

```
>>> len(json.dumps(python_data))
88983
>>> len(msgpack.dumps(python_data))
60874
>>> len(gzip.compress(bytes(json.dumps(data), 'utf8')))
5925
>>> len(gzip.compress(msgpack.dumps(data)))
5892
```

MessagePack을 사용하면 데이터 크기가 많이 줄어들지만, GZIP을 사용했을 때는 MessagePack과 JSON에 비해 약 15배나 더 크기가 줄어든다.

사용하는 형식이 무엇이든지 간에 데이터 크기를 줄이는 가장 좋은 방법은 GZIP을 사용하는 것이다. 웹 서버가 압축 해제를 처리하기 힘들다면 파이썬에서 단순히 `gzip.uncompress()`를 사용하면 된다.

MessagePack과 JSON을 비교하면 바이너리 형식이 보통 더 빠르며, 파이썬 친화적이다. 예를 들어 정수[integer] 값을 파이썬 딕셔너리의 키로 사용하면 JSON은 문자열로 변환해 버리지만, MessagePack은 정확히 정수로 처리한다.

```
>>> import msgpack, json
>>> json.loads(json.dumps({1:2}))
{'1': 2}
>>> msgpack.loads(msgpack.dumps({1:2}))
{1: 2}
```

또한 날짜 표시 문제도 고려해야 하는데, `DateTime` 객체는 JSON이나 MessagePack에 곧바로 직렬화할 수 없기 때문에 별도 변환 처리가 필요하다.

몇 가지 단점에도 불구하고 JSON은 여전히 마이크로서비스 세계에서 가장 인정받는 표준이다. 보편적으로 채택된 표준을 사용하려면 이와 같은 문자열 키 변환, `DateTime`

직렬화 등에 주의해야 하는 작은 불편 정도는 감내해야 한다.

모든 서비스가 잘 정의된 구조의 파이썬으로 만들어져 있지 않다면 직렬화 단계의 속도를 가능한 한 높이기 위해 JSON을 사용하는 것이 더 간단하다.

요약

이번 절에서 동기식 호출에 관해 배운 내용을 정리해보면 다음과 같다.

- 다른 서비스를 호출하기 위한 HTTP 클라이언트로 requests 라이브러리를 사용할 수 있다. 이 라이브러리는 타임아웃, 에러 처리를 위한 기능과 커넥션 풀 등을 제공한다.
- 다른 서비스를 호출할 때 멀티스레드를 사용하면 마이크로서비스의 성능을 향상시킬 수 있지만, 플라스크가 동기식 프레임워크이므로 위험 요소 또한 존재한다. Gevent 같은 솔루션을 사용하는 방법도 있다.
- HTTP 캐시 헤더를 구현하면 동일한 데이터 요청 시 속도가 향상된다.
- GZIP 압축은 요청과 응답 크기를 줄이는 효과적인 방법이며, 사용법도 단순하다.
- 바이너리 데이터는 JSON에 비해 매력적인 대안이지만, 때에 따라서는 이득을 얻지 못할 수도 있다.

다음 절에서는 비동기 호출에 대해 알아본다. 마이크로서비스로 할 수 있는 것에는 요청/응답 패턴만 있는 것이 아니다.

비동기 호출

마이크로서비스 아키텍처에서 비동기 호출은 하나의 애플리케이션 안에서 처리했던 작업들이 여러 개의 마이크로서비스로 분리되면서 중심 역할을 담당한다.

비동기 호출은 마이크로서비스 앱 안의 분리된 스레드나 프로세스처럼 단순할 수 있다. 즉, 동시에 일어나는 HTTP 요청/응답 왕복을 간섭하지 않고 작업을 처리한다.

하지만 동일한 파이썬 프로세스에서 직접 모든 것을 처리하는 건 좋지 못하다. 프로세스가 크래시되거나 재시작하면 어떻게 해야 할까? 이렇게 구축된 백그라운드 작업은 어떻게 확장할 수 있을까?

이 방식보다는 다른 프로그램에 메시지를 보내서 처리하게 하는 것이 훨씬 더 안정적이며, 이를 통해 마이크로서비스가 본연의 목적, 즉 클라이언트에 응답을 보내는 것에 집중하게 할 수 있다.

4장에서는 레디스나 RabbitMQ 같은 메시지 브로커에서 작업을 가져오는 마이크로서비스를 구축하기 위해 Celery를 어떻게 사용하는지 살펴봤다. 이때 Celery 워커는 새로운 메시지가 레디스 큐에 추가될 때까지 블록된다.

그렇지만 워커가 큐에서 블록되지 않으면서 서비스 사이에 메시지를 교환하는 다른 방법이 있다.

태스크 큐

Celery 워커에서 사용되는 패턴은 push-pull 태스크 큐다. 어떤 서비스가 특정 큐에 메시지를 넣으면[push], 다른 워커가 메시지를 꺼내서[pull] 필요한 작업을 처리한다. 각 태스크는 단일 워커에 전달된다. 다음 다이어그램을 살펴보자.

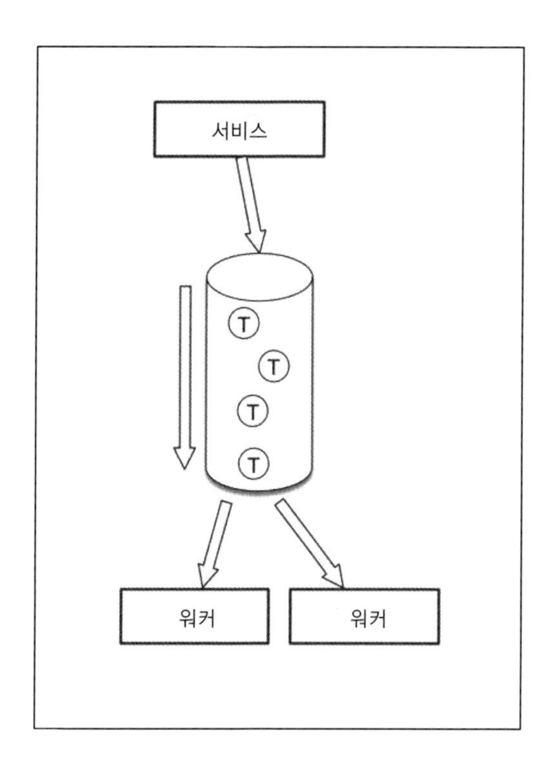

이 흐름은 양방향 커뮤니케이션이 아니다. 보내는 쪽에서는 큐에 메시지를 넣기만 한다. 그러면 사용 가능한 워커가 메시지를 꺼낸다. 이와 같은 단방향 메시지 전달은 비동기 병렬 작업을 처리하기 좋고 확장도 쉽다.

한편 RabbitMQ 같은 메시지 브로커는 메시지 영속성persistence을 제공한다. 따라서 메시지가 브로커에 추가된 이후에는 모든 워커가 오프라인이더라도 큐에 있는 메시지를 잃지 않는다.

토픽 큐

토픽Topic 큐는 태스크 큐의 변형이다. 여기서는 큐에 추가된 메시지를 무조건 가져오는 것이 아니라 관심 있는 특정 토픽만 구독subscribe해서 가져온다. 토픽은 메시지에 부착되는 이름표label로 볼 수 있으며, 워커가 관심 있는 메시지를 가져오기 위한 필터링 용도로 사용한다. 따라서 여러 개의 워커를 동일한 메시지 브로커에 등록해두고 각 워커가 특정 토픽 메시지만 전담하게 할 수 있다.

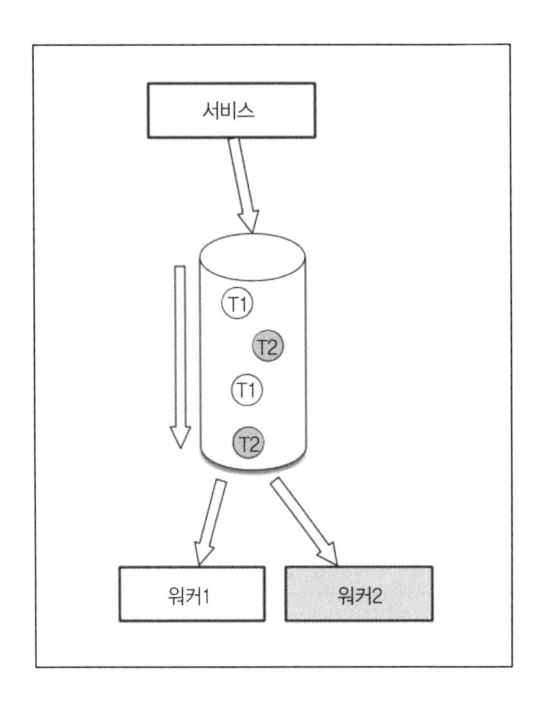

Celery가 작업 큐를 만들 수 있는 훌륭한 도구이긴 하지만 복잡한 메시지를 처리해야 한다면 다른 도구를 사용하는 것이 좋다. RabbitMQ는 이런 경우에 사용하기 좋으며, Celery를 비롯한 다른 라이브러리와도 연동된다.

RabbitMQ 브로커의 설치는 http://www.rabbitmq.com/download.html을 참고하자. RabbitMQ 브로커는 TCP 서버의 일종으로 내부에 큐를 관리하며, RPC 호출을 통해 게시자에서 구독자로 메시지를 가져온다. Celery를 같이 사용할 수 있다는 건 RabbitMQ가 제공하는 많은 기능 중 하나에 지나지 않는다.

RabbitMQ는 AMQP^Advanced Message Queuing Protocol^를 구현했는데, 이 프로토콜은 http://www.amqp.org에 설명돼 있으며, 업계의 메이저 회사들이 오랫동안 개발해 온 표준 프로토콜이다.

AMQP는 queue, exchange, binding이라는 세 개의 개념으로 구성된다.

- queue는 메시지를 보관하고 소비자가 메시지를 선택하기를 기다린다.
- exchange는 게시자가 새 메시지를 추가하기 위한 진입점이다.
- binding은 메시지가 exchange에서 queue로 라우팅되는 방법을 정의한다.

토픽 큐를 만들기 위해 exchange를 하나 만든다. 그래서 RabbitMQ가 새로운 메시지를 받고 워커가 queue에서 메시지를 가져갈 수 있게 한다. 또한 토픽에 따라 각각의 queue로 메시지가 라우팅되게 binding을 사용한다.

여기서는 2개의 워커를 만드는데, 하나는 대회race와 관련된 메시지를 받고, 다른 하나는 훈련 계획training plan 메시지를 받는다.

대회와 관련된 모든 메시지는 `race.id` 형식의 이름표가 붙는다. `race`는 고정된 접두사고 '`id`' 부분에는 각 대회마다 고유한 번호가 부여된다. 마찬가지로 훈련 계획 메시지는 `training.id` 형식이다.

앞에서 설명한 내용을 `rabbitmqadmin` 커맨드라인 도구로 따라 해보자. `rabbitmqadmin` 커맨드라인 도구는 RabbitMQ 설치 시에 함께 설치된다.

```
$ rabbitmqadmin declare exchange name=incoming type=topic
exchange declared

$ rabbitmqadmin declare queue name=race
queue declared

$ rabbitmqadmin declare queue name=training
queue declared

$ rabbitmqadmin declare binding source="incoming" destination_type="queue"
destination="race" routing_key="race.*"
binding declared
```

```
$ rabbitmqadmin declare binding source="incoming" destination_type="queue"
destination="training" routing_key="training.*"
binding declared
```

이와 같이 설정하면 모든 메시지는 RabbitMQ로 보내지며, 토픽이 race. 접두사로 시작하면 race 큐로 들어가고, training. 접두사로 시작하면 training 큐로 들어간다.

파이썬 코드에서 RabbitMQ를 연동하기 위해 파이썬 RPC 클라이언트인 Pika를 사용한다.

Pika로 할 수 있는 모든 것은 rabbitmqadmin에서도 할 수 있다. 시스템 상태 확인이나 메시지를 보내고 받을 수 있으며, 큐에 들어있는 메시지도 확인할 수 있다.

다음 코드는 조금 전 rabbitmqadmin으로 만든 'incoming' exchange에 메시지를 게시[publish]하는 방법을 보여준다. 모두 2개의 메시지를 게시하는데, 하나는 race.34, 다른 하나는 training.12다.

```
# Chapter05
# rabbitmq.py
from pika import BlockingConnection, BasicProperties

def message(topic, message):
    connection = BlockingConnection()
    try:
        channel = connection.channel()
        props = BasicProperties(content_type='text/plain', delivery_mode=1)
        channel.basic_publish('incoming', topic, message, props)
    finally:
        connection.close()

# race.34 메시지 전송
```

```
message('race.34', '새로운 대회(race) 정보!')

# training.12 메시지 전송
message('training.12', "새로운 훈련 계획(training plan) 정보!")
```

이 RPC 호출은 race와 training 큐에 메시지를 하나씩 추가한다. 새 메시지가 추가되면 race 워커가 다음 코드를 통해 추가된 메시지를 가져온다.

```
# Chapter05
# rpccall.py
import pika
from pika import BlockingConnection, BasicProperties

def on_message(channel, method_frame, header_frame, body):
    race_id = method_frame.routing_key.split('.')[-1]
    print('---새 메시지---')
    print('race id : ', race_id)
    print('body : ', body.decode('utf-8'))

    channel.basic_ack(delivery_tag=method_frame.delivery_tag)

print("race 메시지 수신 대기 중...\n")

connection = pika.BlockingConnection()
channel = connection.channel()
channel.basic_consume(on_message, queue='race')
try:
    channel.start_consuming()
except KeyboardInterrupt:
    channel.stop_consuming()

connection.close()
```

on_message 함수는 RabbitMQ에 ACK를 보내 메시지를 받았다는 걸 알린다. RabbitMQ가 이 ACK를 수신하면 큐에서 메시지를 안전하게 제거한다.

출력 결과는 다음과 같다.

```
$ python rpccall.py
race 메시지 수신 대기 중...

---새 메시지---
race id :  34
body :  새로운 대회(race) 정보!
```

AMQP는 메시지 처리에 관한 많은 예제를 제공한다. http://www.rabbitmq.com/getstarted.html에서 파이썬과 Pika를 사용한 튜토리얼을 읽어 볼 수 있다.

이 예제를 마이크로서비스에 응용하려고 할 때 게시자publisher에 해당하는 부분은 별 어려움 없이 적용할 수 있을 것이다. 플라스크 애플리케이션에서 `pika.BlockingConnection`을 사용해 RabbitMQ에 동기식 연결을 맺은 다음 메시지를 보내면 된다. 또한 `pika-pool` 같은 프로젝트는 간단한 커넥션 풀을 제공하므로, RPC를 통해 무언가를 보낼 때마다 연결을 맺고 끊을 필요 없이 RabbitMQ를 연동할 수 있다.

게시자에 비하면 구독자consumer는 마이크로서비스에 적용하기가 좀 더 까다롭다. pika는 플라스크 애플리케이션과 동일한 프로세스에서 실행되는 이벤트 루프에 내장될embedded 수 있으며, 메시지가 수신되면 함수를 실행한다. 이 동작은 비동기 프레임워크에서는 문제될 것이 없다. 하지만 플라스크는 동기식 프레임워크이므로, 플라스크에 새로운 요청이 들어오면 응답을 완료할 때까지 이벤트 루프는 블록되고 메시지 처리는 지연된다. 따라서 분리된 스레드나 프로세스에서 pika를 사용해야 한다.

pika를 사용해서 RabbitMQ를 연동할 때 가장 신뢰할 수 있는 방법은 독립형standalone 파이썬 애플리케이션을 만드는 것이다. 이 독립형 애플리케이션은 플라스크 마이크로서비스를 대신해 큐에서 메시지를 가져온 다음, HTTP `POST`로 플라스크 애플리케이션에 전달한다. 이렇게 하면 새로운 애플리케이션 개발이 추가되지만, 메시지가 성공적으로 수신됐음을 알리는 기능을 비롯해 앞에서 배웠던 `requests` 라이브러리 활용법도 적용해서 신뢰할 수 있는 중간 계층을 둘 수 있다.

```
# Chapter05
# standalone_pika.py
import pika
import requests
from requests.exceptions import ReadTimeout, ConnectionError

FLASK_ENDPOINT = 'http://localhost:5000/event'

def on_message(channel, method_frame, header_frame, body):
    message = {'delivery_tag': method_frame.delivery_tag,
               'message': body.decode('utf-8')}

    try:
        res = requests.post(FLASK_ENDPOINT, json=message,
                            timeout=1.)
    except (ReadTimeout, ConnectionError):
        print('Failed to connect to %s.' % FLASK_ENDPOINT)
        # 재접속 기능 구현 필요
        return

    if res.status_code == 200:
        print('플라스크로 메시지 전달 성공!')
        channel.basic_ack(delivery_tag=method_frame.delivery_tag)

connection = pika.BlockingConnection()
channel = connection.channel()
channel.basic_consume(on_message, queue='race')
try:
    channel.start_consuming()
except KeyboardInterrupt:
    channel.stop_consuming()

connection.close()
```

standalone_pika.py는 큐에서 가져온 메시지를 HTTP POST로 플라스크에 전달한다.

RabbitMQ 플러그인 중에는 standalone_pika.py가 처리하는 것과 비슷하게 특정 HTTP 엔드포인트로 메시지를 푸시하는 플러그인이 있다. 그렇지만 standalone_ pika.py와 같이 별도 코드로 분리해두면 필요한 로직을 추가할 수 있으므로 유연성을 확보할 수 있다. 또한 성능 면에서도 RabbitMQ 내부에 HTTP 푸시를 두는 것은 좋지 않다.

한편 /event 엔드포인트는 플라스크로 구현된 일반적인 뷰 함수다.

```
# Chapter05
# event.py
from flask import Flask, jsonify, request

app = Flask(__name__)

@app.route('/event', methods=['POST'])
def event_received():
    message = request.json['message']
    print('message = ', message)

    # 필요한 작업을 처리한다.
    # ...

    return jsonify({'status': 'OK'})

if __name__ == '__main__':
    app.run()
```

게시/구독

앞에서 살펴본 토픽 큐 패턴은 특정 메시지 토픽을 가져오는 워커가 있으며, 워커가 메시지를 가져온 뒤에 ACK를 보내면 큐에서 메시지가 완전히 제거된다.

게시Publish**/구독**Subscribe 패턴이나 pubsub이라고 부르는 패턴은 메시지를 여러 개의 워커에 게시할 때 사용한다. 이 패턴은 일반적인 이벤트 시스템을 개발할 때 기초가

되며, 토픽 큐 패턴과 동일하게 한 개의 exchange와 여러 개의 큐로 구성된다. 차이점은 exchange가 `fanout` 타입이라는 것이다.

'fanout' exchange에 연결되는 모든 큐는 동일한 메시지를 받는다. pubsub을 사용하면 모든 마이크로서비스에 대해 메시지를 브로드캐스트할 수 있다.

AMQP를 통한 RPC 사용

AMQP에는 동기식 요청/응답 패턴도 구현돼 있다. 즉, 보통의 HTTP JSON 호출 대신 RabbitMQ를 사용해서 마이크로서비스를 직접 연동하는 것도 가능하다. 이 방식은 두 개의 마이크로서비스가 서로 직접 연동할 수 있는 매우 매력적인 방법으로, Nameko(https://nameko.readthedocs.io/en/stable/) 같은 일부 프레임워크는 마이크로서비스를 만들 때 이 방법을 사용하기도 한다.

그렇지만 설정하려는 커뮤니케이션 채널이 구체적이고 공개된 API의 일부가 아니라면 AMQP를 통한 RPC 호출의 장점은 REST나 HTTP를 통한 RPC 호출에 비해 명확하지 않다. 단일 API를 사용해서 마이크로서비스를 가능한 한 단순하게 유지하는 것이 더 좋다.

요약

이번 절에서 배운 비동기 관련 내용을 정리해보면 다음과 같다.

- 작업이 지연될 여지가 있는 경우 항상 비동기 호출을 사용해야 한다. 요청이 블록되는 경우는 최대한 피해야 한다.
- Celery를 사용해 백그라운드 작업을 처리하는 것은 좋은 방법이다.
- 서비스 간의 커뮤니케이션이 항상 태스크 큐를 제한하는 것은 아니다.
- 서비스 간 상호 의존성을 막으려면 이벤트를 활용하는 것이 좋다.

- RabbitMQ 같은 브로커를 사용하면 마이크로서비스가 메시지를 통해 서로 연동되는 완전한 이벤트 시스템을 만들 수 있다.
- Pika는 메시지를 게시하거나 가져올 때 사용할 수 있다.

테스팅

3장에서 배운 것처럼 서비스 내에서 다른 서비스를 호출하는 상황에서 기능 테스트를 만들 때는 네트워크 호출을 어떻게 격리할 것인가를 가장 신경 써야 한다.

이번 절에서는 requests 라이브러리를 사용하는 동기식 호출과 Celery 워커를 비롯한 비동기식 호출을 모방하는 방법을 알아본다.

동기식 호출 모방

모든 요청에 requests를 사용하고 있거나 requests 기반의 라이브러리를 사용하면서 수정한 내용이 별로 없다면 격리 작업은 어렵지 않다. 이때는 http_adapter.py에서 사용했던 전송 어댑터를 사용하면 된다.

request-mock 프로젝트(https://requests-mock.readthedocs.io)는 테스트에서 네트워크 호출을 모방하는 어댑터를 구현한다. 5장의 초반부에서 /api 엔드포인트에서 일부 콘텐츠를 제공하는 플라스크 애플리케이션 예제를 살펴봤다. 그 애플리케이션에서는 setup_connector() 함수로 Request 세션을 생성했고 get_connector() 함수로 뷰에서 세션을 가져왔다.

다음 테스트에서는 session.mount()에 새로운 requests_mock.Adapter() 인스턴스를 전달해서 requests_mock 어댑터를 세션에 마운트한다.

```
# Chapter05
# mocking.py
import json
import unittest
from flask_session import setup_connector, get_connector
from flask_webtest import TestApp
import requests_mock
import sys

sys.path.append('../Chapter02')

class TestAPI(unittest.TestCase):
    def setUp(self):
        from flask_basic import app as _app
        self.app = TestApp(_app)
        setup_connector(_app)

        # 요청을 모방한다.
        session = get_connector(_app)
        self.adapter = requests_mock.Adapter()
        session.mount('http://', self.adapter)

    def test_api(self):
        mocked_value = json.dumps({'Hello': 'World!'})
        self.adapter.register_uri('GET', 'http://127.0.0.1:5000/api',
text=mocked_value)
        res = self.app.get('/api')
        self.assertEqual(res.json['Hello'], 'World!')

if __name__ == '__main__':
    unittest.main()
```

이 어댑터의 register_uri를 통해 원격 서비스(여기서는 http://127.0.0.1:5000/api)의 엔드포인트에 수동으로 응답을 등록할 수 있다. 어댑터는 호출을 가로채서 등록된 응답을 즉시 돌려준다.

`test_api()` 테스트를 사용하면 외부 서비스를 호출할 때 지정된 JSON 데이터를 돌려주는지 확인할 수 있다.

`request-mock`은 정규 표현식을 써서 요청을 일치시킬 수도 있기 때문에 테스트에서 네트워크 종속성을 피할 때 사용하기 좋은 매우 강력한 기능을 갖춘 어댑터다.

다른 서비스로부터의 응답을 모방하는 건 여전히 많은 양의 작업이 필요하고 유지 관리도 힘들다. 모방을 기반으로 만든 테스트가 아니라면 다른 서비스들이 어떻게 변하는지 항상 주시해야 하므로, 어느 순간에는 테스트가 더 이상 실제 API를 반영하지 않게 될 수 있다.

모방을 사용하면 기능 테스트 커버리지도 높일 수 있다. 하지만 실제 서비스를 호출하는 통합 테스트가 제대로 수행되는지도 확인해야 한다.

비동기식 호출 모방

애플리케이션이 비동기로 요청을 보내거나 받는다면 동기식 호출에 비해 테스트를 만들기가 까다롭다.

애플리케이션이 비동기 호출을 보낼 때는 즉시 결과를 얻을 수 있다고 기대하지 않는다. 또는 아예 요청을 보냈다는 것조차 잊는다. 결국 애플리케이션은 다른 작업을 하다가 앞에서 살펴봤던 pika를 사용한 예제처럼 어떤 이벤트가 발생했을 때 필요한 동작을 취하게 된다.

Celery 모방

Celery 워커에 대한 테스트를 만든다면 테스트를 실행하는 가장 간단한 방법은 실제 레디스 서버를 사용하는 것이다. 레디스는 어느 플랫폼에서도 간단히 실행할 수 있으며, Travis-CI에서도 실행이 가능하다. 따라서 모방을 위해 많은 작업을 추가하는 대신 레디스를 사용해서 워커에 실제로 작업을 보내는 것이 좋다.

실제 브로커를 사용하기 때문에 테스트에서 Celery 워커를 실행할 수 있다. 따라서 필요한 테스트는 단순히 애플리케이션이 보낸 작업 데이터가 올바른지 검증하는 것이다. Celery는 pytest를 통해 분리된 스레드에서 실행되고 테스트가 끝나면 종료되는 테스트 픽스처[Fixture]를 제공한다.

Celery가 레디스를 사용하게 설정하고 테스트를 지정해서 테스트 픽스처를 만들 수 있다. 첫 번째 단계는 tests 디렉토리에 Celery 태스크를 포함하는 tasks.py 파일을 만드는 것이다. 다음은 그런 파일의 예로 Celery 인스턴스를 만드는 대신 @shared_task 데코레이터를 사용해서 함수를 Celery 태스크로 표시한다.

```
from celery import shared_task
import unittest

@shared_task(bind=True, name='echo')
def echo(app, msg):
    return msg
```

echo란 이름으로 Celery 태스크를 구현한 이 모듈은 문자열을 그대로 돌려준다. pytest가 사용할 수 있게 설정하려면 celery_config와 celery_includes 픽스처를 구현해야 한다.

```
import pytest

@pytest.fixture(scope='session')
def celery_config():
    return {
        'broker_url': 'redis://localhost:6379',
        'result_backend': 'redis://localhost:6379'
    }

@pytest.fixture(scope='session')
def celery_includes():
```

```
    return ['myproject.tests.tasks']
```

celery_config 함수는 모든 옵션을 전달해서 Celery 워커를 생성하는 데 사용되며, celery_includes는 반환하는 모듈 목록을 가져온다. 여기서는 Celery 태스크 레지스트리에 echo 태스크를 등록한다.

이제 테스트에서 echo 태스크를 사용할 수 있으며, 실제로 호출되는 워커를 만들 수 있다.

```
from celery.execute import send_task

class TestCelery(unittest.TestCase):
    @pytest.fixture(autouse=True)
    def init_worker(self, celery_worker):
        self.worker = celery_worker

    def test_api(self):
        async_result = send_task('echo', ['yeah'], {})
        self.assertEqual(async_result.get(), 'yeah')
```

태스크를 실행하기 위해 send_task()를 사용했다는 점에 주목하자. 이 함수는 태스크가 고유한 이름을 갖고 있다면 Celery 브로커에 등록된 어떤 태스크든 실행할 수 있게 해준다.

전체 마이크로서비스 내에서 구분되는 고유한 이름을 각 태스크에 부여하는 건 좋은 방법이다. 이렇게 하면 마이크로서비스가 워커의 태스크를 실행할 때 단지 태스크 함수를 얻기 위해 워커 코드를 임포트할 필요가 없다.

다음 예제에서 echo 태스크는 독립형 마이크로서비스로 실행되며 이름도 알고 있기 때문에 send_task()만 호출해서 실행할 수 있다. 코드를 임포트할 필요가 없으며, 모든 상호작용은 레디스를 통해 발생한다.

```
>>> import celery
>>> redis = 'redis://localhost:6379'
>>> app = Celery(__name__, backend=redis, broker=redis)
>>> f = app.send_task('echo', ['meh'])
>>> f.get()
'meh'
```

다시 테스트로 돌아가서 테스트가 Celery 워커 일부를 모방한다면 태스크를 구현한 원격지 애플리케이션이 각각 고유한 이름을 갖고 있어 send_task()로 호출이 가능한지 확인해야 한다. 이를 통해 Celery 픽스처가 워커를 모방할 수 있다.

마지막으로 애플리케이션은 Celery 워커가 결과를 동기적으로 반환하기를 기다리지 않는다. 따라서 API 호출 이후에 워커가 어떤 테스트를 수행했는지 조사할 필요가 있다.

다른 비동기 호출 모방

pika와 RabbitMQ를 사용해서 메시지 시스템을 구현했다면 pika 라이브러리는 서버와 연동하기 위해 소켓 모듈을 직접 사용한다. 이렇게 되면 네트워크를 통해 어떤 데이터가 오고 가는지를 추적해야 하므로 모방이 어렵다.

Celery 모방에 사용한 방법처럼 단순히 로컬 RabbitMQ을 실행해서 테스트하거나 Travis-CI를 사용하는 방법도 있다(https://docs.travis-ci.com/user/database-setup/). 이 경우 메시지 전송은 평상시와 동일하게 처리되며, RabbitMQ에서 메시지를 선택해서 검증하는 스크립트를 만들 수 있다.

RabbitMQ에서 이벤트를 수신하는 기능을 테스트하는 경우 이 기능이 AMQP-to-HTTP 브리지로 HTTP 호출을 통해 발생한다면 단순히 테스트에서 수동으로 이벤트를 발생시킬 수 있다.

중요한 것은 다른 마이크로서비스에 의존하지 않고도 테스트를 실행할 수 있어야 한다는 점이다. 하지만 레디스나 RabbitMQ 같은 메시징 서버는 약간 다른데, 이러한 메시징 서버를 전용 테스트 환경에서 실행할 수 있다면 여기에 의존하는 것은 문제될 것이 없다.

요약

5장에서는 `requests` 라이브러리의 `session`을 사용해서 다른 서비스를 동기식으로 연동하는 방법, 그리고 Celery 워커나 RabbitMQ를 기반으로 하는 향상된 메시지 패턴을 사용해서 비동기로 연동하는 방법을 알아봤다.

또한 메시지 브로커 자체를 모방하지 않고 다른 서비스를 모방해서 격리된 환경에서 테스트하는 방법도 살펴봤다.

한편 각 서비스를 분리해서 테스트하는 것은 좋은 방법이지만, 문제가 발생했을 때 원인을 파악하기가 어렵다. 특히 연속된 비동기 호출에서 버그가 발생한다면 더욱 그렇다. 이런 경우에는 서비스에서 어떤 일이 일어나고 있는지 추적할 수 있는 중앙화된 로깅 시스템이 큰 도움이 된다. 6장에서는 마이크로서비스가 어떻게 동작하는지 확인할 수 있는 모니터링 방법을 알아본다.

06

서비스 모니터링

5장에서는 서로 연동되는 서비스들을 개별적으로 테스트하는 방법을 다뤘다. 하지만 라이브에서 문제가 생겼을 때는 애플리케이션에서 무슨 일이 발생했는지 전체 개요를 볼 수 있어야 한다. 특히 어떤 기능을 완료하기 위해 몇 개의 마이크로서비스가 연달아 호출된다면 개별 서비스만 확인해서는 문제 원인을 찾기가 어렵다. 이런 경우에는 모든 연동 흐름을 추적할 수 있어야 한다.

파이썬 애플리케이션에서는 디버깅 목적으로 로그를 생성할 수 있지만, 한 서버에서 다른 서버로 이동해가면서 연동 흐름에 대한 모든 정보를 수집하는 일은 쉬운 작업이 아니다. 다행히 분산 환경의 서비스를 모니터링하기 위해 모든 로그를 중앙에 모을 수 있는 방법이 있다.

전체 시스템의 성능과 모든 동작의 정상 여부를 확인하기 위해서는 서비스 모니터링을 지속적으로 수행하는 것이 중요하다. 또한 지속적인 모니터링을 통해 다음 질문들에 정확한 답을 제시할 수 있다. "램 사용량이 100%에 근접한 서비스가 있는가? 분당 처리하는 요청 수는 얼마인가? 지나치게 많은 서버를 배포했는가? 그렇다면 몇 대의 서버를 배포에서 제외 할 수 있는가? 조금 전 배포한 업데이트가 성능에 나쁜 영향을 주고 있는가?"

이 물음에 언제든 답할 수 있으려면 모든 마이크로서비스에서 중요한 지표metrics를 수집해 모니터링 시스템에 보낼 수 있어야 한다.

6장에서 다루는 내용은 다음과 같다.

- 중앙 집중화된 로그
- 성능 지표

6장을 마치면 마이크로서비스를 모니터링하기 위한 구성 방법을 충분히 이해할 수 있을 것이다.

중앙 집중화된 로그

파이썬에는 표준 출력, 순환rotating 로그 파일, syslog, TCP나 UDP 소켓을 비롯한 다양한 대상으로 로그를 보낼 수 있는 `logging` 패키지가 들어있다.

SMTPHandler를 사용하면 로그를 메일로 보낼 수도 있다. 다음 예제에서 `email_erros` 데코레이터는 함수에서 예외가 발생할 때마다 이메일을 보낸다. SMTP 서버와 텔넷 세션을 맺기 때문에 세션 연결에 문제가 있다면 `logger.exception()` 함수가 호출됐을 때 두 번째 예외가 발생할 수 있다.

```
# Chapter06
# smtp_logging.py
import logging
from logging.handlers import SMTPHandler

host = "smtp.free.fr", 25
handler = SMTPHandler(mailhost=host, fromaddr="tarek@ziade.org",
toaddrs=["tarek@ziade.org"], subject="Service Exception")

logger = logging.getLogger('theapp')
logger.setLevel(logging.INFO)
logger.addHandler(handler)

def email_errors(func):
    def _email_errors(*args, **kw):
        try:
            return func(*args, **kw)
        except Exception:
            logger.exception('A problem has occured')
            raise
    return _email_errors

@email_errors
def function_that_raises():
    print(i_dont_exist)

function_that_raises()
```

SMTP 서버 연결에 문제가 없다면 전체 트레이스백traceback이 포함된 메일을 받을 수 있다.

logging 패키지는 SMTPHandler 이외에 다른 많은 핸들러를 제공한다. https://docs.python.org/3/library/logging.handlers.html을 참고하자.

서비스 개발 단계에서는 표준 출력이나 파일에 로그를 남기는 것으로 충분하지만, 앞에서 말했듯이 라이브 환경은 이것만으로 부족하다. 에러를 이메일로 보내는 건 조금 나은 방법이긴 해도 트래픽이 많은 마이크로서비스에서는 한 시간에 수천 건의 동일 예외가 발생하기도 한다. 이렇게 너무 많은 메일을 보내면 SMTP 서버가 IP를 차단할 수 있고, 마이크로서비스 역시 이메일을 보내기에 바빠서 정작 중요한 요청을 제때에 처리하지 못한다.

따라서 가능한 작은 오버헤드로 모든 마이크로서비스에서 로그를 수집하고 시각화해서 보여주는 더 향상된 방법이 필요하다.

오픈소스 중에는 파이썬 애플리케이션이 생성한 로그를 중앙에 모아주는 기능을 제공하는 프로젝트들이 있다. 이들 대부분은 HTTP나 UDP를 통해서 로그를 받을 수 있는데, UDP를 사용하면 로그를 보낼 때 오버헤드를 줄일 수 있기 때문에 더 바람직한 방법이다.

Sentry(https://sentry.io)는 파이썬 커뮤니티에서 매우 유명한 도구로, 에러 로그를 중앙에 모으고 세련된 UI를 통해 트레이스백을 쉽게 확인할 수 있는 기능을 제공한다. 서비스에서 문제가 발생하면 Sentry는 이를 감지하고 에러를 수집한다. 또한 문제 해결에 도움을 주는 워크플로우workflow를 제공한다.

그렇지만 Sentry는 에러에 초점을 맞추고 있기 때문에 일반적인 로깅 목적으로 사용하기에는 그다지 적합하지 않다. 에러 이외의 로그를 얻으려면 다른 도구를 사용해야 한다.

또 다른 오픈소스로 Graylog(http://graylog.org)가 있다. Graylog는 일반적인 로깅 목적으로 사용하기 좋으며 일래스틱서치Elasticsearch(https://www.elastic.co) 기반의 강력한 검색 엔진을 포함한다. 일래스틱서치에 로그가 저장되며, 애플리케이션 데이터 저장을 위해 몽고DB도 사용된다.

Graylog는 사용자 정의 로깅 형식이나 JSON 등의 형식을 통해 어떤 로그든 수신할 수 있다. 기본 수집기를 포함하고 있으며, fluentd(http://www.fluentd.org/)와 같은 외부 수집기를 사용하도록 설정할 수도 있다.

Graylog 구성

Graylog는 자바로 만들어졌으며, 수신된 모든 로그는 일래스틱서치에 저장되고, 애플리케이션 데이터는 몽고DB에 저장된다. Graylog는 설치 및 관리가 꽤 까다로운 편이므로 직접 관리해야 한다면 전담 인력을 따로 두는 것이 좋다.

일반적인 구성 방식은 전용 일래스틱서치 클러스터와 여러 개의 Graylog 노드를 두는 형태다. 각각의 Graylog 노드는 몽고DB 인스턴스를 하나씩 소유한다. 자세한 내용은 Graylog 아키텍처 문서(http://docs.graylog.org/en/latest/pages/architecture.html)에서 읽어 볼 수 있다.

Graylog를 시험 삼아 사용해보고 싶다면 가장 쉽고 빠른 방법은 도커Docker 이미지를 사용하는 것이다(http://docs.graylog.org/en/latest/pages/installation/docker.html).

10장에서는 도커를 활용한 마이크로서비스 배포 방법을 다루며, 도커 이미지를 만들고 실행하기 위한 기본적인 내용도 알아본다.

Sentry와 마찬가지로 Graylog 역시 호스팅 솔루션을 제공하는 상업적 회사의 지원을 받고 있다. 프로젝트 성격이 민감하고 규모도 크다면 이 시스템을 직접 관리하지 않는 것이 좋다. 일래스틱서치 클러스터를 능숙하게 관리하는 것은 간단한 작업이 아니므로 **서비스 수준 계약**SLA, Service-Level Agreement[1]을 맺은 상용 프로젝트를 운영하고 있다면 특히 주의해야 한다.

하지만 프로젝트에서 많은 로그를 남기지 않고, 로그 관리 시스템이 잠깐 다운되는

1. 한 가지 예로 AWS의 SLA는 99.5%다. 0.5%에 대해서는 환불해 주도록 명시돼 있다. – 옮긴이

것이 세상의 종말이 온 것처럼 심각한 문제로 취급되지 않는다면 Graylog를 직접 운영하는 것도 나쁘지 않다.

이번 절에서는 도커 이미지와 도커 컴포즈docker compose를 사용해서 마이크로서비스와 Graylog를 최소한의 설정으로 연동해본다. 10장에서 다루겠지만, 도커 컴포즈는 한 번의 호출로 여러 개의 도커 이미지를 연결해서 실행한다.

Graylog 서비스를 로컬에서 실행하려면 먼저 도커를 설치하고(10장을 참고) 다음과 같은 도커 컴포즈 설정 파일을 사용한다.

```
# Chapter06
# docker-compose.yml
version: '2'
services:
  some-mongo:
    image: "mongo:3"
  some-elasticsearch:
    image: "elasticsearch:2"
    command: "elasticsearch -Des.cluster.name='graylog'"
  graylog:
    image: graylog2/server:2.1.1-1
    environment:
      GRAYLOG_PASSWORD_SECRET: somepasswordpepper
      GRAYLOG_ROOT_PASSWORD_SHA2:
8c6976e5b5410415bde908bd4dee15dfb167a9c873fc4bb8a81f6f2ab448a918
      GRAYLOG_WEB_ENDPOINT_URI: http://127.0.0.1:9000/api
    links:
      - some-mongo:mongo
      - some-elasticsearch:elasticsearch
    ports:
      - "9000:9000"
      - "12201/udp:12201/udp"
```

이 설정 파일을 docker-compose.yml로 저장하고 동일한 디렉토리에서 `docker-compose up` 명령을 실행하면 몽고DB, 일래스틱서치, Graylog까지 모두 3개의 이미지를 도커가 가져와서 실행한다.

이제 브라우저에서 http://localhost:9000에 접속하면 Graylog 대시보드를 볼 수 있다. 사용자 계정과 비밀번호에 `admin`을 입력해서 로그인하자.

다음으로 메뉴의 System ➤ Inputs에 새 UDP 입력을 추가해 마이크로서비스에서 보내는 로그를 Graylog가 받을 수 있게 한다. Inputs 페이지의 콤보 박스에서 GELF UDP를 선택한 다음, Launch new input 버튼을 누른다. Title에 '마이크로서비스 로그'를 입력하고 사용 가능한 Node를 선택한다. 다른 항목은 그대로 두고 Save 버튼을 누른다.

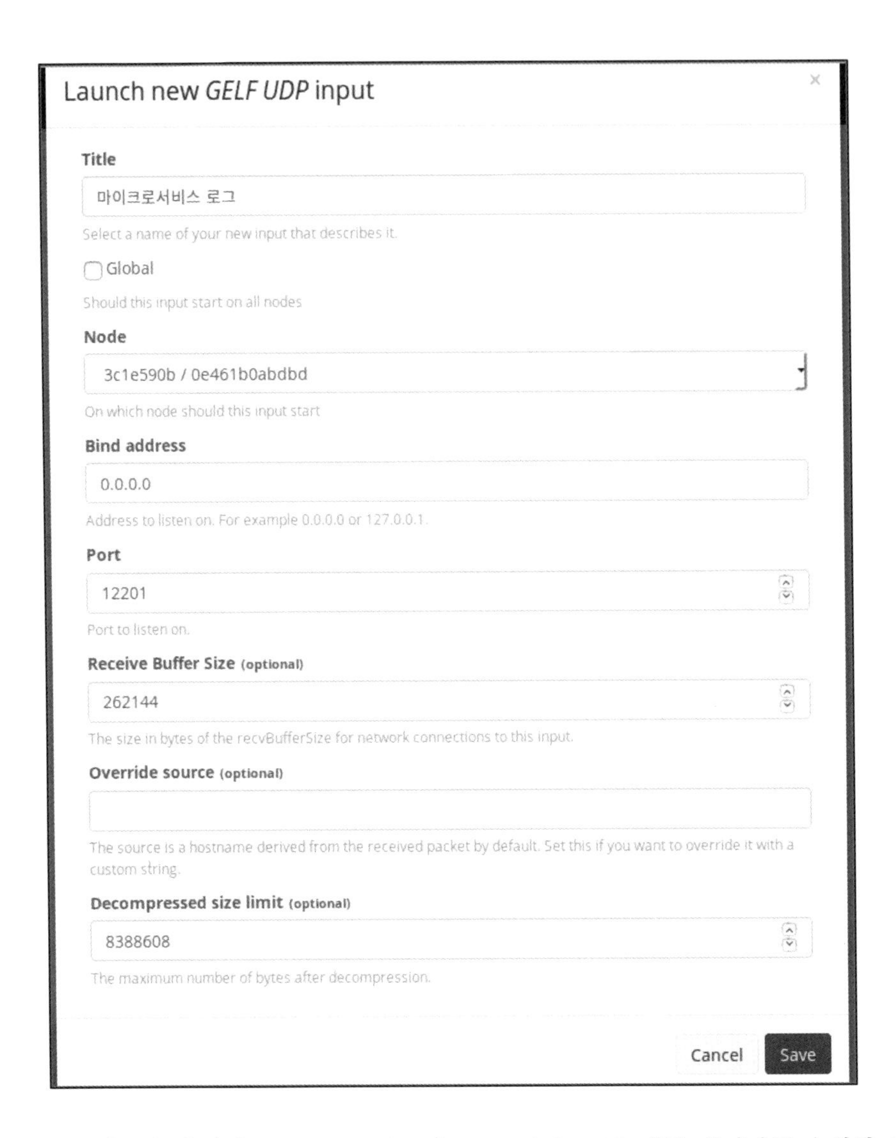

새 input 항목을 추가했으므로, Graylog가 UDP 포트 12201에서 데이터를 수신할 준비를 마쳤다. 조금 전 작성했던 docker-compose.yml 파일을 다시 보면 마지막 줄에 UDP 포트 12201을 노출하고 있으므로 로컬에서 곧바로 데이터를 보낼 수 있다.

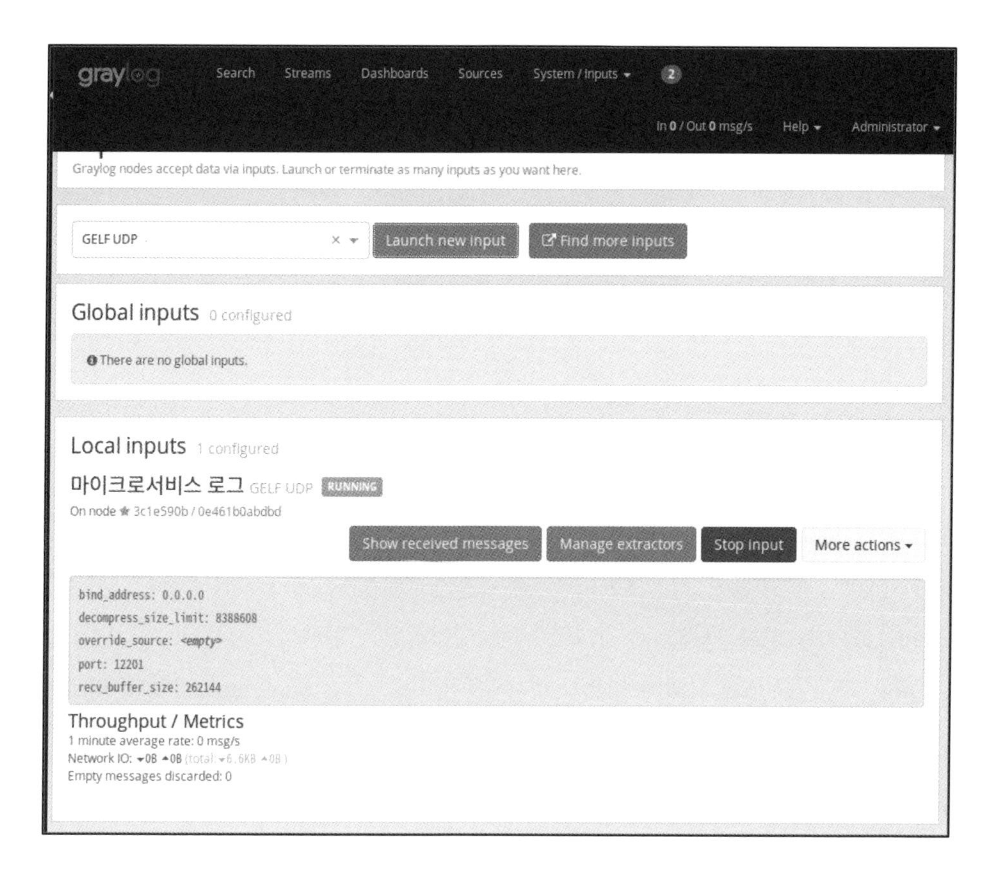

로그가 수집되면 '마이크로서비스 로그' 항목의 Show received messages를 클릭해서 확인할 수 있다. 아직 아무것도 보내지 않았으므로 출력할 내용이 없다. 계속해서 Graylog에 로그를 전송해보자.

Graylog에 로그 보내기

파이썬에서 Graylog에 로그를 보내려면 Graypy를 사용한다. Graypy는 파이썬 로그를 Graylog 확장 로그 포맷[GELF]으로 변환해준다.

Graypy는 기본으로 UDP를 통해 로그를 보내지만, 모든 로그를 누락 없이 확실하게 보내야 한다면 AMQP를 사용할 수도 있다.

대부분의 경우는 UDP만으로 충분하다. 하지만 TCP와 다르게 UDP에서는 일부 패킷이 유실될 수 있다. 로그 수집을 좀 더 신뢰할 수 있는 수준으로 해야 한다면 RabbitMQ를 사용하는 것이 좀 더 안정적이다.

Graypy를 사용하려면 기본 파이썬 핸들러 대신 `graypy` 클래스에서 제공하는 핸들러를 추가해준다.

```
handler = graypy.GELFHandler('localhost', 12201)
logger = logging.getLogger('theapp')
logger.setLevel(logging.INFO)
logger.addHandler(handler)
```

`grapy.GELFHandler` 클래스는 로그를 UDP 데이터로 변환해서 GELF UDP 입력으로 보낸다. 지금 Graylog 서버는 12201 포트에서 입력을 기다리고 있으므로 해당 포트를 사용한다.

UDP 데이터 전송에 오류가 발생하는 경우가 자주 일어나지는 않는다. 게다가 UDP를 사용하면 오버헤드 역시 최소화할 수 있다. TCP와 다르게 수신 측이 데이터를 제대로 받았는지 확인하는 과정이 없기 때문이다.

Graypy를 플라스크 애플리케이션에 통합하려면 `app.logger`에 핸들러를 직접 추가한다. 의도했거나 의도하지 않은 예외로 인해 플라스크가 중단되면 등록된 에러 핸들러를 통해 자동으로 예외 로그를 기록할 수 있다.

```
# Chapter06
# send_logs.py
import logging
import graypy
import json
from flask import Flask, jsonify, abort
```

```
from werkzeug.exceptions import HTTPException, _aborter

app = Flask(__name__)

def error_handling(error):
    if isinstance(error, HTTPException):
        result = {'code': error.code, 'description': error.description}
    else:
        description = _aborter.mapping[500].description
        result = {'code': 500, 'description': description}

    app.logger.exception('예외 발생! ' + str(error), extra=result)
    result['message'] = str(error)
    resp = jsonify(result)
    resp.status_code = result['code']
    return resp

for code in _aborter.mapping:
    app.register_error_handler(code, error_handling)

@app.route('/api', methods=['GET', 'POST'])
def my_microservice():

    app.logger.info("Graylog에 info 로그 기록")
    resp = jsonify({'result': 'OK', 'Hello': 'World!'})

    # 고의로 예외를 발생 시켜서 Graylog에 exception 로그 기록
    raise Exception('BAHM')
    return resp

if __name__ == '__main__':
    handler = graypy.GELFHandler('localhost', 12201)
    app.logger.setLevel(logging.INFO)
    app.logger.addHandler(handler)
    app.run()
```

/api 엔드포인트를 호출하면 애플리케이션은 간단한 info 로그를 Graylog에 보낸다.

이어서 고의로 예외를 발생시켜 등록된 에러 핸들러가 Graylog에 `exception` 로그를 전송하게 한다. 이제 Inputs 페이지의 '마이크로서비스 로그'(앞에서 만든 새 inputs 제목)에서 Show received messages를 클릭하면 수신된 로그를 확인할 수 있다.

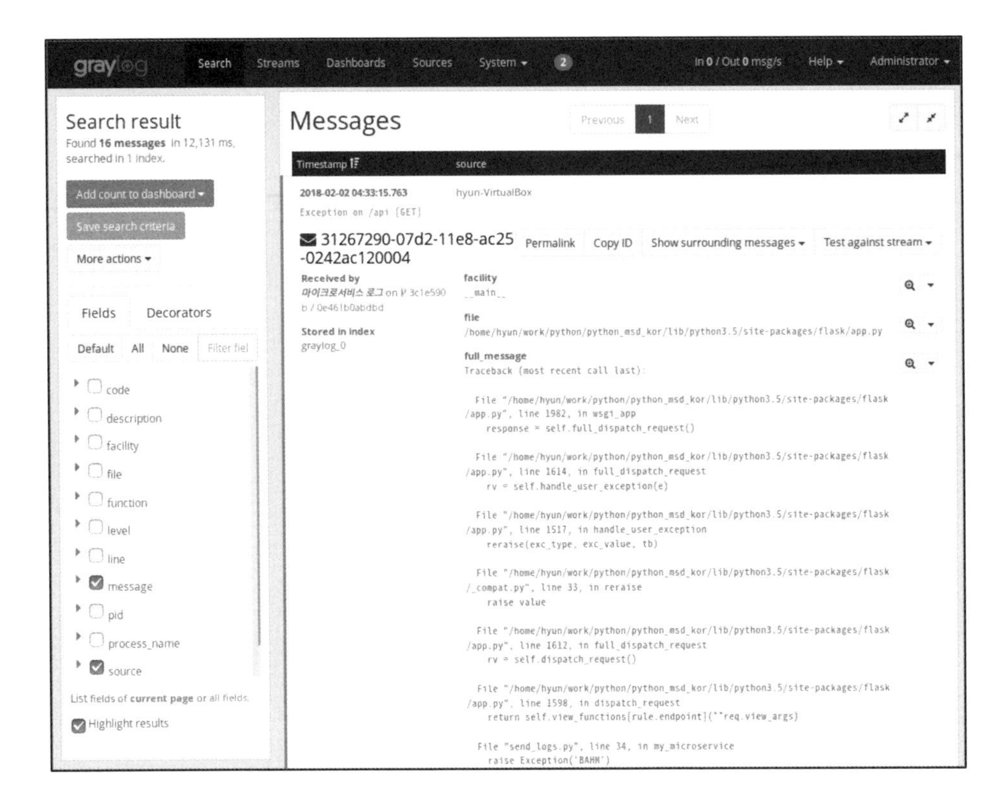

사용자는 JSON 응답에서 에러도 받을 수 있다.

필드 추가

Graypy는 다음과 같은 메타데이터 필드를 각 로그에 추가할 수 있다.

- 원격지 주소
- PID, 프로세스, 스레드 이름

- 호출한 함수 이름

수집된 로그에는 로그를 전송한 호스트 이름이 들어 있는 `source` 필드, 로그 레벨을 표시하는 `level` 필드를 비롯해 몇 개의 필드가 기본으로 포함된다. 하지만 분산 시스템에서는 로그를 좀 더 효과적으로 검색할 수 있도록 필드를 더 추가해야 하는 경우도 있다. 예를 들어 로그에 사용자 이름 필드를 추가해두면 동일한 사용자 세션을 필터링해서 호출 순서를 빠르게 확인할 수 있다.

이 정보는 보통 마이크로서비스의 `app.session` 내부에 저장되며, `logging.Filter` 클래스를 활용해서 Graylog에 전송하는 각각의 로그에 사용자 이름을 추가할 수 있다.

```
from flask import session
import logging

class InfoFilter(logging.Filter):
    def filter(self, record):
        record.username = session.get('username', 'Anonymous')
        return True

app.logger.addFilter(InfoFilter())
```

이 필터를 추가하면 Graylog에 `username` 필드가 추가된다.

애플리케이션에서 발생하는 일을 파악하는 데 유용하다고 판단되는 어떤 항목도 이와 같은 방법으로 추가할 수 있다. 단, 너무 많은 정보를 추가하면 역효과를 가져 올 수 있다는 걸 기억하자. 로그가 너무 상세하거나 특히 한 번의 요청에 여러 개의 로그가 생성된다면 효과적으로 검색하기 어렵다.

이번 절에서 배운 내용을 정리하자면 우선 마이크로서비스가 어떻게 모든 로그를 한 곳에 모을 수 있는지 알아봤다. 또한 UDP를 사용해서 로그 전송 시의 오버헤드를 최소화했다. Graylog 같은 서비스는 로그 저장 역할뿐만 아니라 효과적인 검색 기능도 제공한다.

가능한 한 모든 로그를 수집해두면 마이크로서비스에서 문제가 발생했을 때 원인 파악에 큰 도움이 된다. 물론 그런 상황이 자주 발생하지 않아야 하지만, 현실은 이상과 다르다. 또한 로그 수집을 통해 애플리케이션과 서버 성능을 계속 모니터링하면 서버 중 하나의 상태가 현저히 떨어지기 시작했을 때 신속히 대응할 수 있다.

Graylog 엔터프라이즈 버전은 호스팅 서비스를 제공하며, 오래된 로그 보관(archiving)을 비롯한 몇 개의 추가 기능을 제공한다.

성능 지표

마이크로서비스가 메모리를 100% 사용한다면 심각한 문제다. 또한 일부 리눅스 배포판에서는 메모리를 많이 사용하는 프로세스를 oomkiller[out-of-memory killer]로 종료시키므로 예상치 못하게 프로세스가 내려갈 수 있다.

RAM을 너무 많이 사용하는 현상은 보통 다음과 같은 이유로 발생한다.

- 마이크로서비스에서 메모리 누수[leak]가 발생하며, 꾸준히 증가한다. 보통 파이썬 C 확장에서 참조한 객체를 사용한 뒤에 해제하는 걸 잊는 바람에 호출할 때마다 메모리 누수가 발생하는 경우가 많다.
- 메모리를 부주의하게 다루는 코드에서 발생한다. 예를 들어 딕셔너리를 임시 캐시로 사용하면서 크기 제한을 두지 않았다면 며칠에 걸쳐 무한히 증가할 수 있다.
- 서버의 물리 메모리가 충분하지 않다. 처리 가능한 수준에 비해 서버가 너무 많은 작업을 처리하고 있다.

이와 같이 사용자에게 곧바로 영향을 미칠 수 있는 문제를 사전에 파악하려면 시간

경과에 따른 메모리 사용량을 확인할 수 있어야 한다.

CPU 사용량이 100% 가까이 올라가는 것 역시 문제다. CPU 사용을 끌어올리는 것은 바람직한 일이지만, 서버가 너무 바쁘면 새로운 요청에 제때 응답할 수 없다.

디스크 사용량도 마찬가지다. 미리 서버의 디스크 사용량을 확인할 수 있다면 용량 부족으로 인한 서비스 종료를 막을 수 있다.

이 문제들의 대부분은 부하 테스트load test를 통해 서비스가 운영 환경에 나가기 전에 잡을 수 있다. 또한 부하 테스트로 서버가 감당할 수 있는 처리량을 미리 파악하면 예상되는 부하에 맞게 CPU나 RAM 등의 리소스를 조정할 수 있다. 결국 이 모든 것이 가능하려면 서비스가 사용하는 시스템 리소스를 지속적으로 모니터링할 수 있어야 한다.

시스템 지표

리눅스 기반의 시스템에서 CPU, 메모리, 디스크를 모니터링하는 건 어렵지 않다. 이 정보들이 계속 업데이트되는 시스템 파일들이 있고 이 파일을 읽을 수 있는 도구도 다양하다. 예를 들어 top 명령은 실행 중인 모든 프로세스를 RAM이나 CPU 사용량에 따라 정렬한다.

파이썬의 psutil(https://pypi.python.org/pypi/psutil)은 이 정보를 코드를 통해 얻을 수 있게 해주는 크로스플랫폼 라이브러리다. graypy 패키지와 조합하면 시스템 지표를 주기적으로 Graylog 서버에 보내는 스크립트를 만들 수 있다. 다음 코드에서 asyncio 루프는 CPU 사용량을 퍼센트 단위로 1초에 한 번씩 Graylog 서버에 보낸다.

```
# Chapter06
# send_cpu.py
import psutil
import asyncio
```

```
import signal
import graypy
import logging
import json

loop = asyncio.get_event_loop()
logger = logging.getLogger('sysmetrics')

def _exit():
    loop.stop()

def _probe():
    info = {'cpu_percent': psutil.cpu_percent(interval=None)}
    logger.info(json.dumps(info))
    loop.call_later(1., _probe)

loop.add_signal_handler(signal.SIGINT, _exit)
loop.add_signal_handler(signal.SIGTERM, _exit)
handler = graypy.GELFHandler('localhost', 12201)
logger.addHandler(handler)
logger.setLevel(logging.INFO)
loop.call_later(1., _probe)

try:
    loop.run_forever()
finally:
    loop.close()
```

이 스크립트를 서버에 데몬으로 돌리면 CPU 사용량을 측정할 수 있다.

system-metrics(https://github.com/tarekziade/system-metrics) 프로젝트는 send_cpu.py와 비슷하게 동작하지만 메모리, 디스크, 네트워크에 관한 정보가 추가된다. `pip install` 명령으로 설치해서 시스템을 검사하는 데 사용할 수 있다.

로그가 제대로 수집된다면 Graylog 웹 콘솔에서 대시보드를 만들 수 있다. 대시보드를 만들고 위젯을 추가하는 방법은 http://docs.graylog.org/en/latest/pages/

dashboard.html을 참고하자. 대시보드에서는 특정 지표가 어떤 조건을 만족했을 때 메일을 보내는 알림alert을 만들 수 있다. 알림은 실시간으로 유입되는 메시지를 처리하는 Streams에서 설정한다.

CPU 사용량이 70%가 됐을 때 이메일을 보내려면 stream rule을 사용해 `cpu_percent` 필드를 수집하는 스트림을 생성한다.

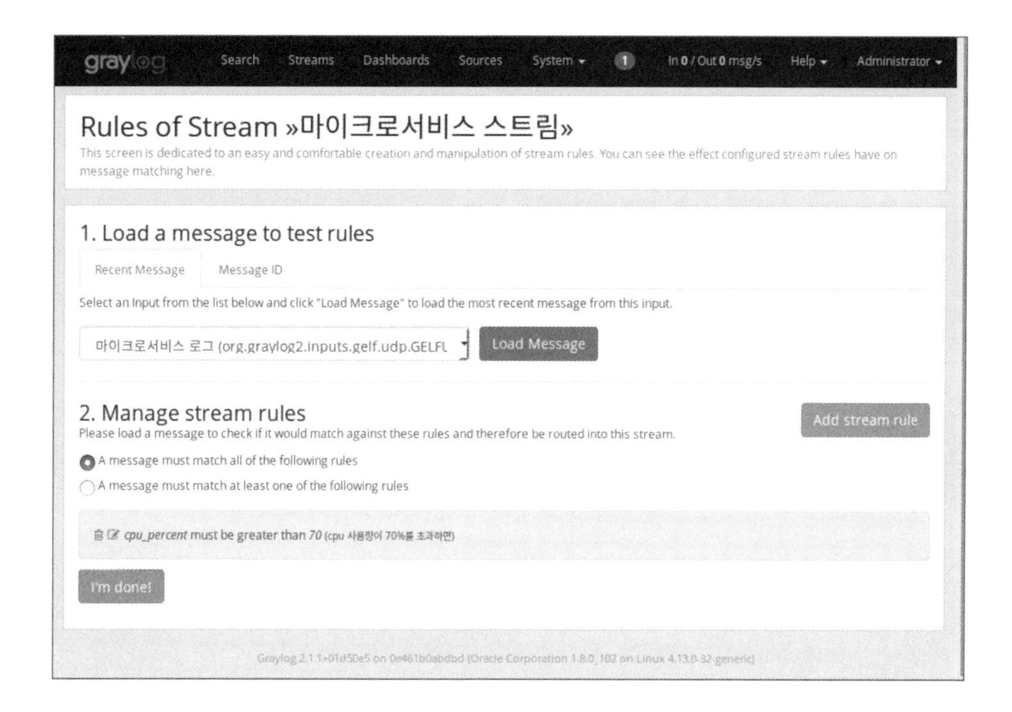

이렇게 해서 스트림에 대한 알림을 관리하고 일정 시간 동안 조건이 충족되면 이메일을 보내게 할 수 있다.

코드 지표

한편 로그를 보낼 때와 마찬가지로 필요에 따라 사용자 정의 성능 지표를 마이크로서비스 코드에 추가할 수 있다. 이처럼 마이크로서비스 코드에서 성능 지표를 수집하는 건 매우 유용한 작업이다.

New Relic(https://docs.newrelic.com/)은 플라스크 내부의 호출 일부를 감싸서 Jinja2가 템플릿을 생성하고 데이터베이스가 쿼리를 처리하는 데 소요된 시간을 측정한다.

하지만 성능 측정 코드를 추가할 때는, 특히 서비스가 운영 환경에 배포되는 경우라면 신중을 기해야 한다. 성능 측정 코드 때문에 서비스가 느려질 수 있기 때문이다. 특히 파이썬의 기본 프로파일러를 사용하는 경우 상당한 오버헤드가 추가된다.

코드 성능을 측정하는 단순한 방법은 함수 처리에 소비된 시간을 계산하는 것이다.

다음 예제에서 `@timeit` 데코레이터는 `fast_stuff()`와 `some_slow_stuff()` 함수의 실행 시간을 수집하고, 요청이 끝나면 각 호출에 걸린 시간을 Graylog로 전송한다.

```
# Chapter06
# send_code_metrics.py
import functools
import logging
import graypy
import json
import time
import random
from collections import defaultdict, deque
from flask import Flask, jsonify, g

app = Flask(__name__)

class Encoder(json.JSONEncoder):
    def default(self, obj):
        base = super(Encoder, self).default
        # 시간 측정을 위한 인코더
        if isinstance(obj, deque):
            calls = list(obj)
            return {'num_calls': len(calls), 'min': min(calls), 'max':
max(calls), 'values': calls}
```

```
        return base(obj)

def timeit(func):
    @functools.wraps(func)
    def _timeit(*args, **kw):
        start = time.time()
        try:
            return func(*args, **kw)
        finally:
            if 'timers' not in g:
                g.timers = defaultdict(functools.partial(deque, maxlen=5))
            g.timers[func.__name__].append(time.time() - start)
    return _timeit

@timeit
def fast_stuff():
    time.sleep(.001)

@timeit
def some_slow_stuff():
    time.sleep(random.randint(1, 100) / 100.)

def set_view_metrics(view_func):
    @functools.wraps(view_func)
    def _set_view_metrics(*args, **kw):
        try:
            return view_func(*args, **kw)
        finally:
            app.logger.info(json.dumps(dict(g.timers), cls=Encoder))
    return _set_view_metrics

def set_app_metrics(app):
    for endpoint, func in app.view_functions.items():
        app.view_functions[endpoint] = set_view_metrics(func)

@app.route('/api', methods=['GET', 'POST'])
def my_microservice():
```

```
    some_slow_stuff()
    for i in range(12):
        fast_stuff()
        resp = jsonify({'result': 'OK', 'Hello': 'World!'})
        fast_stuff()
    return resp

if __name__ == '__main__':
    handler = graypy.GELFHandler('localhost', 12201)
    app.logger.addHandler(handler)
    app.logger.setLevel(logging.INFO)
    set_app_metrics(app)
    app.run()
```

이러한 도구를 활용하면 Graylog에서 각 호출에 소비된 시간을 추적할 수 있다.

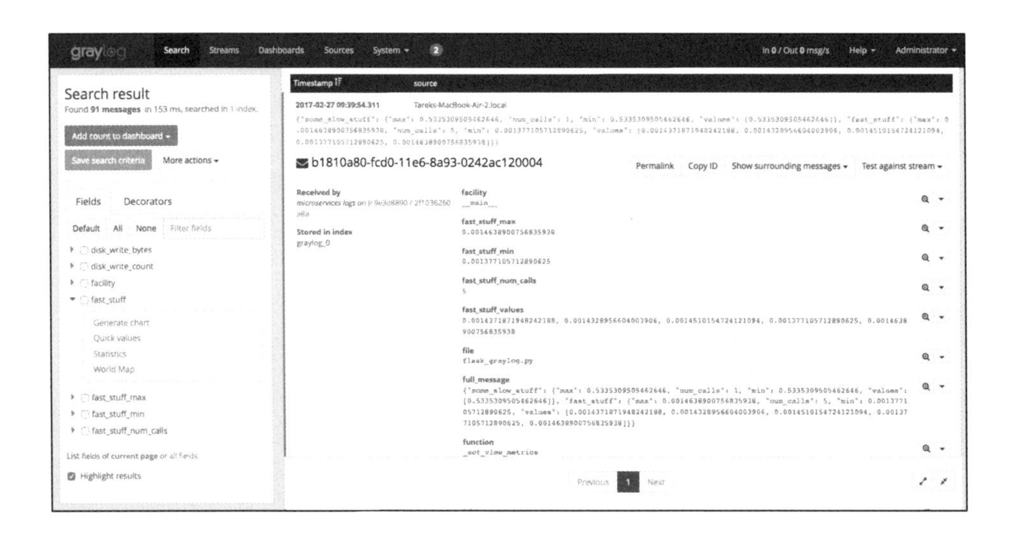

웹 서버 지표

중앙 집중화식 로그에 필요한 마지막 지표는 HTTP 요청과 응답 성능에 관련된 모든 정보들이다. 이러한 지표는 타이머를 사용해서 플라스크 애플리케이션 내부에 추가할 수도 있지만, 오버헤드를 줄이고 플라스크가 생성하지 않은 정보와도 호환되는 지표를 만들려면 웹 서버 계층에서 생성하는 것이 좋다.

예를 들어 nginx는 필요한 경우에 사용 가능한 정적 파일을 직접 제공한다. Graylog는 시스템 확장을 위한 마켓플레이스(https://marketplace.graylog.org)를 제공하며, 여기에는 nginx 콘텐츠 팩(https://github.com/Graylog2/graylog-contentpack-nginx)이 있다. nginx 콘텐츠 팩은 액세스 로그와 에러 로그를 파싱해서 Graylog에 보낸다.

이 팩은 기본 대시보드를 포함하고 있으며, 입력은 `syslog`를 사용해서 UDP로 로그를 보내는 nginx 기능을 사용한다.

이 구성을 사용하면 다음과 같은 의미 있는 정보를 추적할 수 있다.

- 평균 응답 시간
- 분당 요청 수
- 원격지 주소
- 엔드포인트와 요청 메소드
- 상태 코드와 응답 크기

애플리케이션 지표와 시스템 지표를 조합해서 라이브 대시보드를 만들면 서비스에서 현재 발생하고 있는 일들을 한 눈에 파악할 수 있다.

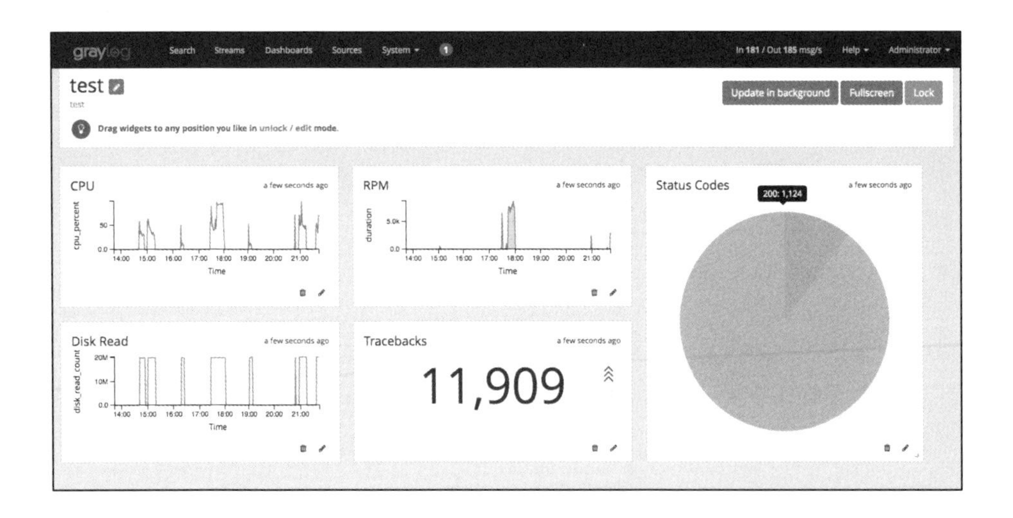

▌요약

6장에서는 마이크로서비스와 웹 서버 계층에서 지표를 추가하는 방법을 살펴봤다. 또한 생성된 모든 로그와 성능 지표를 중앙 집중화하기 위해 Graylog 사용 방법도 다뤘다.

Graylog는 일래스틱서치를 사용해서 데이터를 저장하기 때문에 업무 능률을 향상시키는 뛰어난 검색 기능을 제공한다. Graylog에 알림을 설정해두면 무언가 잘못됐을 때 알림을 받을 수 있다. 하지만 Graylog 도입은 신중하게 고려해야 한다. 일래스틱서치 클러스터에 많은 데이터가 있다면 운영상의 어려움도 커진다.

지표의 경우 InfluxData(http://www.influxdata.com)의 InfluxDB처럼 시간 흐름을 기반으로 하는 시스템이 더 빠르고 가벼운 대안이 될 수 있다. 단순히 성능 지표와 예외만 보고 싶다면 성능 추적은 InfluxDB로 관리하고, 예외는 Sentry로 관리하는 방법도 좋은 해결책이 될 것이다. 어쨌든 애플리케이션과 웹 서버가 로그 및 지표를 UDP로 전송한다면 다른 도구로 전환하기도 쉽다.

7장에서는 마이크로서비스 개발의 또 다른 중요한 요소로, API를 보호하고 인증 솔루션을 제공해 부정 및 남용을 방지하는 방법을 살펴본다.

07

서비스 보안

지금까지 이 책에서 서비스들 간의 연동은 인증이나 권한 부여 과정 없이 처리했다. 모든 HTTP 요청은 아무 문제없이 예상한 응답을 보내줬다. 이와 같이 평화로운 상황을 실제 서비스 환경에서는 다음과 같은 2가지 이유로 기대하기 어렵다. 서비스를 호출한 사용자가 누구인지 알아야 하며(인증), 그 사용자가 해당 서비스를 호출할 수 있게 허락됐는지(권한 부여) 알아야 한다. 예를 들어 인증을 거치지 않은 익명의 사용자가 데이터베이스 항목을 아무 제한 없이 조작하게 두고 싶지는 않을 것이다.

모놀리식 웹 애플리케이션에서 인증은 로그인 폼으로 처리하며, 사용자가 식별되면 쿠키에 관련 정보를 추가해서 이후의 모든 요청에 사용한다.

마이크로서비스 기반 시스템에서는 이 방식을 모든 서비스에 적용할 수 없다. 서비스는 사용자가 아니므로 웹 폼을 사용해서 인증할 수 없기 때문이다. 그래서 각 서비스

사이의 요청을 자동으로 수락하거나 거부할 수 있는 다른 방법이 필요하다.

OAuth2 프로토콜(https://oauth.net/2)은 사용자와 서비스 양쪽 모두를 인증하는 데 사용할 수 있기 때문에 마이크로서비스에 인증과 권한 부여를 추가할 때 유연성을 제공한다. 7장에서는 OAuth2의 중요 내용을 살펴보고 어떻게 마이크로서비스의 인증 구현에 적용하는지 알아본다. 이러한 인증 구현은 서비스 간의 연동을 보호하는 데 목적이 있다.

서비스 보안을 통해 시스템 교란fraud이나 남용abuse을 막을 수 있다. 예를 들어 클라이언트가 고의적으로, 또는 예상치 못한 버그로 인해 서버에 과도한 요청을 보낸다고 가정하자. 서버는 이 상황을 감지해서 시스템을 보호할 수 있어야 한다. 물론 대규모 DDoS 공격에 대해 취할 수 있는 조치는 많지 않다. 하지만 기본 웹 애플리케이션 방화벽을 구성하는 건 어려운 작업이 아니며, 기본 공격으로부터 시스템을 보호할 수 있는 훌륭한 방법이기도 하다.

서비스를 보호하기 위해 코드 레벨에서 구현할 작업도 있다. 예를 들어 시스템 호출을 제어하거나 HTTP 리다이렉트를 통해 변조된 페이지에 연결되지 않도록 하는 처리다. 7장의 마지막 부분에서 이러한 작업들에 대해 설명하며, 지속적으로 코드를 스캔해서 잠재적인 보안 이슈를 발견하는 방법도 알아본다.

7장에서 다루는 내용은 다음과 같다.

- OAuth2 프로토콜 개요
- 토큰 기반 인증의 동작 흐름
- JWT 표준을 이해하고 'TokenDealer' 마이크로서비스에 적용
- 웹 애플리케이션 방화벽 구현 방법
- 마이크로서비스 보안 코드를 위한 몇 가지 모범 사례

OAuth2 프로토콜

OAuth2는 웹 애플리케이션과 사용자, 또는 웹 애플리케이션 사이의 연동을 보호하기 위해 널리 채택된 표준으로, 꽤 복잡한 여러 개의 RFC를 기반으로 하기 때문에 완전히 이해하기는 어렵다.

OAuth2의 핵심은 호출자caller를 인증하는 역할의 중앙 서비스를 두고, 이 중앙 서비스가 코드나 토큰 형태로 접근 권한을 부여하는 것이다. 접근 권한이 부여된 코드나 토큰을 열쇠key라고 하자. 사용자나 서비스는 열쇠를 사용해서 문을 열고 필요한 리소스에 접근한다. 물론 해당 리소스를 소유한 서비스는 그 열쇠가 맞는 열쇠인지 확인한 다음 문을 열어준다.

이 방법은 4장에서 스트라바 마이크로서비스를 만들 때도 사용했다. 이 서비스는 스트라바의 인증 서비스로부터 접근 권한을 부여 받은 후 사용자를 대신해서 스트라바 API와 연동된다. 이 방식을 **승인 코드 부여**Authorization Code Grant라고 부르며, 가장 많이 사용되는 권한 부여 방식이다. 사용자, 인증 서비스, 그리고 서드파티가 관여하므로 3자3-legged OAuth로 부르기도 한다. 스트라바는 자신들의 API를 호출하기 위해 필요한 코드를 생성해주고, 우리가 만들었던 스트라바 Celery 워커는 요청을 보낼 때 이 코드를 사용한다. 다음 다이어그램을 살펴보자.

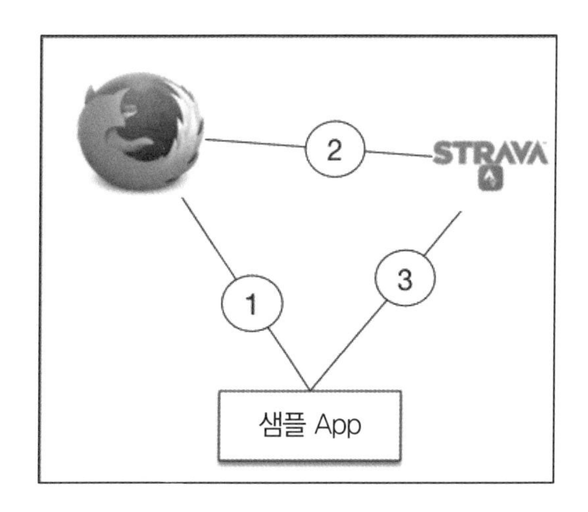

이 다이어그램에서 사용자는 샘플 App에 접속하는데, 이 샘플 App은 필요한 정보를 얻기 위해 스트라바 서비스에 연결해야 한다. 사용자가 샘플 App을 호출하면①, 샘플 App이 스트라바 API 접근 권한을 얻기 위해 사용자를 스트라바 서비스로 리다이렉트 한다.② 사용자가 샘플 App이 스트라바 API를 사용할 수 있도록 승낙하면 샘플 App은 HTTP 콜백을 통해 승인 코드를 획득하고 스트라바 API를 사용할 수 있게 된다.③

한편 마이크로서비스에서는 사용자의 개입 없이 서비스와 서비스 사이의 인증이 필요한 경우도 있다. 이때는 **클라이언트 자격증명 부여**CCG, Client Credentials Grant라는 또 다른 권한 부여 방식을 사용한다. 이 방식에서는 A 서비스가 인증 서비스에 연결해 B 서비스를 호출하는 데 필요한 토큰을 요청할 수 있다.[1]

클라이언트 자격증명 부여에 관한 더 많은 정보는 OAuth2 권한 부여 프레임워크 섹션 4.4(https://tools.ietf.org/html/rfc6749#section-4.4)의 설명을 참고하자.

클라이언트 자격증명 방식이 승인 코드 방식과 구분되는 중요한 차이점은 특정 웹 페이지로 리다이렉트하지 않는다는 점이다. 그 대신 토큰과 교환할 수 있는 비밀 키와 함께 암시적으로 승인된다.

이 2개의 권한 부여 방식을 사용하면 시스템의 인증 및 권한 부여와 관련된 모든 요소를 중앙에 모아 둘 수 있다. 따라서 마이크로서비스에 OAuth2를 적용하면 서비스를 인증하고, 서비스 간의 연동 방식을 추적해 보안 이슈를 줄일 수 있는 좋은 해결책이 된다.

클라이언트 자격증명은 7장에서 가장 흥미로운 부분이다. 사용자와 무관하게 마이크로서비스 간의 연동을 보호할 수 있기 때문이다. 또한 상황에 따라 접근 범위가 다른 토큰을 발행할 수 있으므로 권한 관리 역시 단순해진다.

---

1. 3자 OAuth인 승인 코드 부여 방식과 구분하기 위해 클라이언트 자격증명 부여를 양자(2-legged) OAuth라고도 부른다. - 옮긴이

서드파티가 사용자를 대신해서 마이크로서비스를 사용하는 경우는 승인 코드 부여 방식을 사용하겠지만, 여기서는 클라이언트 자격증명 방식에 더 집중한다.

Auth0(https://auth0.com)은 애플리케이션의 인증 부분을 직접 구현하지 않고 관리하기도 싫은 경우에 사용 가능한 유료 서비스다. 물론 서드파티가 인증을 대신 처리한다는 것에 거부감이 없어야 한다. Auth0은 마이크로서비스 기반의 애플리케이션에 필요한 모든 API를 제공한다.

인증 마이크로서비스 구현을 시작하기 전에 토큰 기반 인증이 어떻게 동작하는지 처음부터 알아보자. 다음 절을 정확히 이해한다면 OAuth2의 다른 내용도 쉽게 파악할 수 있을 것이다.

토큰 기반 인증

앞에서 알아본 것처럼 서비스가 사용자 개입 없이 다른 서비스에 접근해야 한다면 클라이언트 자격증명 방식을 사용한다.

이 방식의 기본 개념은 마치 일반 사용자와 동일하게 서비스 역시 인증 서비스에 연결해서 인증을 거친 후 다른 서비스를 호출할 때 필요한 토큰을 요청하는 것이다.

토큰은 비밀번호와 같은 개념으로 특정 리소스에 접근할 수 있다는 증명이다. 호출의 주체가 사용자인지, 서비스인지에 상관없이 올바른 토큰을 소유하고 있다면 리소스에 접근할 수 있는 열쇠를 가진 셈이다.

인증이나 권한 부여에 필요한 어떤 정보도 토큰에 포함할 수 있다. 이 정보는 보통 다음과 같다.

- 사용자 이름이나 ID

- 토큰 소유자가 수행 가능한 작업의 범위, 이를테면 읽기, 쓰기 등
- 토큰이 발급된 타임스탬프imestamp
- 토큰의 유효 시간을 알 수 있는 만료expiration 타임스탬프

토큰은 보통 서비스를 사용할 수 있다는 증명이 포함된 채 만들어진다. 여기서 '포함된 채'라는 말은 토큰의 유효성을 검증하기 위해 외부 서비스를 호출할 필요가 없다는 뜻으로, 서비스 간의 종속성이 추가되지 않는 바람직한 방법이다. 구현에 따라 토큰은 다른 마이크로서비스에 연결하는 데 사용되기도 한다.

OAuth2는 토큰에 JWT 표준을 사용한다.

OAuth2 사양은 JWT 사용을 강제하지 않는다. 다만 JWT를 사용하면 OAuth2 구현이 한결 쉬워진다.

JWT 표준

JWT는 JSON 웹 토큰을 지칭하는 말로 RFC7519(https://tools.ietf.org/html/rfc7519)에 설명된 표준이며, 토큰을 표현하는 데 자주 사용된다.

JWT는 3개의 점(.)으로 구분되는 길이가 긴 문자열이다.

- **헤더**Header: 사용된 해시 알고리즘처럼 토큰과 관련된 정보를 제공한다.
- **페이로드**Payload: 실제 데이터
- **서명**Signature: 올바른 토큰인지 검사하기 위한 해시 값

JWT 토큰은 base64로 인코딩되므로 쿼리 문자열에 사용할 수 있다. 다음은 인코딩된 형식의 JWT 토큰이다.

```
eyJhbGciOiJIUzI1NiIsInR5cCI6IkpXVCJ9
.
eyJ1c2VyIjoidGFyZWsifQ
.
OeMWz6ahNsf-TKg8LQNdNMnFHNtReb0x3NMs0eY64WA
```

출력 목적으로 토큰을 3줄로 나눠서 표시했지만, 실제 토큰은 한 줄로 표시한다.

파이썬을 사용해서 다음처럼 디코드할 수 있다.

```
# Chapter07
# jwt_test.py
import base64

def decode(data):

    pad = len(data) % 4
    if pad > 0:
        data += '=' * (4 - pad)
    return base64.urlsafe_b64decode(data)

print(decode('eyJhbGciOiJIUzI1NiIsInR5cCI6IkpXVCJ9'))
print(decode('eyJ1c2VyIjoidGFyZWsifQ'))
print(decode('OeMWz6ahNsf-TKg8LQNdNMnFHNtReb0x3NMs0eY64WA'))
```

스크립트를 실행한 결과는 다음과 같다.

```
$ python jwt_test.py
b'{"alg":"HS256","typ":"JWT"}'
b'{"user":"tarek"}'
b'9\xe3\x16\xcf\xa6\xa16\xc7\xfeL\xa8<-\x03]4\xc9\xc5\x1c\xdbQy\xbd1\xdc\
xd3,\xd1\xe6:\xe1`'
```

서명을 제외하면 JWT 토큰의 각 부분은 JSON 맵으로 이뤄졌다. 헤더는 보통 typ와 alg 키를 포함하는데, typ 키의 값으로 JWT 토큰이란 걸 알 수 있으며, alg 키는 사용된 해시 알고리즘을 나타낸다.

다음의 예제 헤더는 해시 알고리즘으로 HS256을 사용한다. HS256은 HMAC-SHA256을 의미한다.

```
{"typ": "JWT", "alg": "HS256"}
```

페이로드는 필요한 어떤 내용도 포함할 수 있다. RFC 7519에서는 정보의 각 필드를 JWT 클레임Claim이라고 부른다.

RFC는 등록된 클레임 이름Registered Claim Name이라고 부르는, 토큰이 포함할 수 있는 클레임 항목을 미리 정의하고 있다. 이들 중 일부를 정리하면 다음과 같다.

- **iss:** 토큰을 생성한 엔티티entity의 이름, 즉 토큰 발급자issuer를 나타낸다. 보통 호스트 이름이기 때문에 클라이언트는 /.well-known/jwks.json을 요청해서 공개 키를 알아낼 수 있다.
- **exp:** 토큰 만료 시간Expiration Time을 의미한다.
- **nbt:** 토큰이 유효해지는 시간Not Before Time을 나타낸다.
- **aud:** 토큰이 누구에게 발급됐는지, 즉 수신자Audience를 의미한다.
- **iat:** 토큰이 언제 발급 됐는지Issued At를 나타낸다.

다음의 예제 페이로드에는 몇 개의 타임스탬프와 함께 사용자 정의 클레임[2]인 user_id가 들어있다. 이 토큰은 2018년 2월 6일 화요일 오후 6:20:15부터 24시간 동안 사용 가능하다.

2. RFC7519에 의하면 클레임은 등록된 클레임, 퍼블릭 클레임, 프라이빗 클레임으로 분류하며, 프라이빗 클레임을 사용자 정의 클레임이라고도 부른다. - 옮긴이

```
{
    "iss": "https://tokendealer.example.com",
    "aud": "runnerly.io",
    "iat": 1517822415,  //2018년 2월 5일 월요일 오후 6:20:15
    "nbt": 1517908815,  //2018년 2월 6일 화요일 오후 6:20:15
    "exp": 1517995215,  //2018년 2월 7일 수요일 오후 6:20:15
    "user_id": 1234
}
```

이와 같은 클레임은 토큰을 일정 시간만큼만 유효한 상태로 유지할 수 있도록 하는 유연성을 제공한다.

마이크로서비스의 성격에 따라 토큰의 TTL[Time-To-Live]을 매우 짧게, 또는 무한하게 할 수 있다. 예를 들어 마이크로서비스가 시스템 내의 다른 서비스와 연동된다면 매번 토큰을 생성할 필요 없이 일정 시간 동안 유지되도록 토큰을 만드는 것이 좋다. 반면에 토큰이 시스템 바깥의 여러 곳에 분산된다면 가능한 한 짧은 시간 동안만 유효하게 만드는 것이 좋다.

JWT 토큰의 마지막 부분은 서명이다. 서명은 헤더와 페이로드의 서명된 해시를 포함한다. 서명과 해시에는 여러 개의 알고리즘이 사용된다. 일부는 비밀 키를 기반으로 하며, 일부는 공개 키와 비밀 키 쌍을 기반으로 한다.

계속해서 파이썬에서 JWT 토큰을 어떻게 다루는지 알아보자.

PyJWT

파이썬의 PyJWT(https://pyjwt.readthedocs.io/) 라이브러리는 JWT 토큰을 생성하고 읽을 수 있는 방법을 제공한다. `pip install` 명령으로 PyJWT를 설치하면 `encode()` 함수로 토큰을 생성하고, `decode()` 함수로 토큰을 읽을 수 있다.

다음 예제에서는 HMAC-SHA256을 사용해 JWT 토큰을 생성하고 다시 읽는다. 서명은 제공된 secret을 활용해 토큰을 읽을 때 검증된다.

```
# Chapter07
# pyjwt.py
import jwt

def create_token(alg='HS256', secret='secret', **data):
    return jwt.encode(data, secret, algorithm=alg)

def read_token(token, secret='secret'):
    return jwt.decode(token, secret)

token = create_token(some='data', inthe='token')
print(token)
read = read_token(token)
print(read)
```

read_token() 함수는 algs 인수로 jwt.decode()를 호출해서 토큰이 올바른 알고리즘으로 검증됐는지 확인한다. 이 방법은 예기치 않은 알고리즘을 사용해 악의적인 토큰으로 서버를 속이는 공격을 막는 좋은 관례다. 다음 웹 사이트에서 전체 내용을 읽어보자.
https://auth0.com/blog/critical-vulnerabilities-in-json-web-token-libraries/

이 코드를 실행하면 압축된 형식의 토큰과 압축되지 않은 형식의 토큰이 함께 출력된다.

미리 정의된 등록 클레임 중 하나를 사용하면 PyJWT가 해당 클레임을 인식해서 제어한다. 예를 들어 exp 클레임을 추가했고 이 토큰이 만료됐다면 jwt.decode() 호출 시에 라이브러리에서 자동으로 에러를 발생시킨다.

몇 개의 서비스에서 하나의 secret만 사용해서 서명하고, 유효성을 검증한다면 서비스 간에 secret을 공유해야 하므로 문제가 될 수 있다. 서비스 하나에 문제가 생겨서

secret이 유출된다면 인증 시스템 전체가 위험해진다. 또한 secret을 변경할 때 안전하게 시스템 전체에서 바꿀 수 있을 것인가도 역시 어려운 문제다.

따라서 더 좋은 방법은 공개 키와 개인 키로 구성된 비대칭 키를 사용하는 것이다. 개인 키는 토큰 발급자가 토큰을 서명할 때 사용하며, 공개 키는 토큰을 검증할 필요가 있는 누구라도 사용할 수 있다.

물론 공격자가 개인 키에 접근할 수 있거나 위조된 공개 키로 클라이언트를 속일 수 있다면 여전히 문제의 소지가 있지만, 공개 키/개인 키 쌍을 사용하면 인증 프로세스의 공격 가능 범위를 상당히 좁힐 수 있다. 특히 인증 마이크로서비스가 개인 키를 소유한 유일한 장소이므로 이곳에 보안 강화를 집중하는 것이 가능해진다. 즉, 이러한 민감한 서비스를 모든 접근이 엄격히 통제되는 방화벽 환경에 배포하는 것을 예로 들 수 있다.

이제 실제로 비대칭 키를 만드는 방법을 알아보자.

X.509 기반 인증

X.509 표준(https://en.wikipedia.org/wiki/X.509)은 웹 보안에 사용된다. SSL을 사용해서 HTTPS 연결을 허용하는 모든 웹 사이트는 서버에 X.509 인증서를 갖고 있으며, 데이터를 즉시 암호화하고 복호화하는 데 사용한다.

인증서는 **인증기관**CA, Certificate Authority이 발급하며, 브라우저를 통해 볼 수 있다. 인증서는 브라우저가 지원하는 인증기관에서 발급받아야 한다.

인증기관이 존재하는 이유는 인증서를 생성, 관리할 수 있는 자격을 갖춘 기관 수를 제한하고, 인증서 사용 회사와 분리해 인증서의 손상 위험을 막기 위해서다.

누구든지 셸에서 자체 서명self-signed한 인증서를 만들 수 있기 때문에 인증서를 신뢰 가능한지 알 수 없는 경우도 있다. 인증서는 Let's Encrypt(https://letsencrypt.org)처럼 브라우저가 신뢰하는 CA 중 하나에서 발급받은 것이어야만 믿을 수 있고 합법적이다.

모든 시스템을 직접 소유하고 관리한다면 자체 서명 인증서도 충분히 좋다. 다음 절에서 보게 될 예제도 자체 서명 인증서를 사용한다. 하지만 마이크로서비스가 다른 서드파티와 연결된다면 인증기관에서 발급한 인증서를 사용하는 것이 좋다. Let's Encrypt는 무료며 꽤 훌륭하다. 이 프로젝트는 웹 보안을 목표로 하지만, 도메인 이름을 소유하고 있다면 확장을 사용해 마이크로서비스를 보호하는 데 사용할 수도 있다.

이제, 자체 서명된 인증서를 만들어 JWT 토큰을 서명하는 데 사용해보자. 셸에서 `openssl` 명령을 이용해 인증서를 만들 수 있고, 공개 키와 개인 키 쌍을 인증서에서 추출할 수 있다.

최신 맥(Mac)을 사용 중이라면 `brew`로 `openssl`을 설치해야 한다. `openssl`은 맥OS에 기본으로 포함되지 않는다.

```
$ openssl req -x509 -newkey rsa:4096 -keyout key.pem -out cert.pem -days 365
Generating a 4096 bit RSA private key
..............................................++
......++
writing new private key to 'key.pem'
Enter PEM pass phrase:
Verifying - Enter PEM pass phrase:
-----
You are about to be asked to enter information that will be incorporated
into your certificate request.
What you are about to enter is what is called a Distinguished Name or a DN.
There are quite a few fields but you can leave some blank
For some fields there will be a default value,
If you enter '.', the field will be left blank.
-----
```

```
Country Name (2 letter code) [AU]:KR
State or Province Name (full name) [Some-State]:
Locality Name (eg, city) []:
Organization Name (eg, company) [Internet Widgits Pty Ltd]:Runnerly
Organizational Unit Name (eg, section) []:
Common Name (e.g. server FQDN or YOUR name) []:Hyun
Email Address []:hyuncs7@hotmail.com

$ openssl x509 -pubkey -noout -in cert.pem > pubkey.pem

$ openssl rsa -in key.pem -out privkey.pem
writing RSA key
```

이 과정을 통해 4개의 파일이 생성된다.

- cert.pem 파일은 인증서를 갖고 있다.
- pubkey.pem 파일은 인증서에서 추출한 공개 키를 갖고 있다.
- key.pem은 암호화된 RSA 개인 키를 갖고 있다.
- privkey.pem은 평문의 RSA 개인 키를 갖고 있다.

RSA는 3명의 저자인 리베스트(Rivest), 샤미르(Shamir), 아들만(Adleman)의 앞 글자에서 가져왔다. RSA 암호화 알고리즘은 최대 4,096바이트의 암호화 키를 생성하며, 안전한 알고리즘으로 평가된다.

이제 PyJWT 스크립트에서 pubkey.pem과 privkey.pem 파일을 사용해 토큰에 서명하고 검증할 수 있다. RSASSA-PKCS1-v1_5 서명 알고리즘과 SHA-512 해시 알고리즘을 사용한다.

```
# Chapter07
# encrypt_test.py
import jwt

with open('pubkey.pem') as f:
    PUBKEY = f.read()

with open('privkey.pem') as f:
    PRIVKEY = f.read()

def create_token(**data):
    return jwt.encode(data, PRIVKEY, algorithm='RS512')

def read_token(token):
    return jwt.decode(token, PUBKEY)

token = create_token(some='data', inthe='token')
print(token)

read = read_token(token)
print(read)
```

토큰 크기가 훨씬 커진 걸 제외하면 결과는 앞에서 실행한 것과 유사하다.

```
$ python encrypt_test.py
b'eyJ0eXAiOiJKV1QiLCJhbGciOiJSUzUxMiJ9.eyJpbnRoZSI6InRva2VuIiwic29tZSI6Im
RhdGEifQ.RpVWFLqMJqLhZ8DLJ_IaGgaUzKFD3g0a7t-D9Ox0czMNdA7DhjP4vQblCkLlHnhz
nJctA8lDi9OJmjhBN669LjLvYSMyoS_hIqmnK2MQsjW1EzmQ5eL9UPiY5uCryAmsMzKyYCjOA
wb0CAr1DBlxMvfJZHF-CElv76Rw7hFrzkIepxcABN7c4u2TkyWCYdNCNZv0gXPizuVKhDb0gR
aqd457PLvoG7h1JwG6sEWBd_xktZvLCfJpNp6jvc2sxAyVmPVXoQN0Krx8cEIm8puMnj2Evx-
8WsdouqjmJl9tNXRF1zUkmq1y5Rvslac8uC9vyywKmGDSMElAhBHZZ_7tqh5k9n5ZW7EuIA6S
gb-Up72w7OsBHXFIUqX5K6vTTN4ib3fsfP90Euxsx2X18cov3OvNc0qfWIcL8ytanYCIsUEAh
4t2PnRsh25YUPm5oNTqdrhqvK5-MoqebDgffNyNlNN_dtXo27dQ2XnSdl6FlrSVYTIBuGyVXV
OWHlagM0C8d4_eK-VUIsS9TvVIaaA7UimxdkWAEbcJKakXhXv4VWGMdFEtmDL9-XU_Iu0oD15
UXehkSr8Lot6EUWzo6K83-akwWrABCnX1ciZRrVLWz1RqS_PpF1E9orROXXKWm-Wkiv4pgnwj
NW_dpNZmb8y6sfQyrXkudPMnK6Fd3TuLEEY'
```

```
{'inthe': 'token', 'some': 'data'}
```

각 요청에 대해 700바이트 이상의 데이터가 추가될 수 있다는 것에 주의하자. 따라서 secret 기반 토큰 기술은 네트워크 오버헤드를 줄이기 위한 옵션을 고려해야 한다.

지금까지 JWT 토큰을 어떻게 다루는지 알아봤다. 이제 인증 마이크로서비스를 구현해보자. 이 서비스의 이름은 TokenDealer다.

TokenDealer 마이크로서비스

인증 마이크로서비스를 만드는 첫 번째 단계는 클라이언트 자격증명에 필요한 모든 것을 구현하는 것이다. 토큰이 필요한 서비스가 요청을 보내면 만료 시간을 24시간으로 설정한 토큰을 생성한다.

TokenDealer는 토큰 서명에 필요한 개인 키를 소유한 유일한 서비스며, 토큰 검증이 필요한 다른 서비스들에게는 공개 키를 노출한다. 또한 모든 클라이언트 ID와 비밀키가 보관되는 유일한 장소이기도 하다.

토큰을 획득한 서비스는 토큰을 통해 시스템 내의 다른 서비스와 연동이 가능하므로 구현이 크게 단순해진다. 토큰을 가진 서비스가 연결을 시도하면 로컬에서 직접 검증하거나, TokenDealer를 호출해서 토큰을 검증할 수 있도록 2가지 방법을 구현한다.

로컬에서 검증하는 첫 번째 방법은 네트워크 사용을 한 차례 제거할 수 있지만, JWT 토큰을 직접 다뤄야 하므로 약간의 CPU 오버헤드가 발생한다. 해당 서비스가 CPU를 특히 많이 사용하는 서비스라면 토큰 검증으로 인해 CPU가 더 필요해져 비용이 추가될 수 있다. 이런 문제를 방지하고자 2개의 방법을 준비한다.

설명한 내용을 구현하기 위해 마이크로서비스에 다음과 같은 3개의 엔드포인트를 만든다.

- **GET /.well-known/jwks.json:** 다른 마이크로서비스가 스스로 토큰을 확인하려고 할 때 필요한 공개 키로, RFC7517(https://tools.ietf.org/html/rfc7517)의 설명대로 JSON 웹 키[JWK] 형식으로 게시한다.
- **POST /oauth/token:** 주어진 자격증명으로 토큰을 반환한다. /oauth 접두사를 추가하는 건 OAuth RFC에서 사용되는 널리 채택된 규약이다.
- **POST /verify_token:** 주어진 토큰의 페이로드를 반환한다. 유효한 토큰이 아니라면 400을 반환한다.

https://github.com/Runnery/microservice에 있는 마이크로서비스 구조를 사용하면 위 3개의 뷰를 구현하는 플라스크 블루프린트를 간단히 만들 수 있다.

가장 중요한 POST /oauth/token을 살펴보자.

POST/oauth/token 구현

클라이언트 자격증명 흐름에 따라 토큰이 필요한 서비스는 다음과 같은 필드를 포함하는 본문을 URL 인코딩해서 POST 요청으로 보낸다.

- **client_id:** 요청을 구분하기 위한 고유한 문자열이다.
- **client_secret:** 요청자를 인증하는 비밀 키로, 미리 생성해서 인증 서비스에 등록된 임의의 문자열이어야 한다.
- **grant_type:** 권한 부여 방식으로, 반드시 클라이언트 자격증명을 뜻하는 client_credentials로 지정해야 한다.

구현을 단순히 하기 위해 몇 가지 상황을 가정한다.

- secret은 파이썬 딕셔너리에 보관한다.
- client_id는 마이크로서비스의 이름이다.
- secret은 binascii.hexlify(os.urandom(16))으로 생성한다.

인증 부분은 단순히 secret이 올바른지 확인한 다음, 토큰을 생성해서 반환한다.

```
import time
from hmac import compare_digest
from flask import request, current_app, abort, jsonify
from werkzeug.exceptions import HTTPException
from flakon import JsonBlueprint
from flakon.util import error_handling
import jwt

home = JsonBlueprint('home', __name__)

def _400(desc):
    exc = HTTPException()
    exc.code = 400
    exc.description = desc
    return error_handling(exc)

_SECRETS = {'strava': 'f0fdeb1f1584fd5431c4250b2e859457'}

def is_authorized_app(client_id, client_secret):
    return compare_digest(_SECRETS.get(client_id), client_secret)

@home.route('/oauth/token', methods=['POST'])
def create_token():
    key = current_app.config['priv_key']
    try:
        data = request.form
        if data.get('grant_type') != 'client_credentials':
            return _400('Wrong grant_type')

        client_id = data.get('client_id')
        client_secret = data.get('client_secret')
        aud = data.get('audience', '')

        if not is_authorized_app(client_id, client_secret):
            return abort(401)
```

```
        now = int(time.time())

        token = {'iss': 'https://tokendealer.example.com',
                 'aud': aud,
                 'iat': now,
                 'exp': now + 3600 * 24}
        token = jwt.encode(token, key, algorithm='RS512')
        return {'access_token': token.decode('utf8')}
    except Exception as e:
        return _400(str(e))
```

create_token() 뷰 함수는 애플리케이션 설정의 priv_key에서 개인 키를 가져와 사용한다.

hmac.compare_digest() 함수는 client_secret을 한 문자씩 추측하려고 시도하는 클라이언트의 타이밍 공격을 회피하면서 2개의 secret을 비교하기 위해 사용한다. == 연산자와 기능은 동일하지만 타이밍 공격의 취약점을 줄이기 위해 권장되는 방법이다. https://docs.python.org/3/library/hmac.html에서는 다음과 같이 설명하고 있다. "이 함수는 콘텐츠 기반의 단락 동작을 피함으로써 타이밍 분석을 방지하는 접근법을 사용하기 때문에 암호화에 적합하다."

블루프린트는 한 쌍의 키만 있으면 인증이 필요한 모든 마이크로서비스를 위해 자체 서명된 JWT 토큰을 생성한다.

TokenDealer 마이크로서비스의 전체 소스코드는 https://github.com/Runnerly/tokendealer에서 볼 수 있으며, 토큰을 검증하는 verify_token(), 공개 키를 반환하는 _jwks() 뷰 함수 소스를 볼 수 있다.

마이크로서비스는 토큰 생성과 관련해 좀 더 세밀한 기능을 제공할 수 있다. 예를 들어 범위를 관리하거나, A 서비스가 B 서비스에서 사용 가능한 토큰을 생성하지 못하게 제한하거나, 토큰 요청 권한이 부여된 서비스들의 화이트리스트 관리 등을 추가할 수 있다.

여기서 구현한 내용은 마이크로서비스 환경에서 사용 가능한 토큰 기반 인증 시스템의 기본일 뿐이며, Runnerly 애플리케이션에서 사용하기에는 이 정도로 충분하다.

다음 다이어그램에서 훈련 계획, 데이터 서비스, 그리고 Races는 JWT 토큰을 사용해서 각 엔드포인트에 대한 접근을 제한할 수 있다.

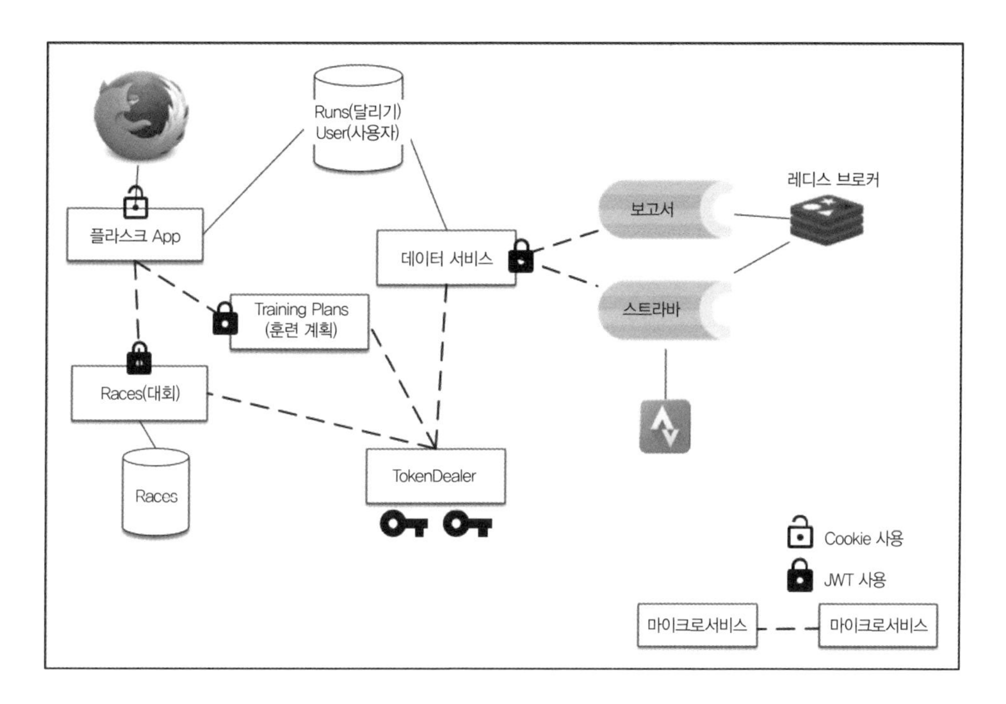

이 다이어그램에서 잠긴 자물쇠 그림으로 표시된 'JWT 사용'은 JWT 토큰이 필요한 서비스를 나타낸다. 이 서비스들은 TokenDealer를 호출해서 토큰을 검증할 수 있다. 또한 다이어그램에는 나타나 있지 않지만, 플라스크 애플리케이션은 사용자를 대신해 TokenDealer로부터 토큰을 얻어야 한다.

이로써 클라이언트 자격증명을 구현한 TokenDealer 서비스가 준비됐으므로, 어떻게 사용하는지 그 방법을 알아보자.

TokenDealer 사용

다음 그림에서 데이터 서비스와 스트라바 워커가 연결되는 ③은 인증이 필요하다. 데이터 서비스에 데이터를 추가하는 작업은 권한이 부여된 서비스만 가능하게 통제해야 한다.

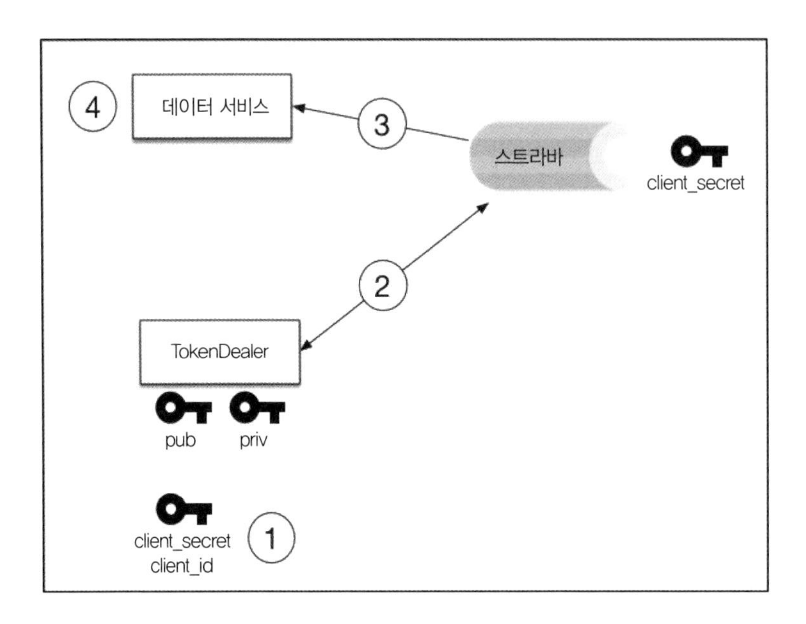

인증은 다음과 같은 4 단계로 진행된다.

1. TokenDealer는 스트라바 워커를 위해 `client_id`와 `client_secret` 짝을 보관하고 스트라바 워커 개발자와 공유한다.①
2. 스트라바 워커는 `client_id`와 `client_secret`을 사용해서 TokenDealer에 토큰을 요청한다.②
3. 스트라바 워커는 데이터 서비스에 보내는 모든 요청에 토큰을 추가한다.③
4. 데이터 서비스는 TokenDealer를 호출해 토큰을 검증하거나 로컬에서 직접 토큰을 검증한다.④

첫 번째 단계는 반자동으로 처리된다. 클라이언트 secret은 보통 인증 서비스의 웹 관리자 패널을 통해 생성된다. 생성된 secret은 스트라바 마이크로서비스 개발자에게 제공된다.

서비스는 이제 토큰을 처음 생성하거나 토큰이 만료된 경우처럼 필요할 때마다 새로운 토큰을 얻을 수 있으며, 데이터 서비스를 호출할 때 Authorization 헤더에 토큰을 추가한다.

다음은 `requests` 라이브러리를 사용한 호출 예제다. 이 예제에서 TokenDelaer는 `localhost:5000`, 데이터 서비스는 `localhost:5001`에서 실행되고 있다고 가정한다.

```
import requests

server = 'http://localhost:5000'
secret = 'f0fdeb1f1584fd5431c4250b2e859457'

data = [('client_id', 'strava'),
        ('client_secret', secret),
        ('audience', 'runnerly.io'),
        ('grant_type', 'client_credentials')]

def get_token():
    headers = {'Content-Type': 'application/x-www-form-urlencoded'}
    url = server + '/oauth/token'
    resp = requests.post(url, data=data, headers=headers)
    return resp.json()['access_token']
```

원래 표준 구현에서는 /oauth/token이 JSON 형식이 아닌 인코딩된 형식의 데이터를 받는다는 걸 알아두자.

`get_token()` 함수로 획득한 토큰은 데이터 서비스를 호출할 때 Authorization 헤더에 추가한다.

```
_TOKEN = None

def get_auth_header(new=False):
    global _TOKEN
    if _TOKEN is None or new:
        _TOKEN = get_token()
    return 'Bearer ' + _TOKEN

_dataservice = 'http://localhost:5001'

def _call_service(endpoint, token):
    # 읽기를 단순히 하기 위해 세션 등은 사용하지 않는다.
    return requests.get(_dataservice + '/' + endpoint,
            headers={'Authorization': token})

def call_data_service(endpoint):
    token = get_auth_header()
    resp = _call_service(endpoint, token)
    if resp.status_code == 401:
        # 토큰이 취소될 수 있으므로, 새로운 토큰으로 시도한다.
        token = get_auth_header(new=True)
        resp = _call_service(endpoint, token)
    return resp
```

call_data_service() 함수는 데이터 서비스를 호출했을 때 응답 코드가 401이면 새로운 토큰을 요청한다.

이와 같이 401 응답 시에 새로운 토큰을 발급받는 방법은 모든 마이크로서비스에서 토큰 생성을 자동화하기 위해 사용될 수 있다.

지금까지 서비스 사이의 인증에 대해 알아봤다. JWT 기반 인증의 전체 구현은 Runnerly 깃허브 저장소에서 확인할 수 있으며, 인증 프로세스를 만들기 위한 토대로 사용할 수 있을 것이다.

다음 절에서는 웹 서비스 보안의 또 다른 중요한 요소인 웹 애플리케이션 방화벽에 관해 알아본다.

웹 애플리케이션 방화벽

이상적인 환경이라면 클라이언트는 서비스를 올바로 호출하고, HTTP 요청과 응답은 코드로 구현한 시나리오와 정확히 일치하면서 흘러갈 것이다.

하지만 현실은 이상과 다르므로 기대한 대로 동작하지 않는다. 클라이언트 쪽에 버그가 있거나 서비스를 정확하게 요청하지 않았다면 4xx 응답 코드를 보내고 왜 요청이 거부됐는지 이유를 알려줘야 한다. 불순한 의도를 가진 공격자가 보낸 악의적인 요청에 대해서도 마찬가지다. 의도하지 않은 모든 행동은 걸러내야 한다.

오픈 웹 애플리케이션 보안 프로젝트OWASP(https://www.owasp.org)는 잘못된 동작으로부터 웹을 보호하는 방법을 배울 수 있는 훌륭한 참고 자료다. 또한 광범위한 공격을 피하는 데 사용할 수 있는 **ModSecurity**(https://modsecurity.org/crs) 툴킷의 **웹 애플리케이션 프레임워크**WAF를 위한 규칙 세트도 제공한다.

마이크로서비스 기반 애플리케이션에서는 웹에 게시된 모든 것이 공격받을 수 있다. 하지만 모놀리식 애플리케이션과 다르게 HTML 사용자 인터페이스나 공용 API를 통해 사용자와 직접 연결되지는 않으므로 잠재적인 공격 범위는 줄어들게 마련이다.

이번 절에서는 JSON 기반의 마이크로서비스를 보호하기 위한 필수적인 방법들을 다룬다. 먼저 가장 일반적인 공격 형태부터 알아보자.

- **SQL 주입**SQL Injection: 공격자가 요청을 보내면서 SQL 쿼리문을 실어 보낸다. 서버에서 요청 내용 중 일부(일반적으로 인수를 사용함)를 사용해 SQL 쿼리를 만든다면 공격자가 보낸 쿼리가 실행된다. 파이썬에서는 원시 SQL문 대신 SQLAlchemy를 사용해서 이런 위험을 피할 수 있다. 원시 SQL문을 계속 사용

한다면 모든 변수가 정확히 인용됐는지 확인해야 한다. 7장의 뒷부분에서 이에 관해 설명한다.

- **크로스사이트 스크립팅**XSS, Cross Site Scripting: 이 공격은 HTML을 표시하는 웹 페이지에서만 발생한다. 공격자는 페이지에 자신의 HTML 코드를 삽입하고, 정상적인 웹 사이트인 것처럼 사용자를 속여서 특정 행동을 하도록 유도한다.
- **크로스사이트 요청 위조**XSRF/CSRF, Cross-Site Request Forgery: 이 공격은 또 다른 웹 사이트에서 사용자의 자격증명을 재사용하는 방법으로 서비스를 공격한다. 전형적인 CSRF 공격은 POST 요청을 사용한다. 예를 들어 악성 웹 사이트가 링크를 표시하고 사용자가 클릭하면 해당 사용자의 자격증명을 이용해 공격 대상 웹 사이트로 POST 요청을 보낸다.

많은 공격들이 특히 PHP 기반 시스템을 대상으로 한다. PHP 기반 시스템은 광범위하게 사용되고 있기 때문에 서버를 호출할 때 사용자 입력을 무효화하는 사이트를 찾기 쉽다. **로컬 파일 취약점**LFI, Local File Inclusion, **원격 파일 취약점**RFI, Remote File Inclusion, **원격 코드 실행**Remote Code Execution은 모두 클라이언트 입력이나 서버 파일을 드러내는 식으로 서버를 속여서 의도한 바를 실행한다. 물론 파이썬 애플리케이션에서도 발생할 수 있지만, 파이썬 프레임워크는 이러한 공격을 피할 수 있는 보호 기능을 포함하고 있다.

시스템을 악용할 수 있는 방법으로 잘못된 요청만 있는 것은 아니다. 올바른 요청이라도 대규모로 보내게 되면 서버는 이 요청을 처리하는 데 모든 리소스를 사용하게 되므로 결국 **서비스 거부**DoS 상황이 발생한다. 이와 같은 상황은 클라이언트가 자동으로 같은 API를 다시 호출하는 재생replay 기능을 갖고 있을 때 발생하기도 한다. 클라이언트의 호출을 제한할 방법이 없다면 정상 클라이언트라고 하더라도 결국 서버에 과부하가 걸릴 수 있다

이처럼 과도한 요청을 보내는 클라이언트를 막기 위해 서버에 보호 기능을 추가하는 것은 그리 어려운 작업이 아니다.

이번 절에서는 너무 많은 요청을 보내는 클라이언트를 명시적으로 거부하는 기본 WAF를 만드는 방법을 설명한다.

이번 절의 목표는 전체 WAF를 만드는 것이 아니라 어떻게 WAF를 구현하고 사용하는지 이해하는 데 있다. 사실 ModSecurity 같은 완전한 기능의 WAF를 JSON 기반의 마이크로서비스에 구현하는 건 지나친 면이 있다.

플라스크 마이크로서비스에 WAF를 만들 수도 있지만, 모든 트래픽이 여기를 통과해야 한다면 많은 오버헤드가 발생할 것이다. 더 좋은 방법은 웹 서버를 활용하는 것이다.

OpenResty: 루아와 nginx

OpenResty(http://openresty.org/en)는 루아[Lua] 인터프리터가 포함된 nginx 배포판이다.

루아는 훌륭한 동적 타입 프로그래밍 언어로, 가볍고 빠른 인터프리터를 갖고 있다. 이 언어는 완전한 기능 셋을 제공하며, 비동기 기능도 내장하고 있다. 순수 루아에 직접 코루틴을 작성할 수 있다.

파이썬 개발자에게 루아는 꽤 친숙하게 느껴진다. 기본 구문만 배우면 몇 시간 내에 스크립트를 만들 수 있을 것이다. 루아는 함수, 클래스, 표준 라이브러리 등을 제공하므로 편하게 작업할 수 있다.

루아를 설치하면 파이썬 셸에서 작업할 때처럼 루아 REPL[Read-Eval-Print-Loop]을 통해 코드를 작성하고 실행할 수 있다.

```
$ lua
Lua 5.3.1 Copyright (C) 1994-2015 Lua.org, PUC-Rio
> io.write("Hello world\n")
```

```
Hello world
file (0x7fae3067f620)
> mytable = {}
> mytable["user"] = "tarek"
> mytable["user"]
tarek
> string.upper(mytable["user"])
TAREK
```

루아에 대해서 더 알고 싶다면 http://www.lua.org/docs.html을 참고하자.

루아는 컴파일된 앱에 언어를 포함하고 싶을 때 자주 선택된다. 메모리 공간은 놀라울 만큼 작으며, 빠른 동적 스크립팅 기능을 추가할 수 있게 해준다. OpenResty에서 이런 작업이 가능하다. nginx 모듈을 만들면 해당 모듈과 함께 nginx를 다시 컴파일해야 하지만, 루아 스크립트는 OpenResty에 바로 배포할 수 있다.

루아 코드를 호출하면 OpenResty의 LuaJIT 인터프리터가 매우 효과적인 방법으로 코드를 실행하므로 nginx 자체 코드보다 느리지 않다. 일부 벤치마크에 의하면 루아는 특정 상황에서 C나 C++보다 빠르다(http://luajit.org/performance.html).

nginx에 추가하는 함수는 비동기로 실행되는 코루틴이므로 서버가 동시에 많은 요청을 받더라도 오버헤드는 최소한으로 발생한다. 이러한 장점이 바로 WAF가 필요로 하는 것이다.

OpenResty는 도커 이미지 및 일부 리눅스 배포판의 패키지로 제공된다. 또한 http://openresty.org/en/installation.html을 참고해 처음부터 컴파일할 수도 있다. 맥 OS에서는 `brew install openresty` 명령으로 설치할 수 있다.

OpenResty를 설치하면 `openresty` 명령을 사용할 수 있으며, 이 명령을 사용해서 nginx와 동일하게 애플리케이션을 서비스할 수 있다.

다음과 같은 nginx 설정은 5000 포트에서 실행되는 플라스크 애플리케이션에 대한 요청을 중계[proxy]한다.

```
# Chapter07
# resty.conf
daemon off;
worker_processes 1;
pid openresty.pid;
error_log /dev/stdout info;
events {
    worker_connections 1024;
}
http {
    include /usr/local/openresty/nginx/conf/mime.types;
    default_type application/octet-stream;
    sendfile on;
    keepalive_timeout 65;
    access_log /dev/stdout;
    server {
        listen 8888;
        server_name localhost;
        location / {
            proxy_pass http://localhost:5000;
            proxy_set_header Host $host;
            proxy_set_header X-Real-IP $remote_addr;
            proxy_set_header X-Forwarded-For $proxy_add_x_forwarded_for;
        }
    }
}
```

이 설정은 openresty 명령과 함께 사용되며, daemon off를 사용했기 때문에 포그라운드[foreground] 작업으로 포트 8888에서 실행된다. 해당 포트로 들어오는 모든 요청은 포트 5000에서 실행 중인 플라스크 애플리케이션으로 중계된다.

```
$ sudo openresty -p `pwd`/ -c resty.conf
2018/02/06 23:50:37 [notice] 31290#31290: using the "epoll" event method
2018/02/06 23:50:37 [notice] 31290#31290: openresty/1.13.6.1
2018/02/06 23:50:37 [notice] 31290#31290: OS: Linux 4.13.0-32-generic
2018/02/06 23:50:37 [notice] 31290#31290: getrlimit(RLIMIT_NOFILE):
1024:1048576
2018/02/06 23:50:37 [notice] 31290#31290: start worker processes
2018/02/06 23:50:37 [notice] 31290#31290: start worker process 31291
```

이 구성은 아직 루아를 사용하지 않았으므로 순수 nginx 서버에서도 사용할 수 있다. OpenResty는 이처럼 기존 구성 파일도 실행할 수 있기 때문에 nginx을 대체할 수 있다.

이번 절에서 사용된 코드와 설정은 https://github.com/Runnerly/waf에서 볼 수 있다.

루아는 요청이 들어왔을 때 2개의 다른 방법으로 호출될 수 있다. 다음은 이번 절에서 흥미로운 두 가지 항목이다.

- **access_by_lua_block**: 응답이 만들어지기 전에 요청이 들어올 때마다 호출된다. WAF에서 접근 규칙access rule을 만들 때는 여기에 만든다.
- **content_by_lua_block**: 루아를 사용해 응답을 생성한다.

다음 절에서는 이 2가지 항목을 이용해 클라이언트가 보내는 요청을 제한해본다.

요청 제한 및 동시 처리 제한

요청 제한은 일정 기간 동안 서버가 받아들이는 요청 수의 한계를 정해두고 이 한계에 다다르면 새로 들어오는 요청을 거부한다.

동시 처리 제한은 웹 서버가 동일한 원격 사용자(동일 IP)로부터 받아들이는 동시 요청 수의 한계를 정해두고, 한계에 도달하면 새 요청을 거부한다. 많은 요청이 서버에 동시에 도달할 수 있기 때문에 동시성 제한은 임계값에 약간 여유를 두는 것이 좋다.

이 두 가지는 동일한 방법으로 구현한다. 먼저 어떻게 동시 처리를 제한하는지 알아보자.

OpenRestry는 `lua-resty-limit-traffic`이라고 부르는 루아로 만든 요청 제한 라이브러리를 포함하고 있다. `access_by_lua_block` 섹션에 이 라이브러리를 사용할 수 있다.

이 기능은 같은 프로세스 내의 모든 nginx 워커가 공유하는 메모리 매핑인 **루아 공유 딕셔너리**Lua Shared Dict를 사용한다.

보통 서비스 노드 하나당 nginx 하나를 배포하므로 요청 제한은 각 웹 서버에 적용된다. 따라서 동일한 마이크로서비스를 여러 개의 노드에 배포해서 로드 밸런싱하고 있다면 임계값을 설정할 때 이 점을 고려해야 한다.

다음 예제에서는 요청 제한을 활성화하기 위해 `lua_shared_dict` 정의와 `access_by_lua_block` 섹션을 추가한다. 이 예제는 프로젝트 문서에 있는 예제를 좀 더 단순화했다.

```
...
http {
    ...
    lua_shared_dict my_limit_req_store 100m;

    server {
        access_by_lua_block {
        local limit_req = require "resty.limit.req"
        local lim, err = limit_req.new("my_limit_req_store",200, 100)
```

```
        local key = ngx.var.binary_remote_addr
        local delay, err = lim:incoming(key, true)
        if not delay then
            if err == "rejected" then
                return ngx.exit(503)
                end

            end
        if delay >= 0.001 then
            ngx.sleep(delay)
            end
        }
        proxy_pass ...
    }
}
```

access_by_lua_block 섹션은 루아 함수로 간주되며, OpenResty가 노출하는 변수와 함수 일부를 사용할 수 있다. 예를 들어 ngx.var는 모든 nginx 변수를 포함하는 테이블이고 ngx.exit()는 사용자에게 즉시 응답을 반환할 때 사용하는 함수다. 예제 코드의 경우는 요청 수 제한에 도달해서 거부해야 할 때 503 코드를 돌려주기 위해 사용했다.

라이브러리는 my_limit_req_store 딕셔너리를 resty.limit.req 함수에 전달하며, 서버에 요청이 들어올 때마다 클라이언트 주소인 binary_remote_addr을 사용해서 incoming() 함수를 호출한다.

incoming() 함수는 원격 주소 한 개당 활성 연결 수를 유지하기 위해 공유 딕셔너리를 사용하고, 임계값에 도달하면 거부 코드를 반환한다. 이 코드에서는 동시 요청이 300개를 초과하면 서비스를 거부한다.

요청이 수락되면 incoming() 함수는 지연 값을 반환한다. 루아는 지연과 비동기 ngx.sleep() 함수를 사용해서 요청을 일단 보류한다. 지연 값은 원격 클라이언트가 임계값인 200에 도달하지 않았다면 0이므로 요청을 곧바로 처리하고, 200과 300 사이라면 작은 지연을 줘서 서버가 이미 지연시킨 다른 모든 요청을 처리할 수 있게 한다.

이 방법은 과도한 요청으로 인한 서버 과부하를 피할 수 있는 매우 효과적인 설계다. 이렇게 안전장치를 마련해 두면 마이크로서비스가 문제 발생 지점에 도달하는 것을 막을 수 있다.

예를 들어 벤치마크를 통해 서비스가 100개의 동시 요청 처리만 가능한 것으로 측정됐다면 여기에 맞게 요청 제한을 설정해서 플라스크까지 요청이 전달될 필요 없이 nginx가 미리 요청을 거부할 수 있다. 그러면 플라스크에서 따로 요청 수를 제한하고, 요청 거부가 일어났을 때 관련된 에러 로그를 쌓느라 불필요하게 CPU를 낭비할 필요도 없다.

이 예제에서 요청 수를 계산하기 위해 사용된 키는 요청 헤더의 원격지 주소다. nginx 서버 자체가 프록시 뒤에 있다면 실제 원격지 주소를 포함하는 헤더를 사용하고 있는지 반드시 확인해야 한다. 이렇게 하지 않으면 프록시 서버를 대상으로 요청 수 제한을 적용한다. 보통 이런 경우에 X-Forwarded_For 헤더를 사용한다.

WAF에 더 많은 기능을 원한다면 `lua-resty-limit-traffic`처럼 동작하지만 더 많은 보호 기능도 제공하는 `lua-resty-waf` 프로젝트(https://github.com/p0pr0ck5/lua-resty-waf)도 있다. ModSecurity 규칙 파일도 읽을 수 있으므로 ModSecurity 자체를 쓰지 않아도 OWASP 프로젝트의 규칙 파일을 사용할 수 있다.

기타 OpenResty 기능

OpenResty는 nginx의 사용성을 높이는 유용한 루아 스크립트를 많이 포함하고 있다. 개발자들은 이를 활용해서 데이터를 직접 다루기도 한다.

컴포넌트 페이지(http://openresty.org/en/components.html)에서는 데이터베이스, 캐시 서버 등 nginx와 연결할 수 있는 유용한 도구들을 찾을 수 있다. 또한 OpenResty

컴포넌트를 게시할 수 있는 웹 사이트도 있다(https://opm.openresty.org/).

플라스크 서비스 앞쪽에 OpenResty를 사용한다면 플라스크의 일부 코드를 OpenResty의 루아로 옮길 수도 있다. 목적은 애플리케이션의 로직을 OpenResty로 옮기는 것이 아니라 플라스크 애플리케이션 호출 전후에 처리할 작업을 웹 서버에서 수행해 효율성을 높이려는 데 있다.

예를 들어 GET 리소스 일부를 레디스나 멤캐시드 서버를 사용해 캐시하고 있다면 루아에서 직접 캐시에 값을 추가하거나 가져올 수 있다. srcache-nginx-module(https://github.com/openresty/srcache-nginx-module)은 이 동작을 구현하고 있으며, 플라스크 애플리케이션에 캐시가 구현돼 있다면 GET 호출 횟수를 줄일 수 있다.

지금까지 알아본 것처럼 OpenResty는 간단한 WAF를 만들어 마이크로서비스를 보호하는 데 사용할 수 있는 강력한 nginx 배포판이다. 또한 방화벽 이상의 기능도 제공한다. 마이크로서비스를 운영하는 데 OpenResty를 적용하면 루아를 활용할 수 있기 때문에 웹 서버의 사용성을 한층 끌어올릴 수 있다.

다음 절에서는 코드 레벨에서 마이크로서비스를 보호하기 위한 방법은 무엇인지 알아본다.

코드 보안

앞에서는 단순한 WAF 설정 방법을 알아봤다. 요청 제한이 유용한 방법이긴 하지만 여러 개의 공격 형태 중에서 하나만 막을 수 있을 뿐이다. 애플리케이션을 공개하자마자 문제에 봉착하고 싶지 않다면 코드를 설계할 때부터 여러 가지 위협을 염두에 둬야 한다.

코드 보안의 기본 원칙은 단순하지만 실제로 적용하기는 까다롭다. 두 가지 기본 원칙은 다음과 같다.

- 외부에서 유입되는 모든 요청은 해당 요청이 유효한지를 먼저 신중히 평가한 후 애플리케이션에서 작업을 처리해야 한다.
- 애플리케이션이 처리하는 모든 작업은 체계적으로 정의돼야 하며, 제한된 영역 내에서만 동작해야 한다.

이 원칙들을 실제로 어떻게 구현할 수 있는지 알아보자.

외부에서 유입되는 요청 평가

첫 번째 원칙인 '요청 평가'의 의미는 애플리케이션에 어떤 영향이 있는지 확인하지 않은 채 들어오는 요청을 무조건 처리해서는 안 된다는 뜻이다.

예를 들어 데이터베이스의 레코드를 삭제하는 API가 있다면 클라이언트가 이 API를 호출했을 때 사용 권한이 있는지를 우선 확인해야 한다. 7장의 초반부에 인증과 권한 부여에 관해 알아본 이유가 바로 여기에 있다.

한편 침입 가능한 또 다른 방법이 있는데, 예를 들어 플라스크 뷰 함수가 클라이언트가 보낸 요청에서 JSON 데이터를 가져와 데이터베이스에 삽입한다면 요청에 포함된 JSON 데이터가 정상 데이터인지 먼저 확인해야 한다. Swagger를 사용해 데이터를 스키마로 표현하고 수신된 요청을 검사하는 이유가 여기에 있다.

마이크로서비스는 보통 JSON을 사용하지만 템플릿도 쓰고 있다면 사용하는 변수를 주의 깊게 봐야 한다.

템플릿이 별다른 확인 없이 파이썬 코드를 실행한다면 서버 측 템플릿 주입[SSTI, Server-Side Template Injection] 공격이 발생할 수 있다. 실제로 2016년에 우버[Uber] 웹 사이트의 Jinja2 템플릿에서 발견된 보안 취약점은 템플릿이 실행되기 전에 원시 서식[raw formatting]이 먼저 처리된 것이 원인이었다.

다음 코드는 비슷한 예다.

```
# Chapter07
# ssti_example.py
from flask import Flask, request, render_template_string

app = Flask(__name__)

SECRET = 'oh no!'

_TEMPLATE = """\
Hello %s

Welcome to my API!
"""

class Extra(object):
    def __init__(self, data):
        self.data = data

@app.route('/')
def my_microservice():
    user_id = request.args.get('user_id', 'Anynomous')
    tmpl = _TEMPLATE % user_id
    return render_template_string(tmpl, extra=Extra('something'))

if __name__ == '__main__':
    app.run()
```

이 코드에서 user_id에 전달되는 데이터는 별다른 검증 없이 템플릿에 그대로 사용되므로, 공격자가 원하는 어떤 것이든 Jinja 스크립트에 주입할 수 있다. 결과적으로 뷰 함수는 공격자에게 편안한 통로를 제공한 셈이다. 이제 다음과 같이 뷰 함수를 호출하면 전역 변수 SECRET 값을 쉽게 얻을 수 있다.

```
http://localhost:5000/?user_id={{extra.__class__.__init__.__globals__["SE
CRET"]}}
```

웹 브라우저에서 확인해보자.

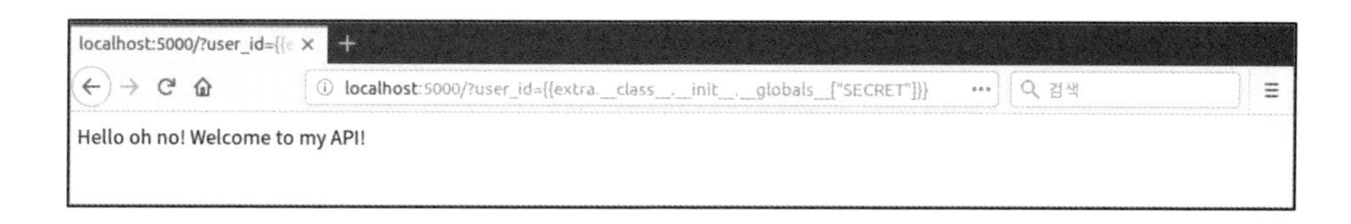

코드에서 의도했던 대로 SECRET 값이 출력된 것을 볼 수 있다. 이 같은 위험 때문에 클라이언트가 보낸 요청 데이터를 뷰에서 출력할 때는 어떠한 수동 포맷팅manual formatting도 사용하지 말아야 한다.

템플릿에서 신뢰할 수 없는 코드를 사용할 수밖에 없다면 Jinja 샌드박스(http://jinja.pocoo.org/docs/2.10/sandbox/)가 좋은 대안이 될 수 있다. 이 샌드박스는 속성이나 함수로의 접근을 거부한다. 템플릿에 호출 가능한 코드를 전달해 보면 `__class__` 같은 속성을 사용할 수 없다는 걸 알게 될 것이다.

파이썬 샌드박스는 언어의 성격상 올바로 만들기가 까다롭다. 샌드박스를 잘못 구성하거나 샌드박스 자체가 언어의 새 버전에서 손상될 수 있다. 가장 안전한 방법은 신뢰할 수 없는 코드를 실행하지 않고, 외부에서 유입된 데이터를 템플릿에서 곧바로 사용하지 않게 하는 것이다.

SQL 구문은 또 다른 악의적인 주입이 발생하는 곳이다. SQL 구문을 그대로 사용하고 있다면 SQL 주입으로 앱을 악용할 수 있는 방법을 제공하는 것과 같다.

다음 예제에서는 단순한 `select` 쿼리에 추가 SQL 구문을 주입해서 마치 `insert` 쿼리처럼 사용하는 사례를 볼 수 있다. 이를 통해 공격자는 서버를 즉시 해킹할 수 있다.

```
import pymysql

connection = pymysql.connect(host='localhost', db='book')

def get_user(user_id):
```

```
    query = 'select * from user where id = %s'
    with connection.cursor() as cursor:
        cursor.execute(query % user_id)
        result = cursor.fetchone()
    return result

extra_query = """\
insert into user(id, firstname, lastname, password)
values (999, 'pnwd', 'yup', 'somehashedpassword')
"""

# 이 호출은 사용자 정보를 얻기도 하지만, 새로운 사용자 정보도 추가한다.
get_user("'1'; %s" % extra_query)
```

원시 SQL 쿼리를 작성하는 데 사용된 값을 인용 처리하면 이러한 문제를 막을 수 있다. PyMySQL에서 이 문제를 피하려면 실행 인수로 전달해주면 된다.

```
def get_user(user_id):
    query = 'select * from user where id = %s'
    with connection.cursor() as cursor:
        cursor.execute(query, (user_id,))
        result = cursor.fetchone()
    return result
```

모든 데이터베이스 라이브러리는 이런 기능을 갖고 있다. 따라서 원시 SQL을 작성할 때 라이브러리를 정확히 사용한다면 문제를 방지할 수 있다.

리다이렉트에도 동일한 예방책이 필요하다. 공통적인 실수는 호출자가 내부 페이지로 리다이렉션된다고 가정해서 로그인 뷰를 만들 때 일반적인 URL을 사용해서 리다이렉트하는 것이다.

```
@app.route('/login')
def login():
    from_url = request.args.get('from_url', '/')
    # 인증 처리를 한다.
    return redirect(from_url)
```

이 뷰는 호출자를 어떤 웹 사이트로든 리다이렉트할 수 있기 때문에 특히 로그인 처리 중 심각한 위협이 된다. 좋은 방법은 redirect()를 사용할 때 url을 직접 입력하지 않고 링크를 생성하는 url_for() 함수를 사용하는 것이다.

그렇지만 서드파티로 리다이렉트해야 하는 경우에는 클라이언트를 다른 곳으로 보낼 수 있기 때문에 url_for()와 redirect() 함수를 사용할 수 없다. 한 가지 방법은, 애플리케이션에 리다이렉션이 허용된 서드파티 도메인 목록을 미리 작성해두고 리다이렉션이 필요할 때 해당 목록과 비교하는 것이다.

이 작업은 플라스크에서 응답을 보낼 때 호출되는 after_request()에서 처리할 수 있다. 애플리케이션이 302 응답 코드를 보내는 경우 해당 도메인과 포트를 목록에서 조사해 안전한 곳인지 확인할 수 있다.

```
from flask import make_response, Flask
from urllib.parse import urlparse

app = Flask(__name__)

# domain:port
SAFE_DOMAINS = ['github.com:443', 'ziade.org:443']

@app.after_request
def check_redirect(response):
    if response.status_code != 302:
        return response
    url = urlparse(response.location)
```

```
    netloc = url.netloc
    if url.scheme == 'http' and not netloc.endswith(':80'):
        netloc += ':80'
    if url.scheme == 'https' and not netloc.endswith(':443'):
        netloc += ':443'
    if netloc not in SAFE_DOMAINS:
        # abort()를 사용하지 않게 주의한다.
        return make_response('Forbidden', 403)
    return response
```

정리하자면 외부에서 유입되는 데이터는 시스템에 악의적인 공격을 주입할 수 있는 잠재적인 위협으로 보고 항상 그에 따른 대비책을 갖춰야 한다.

애플리케이션 영역 제한

요청에 의해 유발되는 공격으로부터 애플리케이션을 잘 보호하더라도 애플리케이션 자체가 마이크로서비스 생태계에서 손상을 입지 않게 하는 것 또한 필요하다.

마이크로서비스가 다른 서비스와 상호작용할 권한이 있다면 이 상호작용이 인증돼야 하며, 또한 엄격히 제한돼야 한다. 다시 말해 마이크로서비스가 다른 서비스를 통해 읽기 호출을 수행한다면 읽기 전용으로만 제한하고 POST 호출은 처리할 수 없게 해야 한다.

영역 제한은 JWT 토큰에 읽기/쓰기 같은 역할을 정의하고, 권한이나 범위 키 등의 정보를 토큰에 추가해 처리한다. 이렇게 하면 대상 마이크로서비스는 읽기만 가능한 토큰을 가진 채로 POST 호출을 요청할 때 해당 요청을 거부할 수 있다.

이런 상황은 깃허브 계정이나 안드로이드 폰에서 애플리케이션에 대한 접근 권한을 부여할 때도 발생한다. 앱이 필요로 하는 작업에 대한 세부 목록이 표시되며, 이를 승인하거나 거절할 수 있다.

마이크로서비스 생태계의 모든 부분을 직접 관리한다면 각 마이크로서비스와 연결할 수 있는 IP를 화이트리스트에 추가해 시스템 레벨에 엄격한 방화벽 규칙을 사용할 수 있다. 하지만 이런 구성은 애플리케이션을 어디에 배포하느냐에 따라 달라진다. 아마존 웹 서비스[AWS]에 배포한다면 리눅스 방화벽을 구성할 필요 없이 AWS 콘솔에서 간단한 접근 규칙을 설정하면 된다.

11장에서 아마존 클라우드에 마이크로서비스를 배포하는 기본적인 내용을 다룬다.

네트워크 접근 이외에도 애플리케이션이 접근 가능한 모든 리소스는 가능한 한 제한해야 한다. 리눅스에서 루트 사용자로 애플리케이션을 실행하는 건 좋은 생각이 아니다. 보안 문제가 생겼을 때 시스템의 모든 걸 좌지우지할 수 있는 권한을 서비스에 부여한 셈이기 때문이다. 예를 들어 애플리케이션이 시스템을 호출할 때 이 호출이 주입 공격이나 다른 공격에 의해 해킹 당하면 공격자가 전체 시스템을 소유할 수 있는 백도어가 된다.

최근의 배포 방식에서는 대부분의 애플리케이션이 가상 머신에서 실행되므로 시스템에 대한 루트 접근이 직접적인 위협 요소는 아니다. 그렇지만 특별한 제약이 없는 처리 흐름은 여전히 많은 손상을 가져올 수 있다. 공격자가 가상 머신 중 하나를 소유하게 되면 전체 시스템을 소유하는 첫 번째 단계를 통과한 것이다.

문제를 해결하려면 다음과 같은 2가지 규칙을 따라야 한다.

- 웹 서비스는 루트 사용자로 실행하지 말아야 한다.
- 웹 서비스에서 프로세스를 실행할 때는 매우 신중해야 하며, 가능하다면 이렇게 하지 말아야 한다.

첫 번째 규칙을 위해 nginx 같은 웹 서버의 기본 동작은 `www-data` 사용자와 그룹으로 프로세스를 실행하고, 이 프로세스가 시스템에서 다른 어떤 것도 실행할 수 없게 한다. 동일한 규칙이 플라스크 프로세스에도 적용된다. 9장에서 리눅스 시스템의 사용자 계정에서 서비스를 실행하는 모범 사례를 알아본다.

두 번째 규칙을 위해서는 파이썬이 `os.system()`, `subprocess`, `multiprocessing`을 호출할 때 시스템에 원치 않는 호출이 발생하지 않도록 엄격한 확인이 필요하다. 이메일을 보내거나 FTP, 로컬 시스템을 통해 서드파티 서버에 연결하는 네트워크 모듈도 마찬가지다.

한편 Bandit 린터linter[3]를 사용하면 코드에서 발생 가능한 보안 이슈를 지속적으로 점검할 수 있다.

Bandit 린터 사용

OpenStack 커뮤니티(https://www.openstack.org)는 안전하지 않은 코드를 찾아주는 Bandit이라는 멋진 보안 린터를 만들었다.

이 도구는 `ast` 모듈을 사용해서 Flake8이나 다른 정적 도구처럼 코드를 분석하며, 보안 문제가 발생할 수 있는 코드를 검색한다.

`pip install bandit`으로 설치하면 `bandit` 명령으로 파이썬 모듈을 검사할 수 있다.

다음 코드에는 안전하지 않은 3개의 함수가 있다. 첫 번째 함수는 임의의 객체를 생성할 수 있는 YAML을 로드하며, 나머지 두 개는 주입 공격을 받을 수 있다.

```
# Chapter07
# bandit_example.py
import subprocess
from sqlalchemy import create_engine
from sqlalchemy.orm import sessionmaker
import yaml

def read_file(filename):
    with open(filename) as f:
```

3. 코딩 규약 검사나 에러를 찾아주는 정적 분석 도구 – 옮긴이

```
        data = yaml.load(f.read())

def run_command(cmd):
    return subprocess.check_call(cmd, shell=True)

db = create_engine('sqlite:///somedatabase')
Session = sessionmaker(bind=db)

def get_user(uid):
    session = Session()
    query = "select * from user where id='%s'" % uid
    return session.execute(query)
```

bandit으로 스크립트를 검사하면 3개의 문제를 감지해서 각 문제에 대한 세부 정보를 알려준다.[4]

```
$ bandit bandit_example.py
...
Run started:2018-02-07 03:33:14.793079

Test results:
>> Issue: [B404:blacklist] Consider possible security implications associated
with subprocess module.
    Severity: Low   Confidence: High
    Location: bandit_example.py:3
2   # bandit_example.py
3   import subprocess
4   from sqlalchemy import create_engine

--------------------------------------------------
>> Issue: [B506:yaml_load] Use of unsafe yaml load. Allows instantiation of
```

4. 원문에서 말하는 3개의 문제는 임의의 객체 생성 위험: B506, 주입 공격 위험: B602, B608이다. 출력 결과의 나머지 이슈인 B404는 subprocess를 임포트했을 때 발생하는 보안 이슈인데, 원문에서는 따로 설명하지 않았다. – 옮긴이

```
arbitrary objects. Consider yaml.safe_load().
   Severity: Medium   Confidence: High
   Location: bandit_example.py:10
9       with open(filename) as f:
10          data = yaml.load(f.read())
11

--------------------------------------------------
>> Issue: [B602:subprocess_popen_with_shell_equals_true] subprocess call
with shell=True identified, security issue.
   Severity: High   Confidence: High
   Location: bandit_example.py:13
12  def run_command(cmd):
13      return subprocess.check_call(cmd, shell=True)
14

--------------------------------------------------
>> Issue: [B608:hardcoded_sql_expressions] Possible SQL injection vector
through string-based query construction.
   Severity: Medium   Confidence: Low
   Location: bandit_example.py:20
19      session = Session()
20      query = "select * from user where id='%s'" % uid
21      return session.execute(query)

--------------------------------------------------

...
Files skipped (0):
```

이 책에서는 Bandit 1.4.0 버전을 사용했다. 여기에는 64개의 보안 검사가 포함돼 있으며, 자신만의 코드 검사 루틴을 만들어 확장하는 것도 가능하다. 또한 프로젝트에 설정 파일을 만들어 필요한 대로 조정할 수도 있다.

예를 들어 플라스크를 디버그 모드로 실행하려는 경우 운영 환경에서 보안 이슈가 발생하기 때문에 Bandit이 경고를 띄워 알려준다.

```
$ bandit flask_debug.py
...
Test results:
>> Issue: [B201:flask_debug_true] A Flask app appears to be run with debug=True,
which exposes the Werkzeug debugger and allows the execution of arbitrary code.
   Severity: High   Confidence: Medium
   Location: flask_debug.py:12
11 if __name__ == '__main__':
12     app.run(debug=True)

...
Files skipped (0):
```

운영 환경에서는 큰 도움이 되겠지만, 애플리케이션을 개발 중인 단계라면 이 검사를 끄고 싶을 것이다. 또한 단위 테스트 관련 모듈은 보안 검사 대상에서 아예 제외하고 싶을 수도 있다. 이때는 ini 파일에 제외하고 싶은 검사나 폴더 등을 명시해서 검사 대상에서 배제할 수 있다.

```
[bandit]
skips: B201
exclude: tests
```

3장에서 설명한 coveralls 같은 CI 도구에 bandit을 설정해두면 코드에서 잠재적인 보안 이슈를 찾는 데 큰 도움이 된다.

요약

7장에서는 마이크로서비스 기반 애플리케이션에서 OAuth2와 JWT 토큰을 활용해 인증과 권한 부여를 어떻게 중앙 집중화하는지 알아봤다. 토큰을 사용하면 호출자가 마이크로서비스에서 '무엇을', '얼마나 오래' 할 수 있는지 제한할 수 있다.

공개/개인 키를 사용하면 손상된 토큰이 아닌 한, 공격자가 서비스 하나에 침투했더라도 전체 앱을 침투할 수는 없게 한다.

시스템 레벨의 방화벽 규칙 외에도 WAF는 엔드포인트를 교란하고 남용하는 것을 막는 좋은 방법이다. 특히 루아의 강력함을 활용한 OpenResty 같은 도구를 사용해서 매우 쉽게 처리할 수 있다. OpenResty는 플라스크 애플리케이션에서 처리할 작업을 웹 서버 레벨에서 대신 처리해주므로 마이크로서비스의 성능과 속도를 높일 수 있는 훌륭한 방법이다.

보안 코드 작성은 애플리케이션 보안의 첫 번째 단계다. 반드시 좋은 코딩 관례를 따라야 하며, 외부에서 유입되는 사용자 데이터와 리소스를 다룰 때 코드 레벨에서 실수가 없게 주의해야 한다. Bandit 같은 도구는 마법처럼 안전한 코드를 생성해주지는 않지만, 가장 명확한 보안 이슈를 찾아내 주므로 코드 검사에 지속적으로 활용해야 한다.

8장에서는 최종 사용자가 마이크로서비스와 안전하게 상호작용하는 방법을 다루는데, 지금까지 개발한 모든 것을 모으고 자바스크립트 애플리케이션을 통해 Runnerly 애플리케이션을 사용하는 방법도 설명한다.

08

하나로 모으기

지금까지는 주로 마이크로서비스를 개발하고 서로 연동하는 데 집중했다. 이제 최종 사용자가 브라우저를 통해 전체 시스템을 쓸 수 있도록 **사용자 인터페이스**UI를 만들어야 할 때다.

모던 웹 애플리케이션은 많은 것을 클라이언트 측의 **자바스크립트**JS에 의지한다. 일부 JS 프레임워크는 DOMDocument Object Model을 제어하며, 브라우저에서 실행되는 완전한 **모델-뷰-컨트롤러**MVC 시스템을 제공한다. DOM은 웹 페이지의 구조화된 표현이다.

서버에서 모든 것을 렌더링하던 웹 개발 패러다임은 필요할 때마다 서버에서 데이터를 가져와 클라이언트에서 렌더링하는 식으로 변해갔다. 모던 웹 애플리케이션이 서버를 호출해서 페이지 전체를 다시 렌더링하는 대신 필요한 부분만 동적으로 바꾸기 때문이다. 모던 웹 애플리케이션은 이를 통해 더 빠르고 네트워크 대역폭을 덜 소비하며 향상된 사용자 경험을 제공한다. 이러한 움직임의 괄목할 만한 예는 2004년, 클라이언트 웹 앱을 개척한 Gmail이다.

페이스북이 공개한 **리액트JS**[ReactJS](https://facebook.github.io/react)는 DOM을 직접 조정할 필요가 없도록 고수준의 API를 제공해서 클라이언트 웹 개발을 마치 플라스크 애플리케이션을 만드는 것처럼 간편하게 해준다.

새로운 JS 프레임워크가 끊임없이 등장하고 있기 때문에 그중 어떤 것을 사용해야 할지 결정하기 어렵다. 한동안 **앵귤러JS**[AngularJS](https://angularjs.org)가 많이 사용됐는데, 지금은 많은 개발자가 리액트를 더 쓰는 것 같다. 내년 이맘때쯤은 새로운 프레임워크가 그 자리를 대신하고 있을지 모른다.

이러한 변동성은 나쁘게 볼 것이 아니라 자바스크립트와 브라우저 생태계에 많은 혁신이 일어나는 것으로 이해하는 것이 좋다. **서비스 워커**[Service Worker](https://developer.mozilla.org/ko/docs/Web/API/ServiceWorker)를 예로 들자면 자바스크립트 코드를 백그라운드에서 실행할 수 있게 하면서 웹 개발의 판도를 바꾸고 있다. 앞으로도 혁신적인 기능을 갖춘 자바스크립트 도구가 계속 등장할 것이다.

UI를 시스템의 다른 부분과 명확히 분리해두면 새로운 자바스크립트 프레임워크를 적용하기가 한결 수월하다. 다시 말해 마이크로서비스의 데이터 출력을 특정 자바스크립트 프레임워크에 종속되게 구현해서는 안 된다는 뜻이다.

Runnerly는 간단한 대시보드를 만들기 위해 리액트를 사용한다. 그리고 이 대시보드가 시스템의 다른 부분과 연결되는 통로 역할을 하도록 전용 플라스크 애플리케이션으로 포장한다. 이제 이 애플리케이션이 다른 모든 마이크로서비스와 어떻게 연동되는지 보게 될 것이다.

8장에서 다루는 내용은 다음과 같다.

- 예제를 통한 리액트 소개와 리액트 대시보드 개발
- 플라스크에 리액트 포함시키기

- 인증과 권한 부여

8장을 마치면 플라스크에서 웹 UI를 만드는 방법과 마이크로서비스와 웹 UI 연동 방법을 이해할 수 있을 것이다.

리액트 대시보드 만들기

리액트 프레임워크는 DOM을 추상화해 모든 이벤트 처리를 빠르고 효과적으로 처리한다. 리액트를 사용해서 UI를 만드는 작업은 필요한 함수와 클래스를 만드는 작업으로 구성된다. 페이지가 생성되거나 업데이트되면 엔진이 이 함수와 클래스를 호출해준다. 이 접근법으로 인해 DOM이 변경되면서 발생 가능한 일에 대해 더 이상 걱정할 필요가 없다. 필요한 함수를 구현해두면 나머지는 리액트가 책임진다.

리액트 클래스 구현은 자바스크립트나 JSX를 사용한다. 계속해서 JSX에 관해 알아보자.

JSX

JSX(https://facebook.github.io/jsx)는 코드 내에 HTML 태그를 사용할 수 있게 하며, 자바스크립트와 완전히 호환된다. JSX를 활용하면 자바스크립트와 HTML 태그를 간단히 활용해서 사용자 인터페이스를 정의할 수 있다. 리액트 커뮤니티에서는 JSX가 리액트 앱을 작성하는 가장 좋은 방법이라고 홍보한다.

다음 예제의 `<script>` 섹션에는 `div` 변수가 있다. 이 변수는 `<div>` 태그로 시작하는 HTML 구문을 값으로 가진다. 이 코드는 올바른 JSX 구문이다. 이제 `ReactDOM.render()` 함수를 통해 DOM의 `div` 변수를 렌더링할 수 있다.

```
<!-- Chapter08 -->
<!-- react_script.html -->
<!DOCTYPE html>
<html>
    <head lang="en">
        <meta charset="UTF-8">
    </head>
    <body>
        <div id="content"></div>
        <script src="https://unpkg.com/react@16/umd/react.development.js">
        </script>
        <script
src="https://unpkg.com/react-dom@16/umd/react-dom.development.js">
        </script>
        <script
src="https://unpkg.com/babel-standalone@6.15.0/babel.min.js">
        </script>

        <script type="text/babel">
            var div =
                <div>
                    Hello World
                </div>
                ReactDOM.render(div, document.getElementById('content'));
        </script>
    </body>
</html>
```

react.development.js는 핵심 리액트 라이브러리고, react-dom-development.js는 DOM에 대한 작업이 필요할 때 다양한 기능을 제공한다. babel.min.js는 브라우저가 JSX 구문을 인지하기 전에 먼저 로드해야 한다. 바벨은 JSX 구문을 자바스크립트로 변환해주는데, 이런 변환을 **트랜스파일**[transpile]이라고 한다.

바벨(https://babeljs.io)은 JSX를 자바스크립트로 즉시 변환하는 트랜스파일러다. 바벨을 사용하려면 단순히 스크립트 타입을 text/babel로 지정하면 된다.

JSX 구문만이 유일하게, 그리고 구체적으로 리액트와 관련이 있으며, 다른 모든 것은 일반적인 자바스크립트 언어로 이뤄진다. 리액트 앱을 만드는 것은 JSX 사용 여부와 상관없이 웹 페이지를 렌더링하는 데 사용되는 자바스크립트 클래스를 개발하는 것이다.

다음으로 리액트의 심장인 컴포넌트에 관해 알아보자.

리액트 컴포넌트

리액트는 하나의 웹 페이지가 여러 개의 기본 컴포넌트로 분해될 수 있다는 사실을 기반으로 한다. 그래서 해당 컴포넌트만 호출해 페이지 일부만 업데이트할 수 있다.

예를 들어 Runnerly에서 달리기 목록을 보여주고 싶다면 먼저 달리기 정보 하나를 렌더링하는 Run 컴포넌트를 만든다. 그런 다음 Run 컴포넌트의 인스턴스 목록을 순회하면서 각 인스턴스를 렌더링하는 Runs 컴포넌트를 만든다.

다음 예제 코드처럼 컴포넌트는 React.createClass() 함수를 사용해서 만든다. createClass()의 인수로는 필수 함수인 render()와 그 외의 필요한 함수 및 속성 등을 전달한다. createClass() 함수는 컴포넌트를 생성해서 반환하며, 전달된 속성을 props에 추가한다. 예제 코드에서는 title과 type이 추가된 속성이다.

다음 예제는 <div> 태그를 반환하는 render() 함수로 Run과 Runs 컴포넌트를 생성한다.

```
/* Chapter08 */
/* runs_1.jsx */
```

```
var Run = React.createClass( {
    render: function( ) {
        return (
            <div>{this.props.title} ({this.props.type})</div>
        );
    }
} );

var Runs = React.createClass( {
    render: function( ) {
        var runNodes = this.props.data.map(function (run) {
            return (
                <Run
                    title= {run.title}
                    type= {run.type}
                />
            );
        } );

        return (
            <div>
                {runNodes}
            </div>
        );
    }
} );
```

Run 컴포넌트는 div 태그에 {this.props.title} ({this.props.type})을 갖고 있으며, Run 인스턴스의 props 속성을 통해 렌더링된다.

props 배열은 render( ) 함수에서 Run 인스턴스가 생성될 때 채워진다. runNodes 변수는 달리기 정보가 들어있는 Runs.props.data 리스트를 순회한다. 바로 여기가 풀어야 할 마지막 퍼즐이다. 우리는 Runs 컴포넌트의 인스턴스를 생성한 후 props.data 목록에 달리기 정보를 넣어서 리액트가 렌더링하게 해야 한다.

Runnerly에서 달리기 정보는 다른 마이크로서비스에 의해 만들어지므로, 또 다른 리액트 컴포넌트가 필요하다. 이 컴포넌트의 역할은 XMLHttpRequest 클래스로 AJAX[Asynchronous JavaScript and XML]를 사용해서 달리기 정보를 비동기로 로드하는 것이다. 이 동작을 구현한 코드가 다음 예제의 loadRunsFromServer() 함수다. 이 함수는 props.url 속성에 GET 요청을 보내서 데이터를 가져온 후 setState() 함수로 props.data 값을 업데이트한다.

```
/* Chapter08 */
/* runs_2.jsx */
var RunsBox = React.createClass( {
    loadRunsFromServer: function() {
        var xhr = new XMLHttpRequest();
        xhr.open('get', this.props.url, true);
        xhr.withCredentials = true;
        xhr.onload = function() {
            var data = JSON.parse(xhr.responseText);
            this.setState( { data: data } );
        } .bind(this);
        xhr.send();
    } ,

    getInitialState: function() {
        return {data: []} ;
    } ,

    componentDidMount: function() {
        this.loadRunsFromServer();
    } ,

    render: function() {
        return (
            <div>
                <h2>Runs</h2>
                <Runs data= {this.state.data} />
```

```
            </div>
        );
    }
} );

/* RunsBox를 전역으로 노출한다. */
window.RunsBox = RunsBox;
```

값이 업데이트되면 새로운 데이터로 DOM을 갱신하기 위해 React 컴포넌트의 render( ) 함수를 호출한다. Runs 인스턴스와 Run 인스턴스는 계단식으로 전달된다.

loadRunsFromServer( ) 함수를 실행하기 위해 컴포넌트는 componentDidMount( ) 함수를 구현한다. 이 함수는 클래스 인스턴스가 생성된 후에 호출되며, 리액트에 마운트돼 출력을 준비한다. 또 다른 중요한 함수인 getInitialState( )는 인스턴스 생성 시에 호출되고, 비어있는 data 배열과 함께 props 속성의 인스턴스를 초기화하는 데 사용된다.

이러한 분해 및 연결 과정이 복잡해보일 것이다. 하지만 제대로만 사용하면 많은 이득을 얻을 수 있다. 리액트를 통해 각 컴포넌트의 렌더링에만 집중할 수 있고, 나머지는 브라우저에서 가장 효과적인 방법으로 처리되도록 리액트에 맡겨 두면 된다.

각 컴포넌트는 상태를 갖고 있으며, 상태가 변경되면 리액트는 가상 DOM을 업데이트한다. 가상 DOM이 변경되면 리액트는 실제 DOM과 비교해서 다른 부분만 업데이트한다.

이번 절에서 살펴본 runs_1.jsx와 runs_2.jsx 코드를 runs.jsx로 합친 후 다음과 같이 HTML 페이지에서 사용할 수 있다.

```
<!-- Chapter08 -->
<!-- index.html -->
<!DOCTYPE html>
```

```
<html>
    <head lang="en">
        <meta charset="UTF-8">
        <title>Runnerly Dashboard</title>
    </head>
    <body>
        <div class="container">
            <h1>Runnerly Dashboard</h1>
            <br>
            <div id="runs"></div>
        </div>

        <script src="/static/react/react.js"></script>
        <script src="/static/react/react-dom.js"></script>
        <script src="/static/babel/browser.min.js"></script>
        <script src="/static/runs.jsx" type="text/babel"></script>
        <script type="text/babel">
            ReactDOM.render(
                <window.RunsBox url="/api/runs.json" />,
                document.getElementById('runs')
            );
        </script>
    </body>
</html>
```

여기서 RunsBox 클래스는 /api/runs.json URL로 인스턴스화되며, 페이지가 표시되면 리액트가 이 URL을 호출해서 달리기 정보를 얻는다. 이 정보는 Runs와 Run 인스턴스에 전달된다.

바벨 트랜스파일러는 runs.jsx 파일에서 전역 변수를 노출하지 않으므로, RunBox 대신 window.RunsBox를 사용했다. 앞에서 window 변수 속성으로 RunsBox를 설정한 이유가 여기에 있다. 이제 <script> 섹션 사이에 window.RunsBox를 공유할 수 있다.

브라우저에 직접 트랜스파일을 사용하는 것은 좋지 않다. JSX 파일을 사전에 트랜스파일하는 것이 훨씬 좋다. 다음 절에서 다시 알아본다.

여기서는 리액트의 기본 사용법만 소개했다. 더 많은 내용을 알고 싶다면 https://facebook.github.io/react/tutorial/tutorial.html을 살펴보자. 튜토리얼은 기본 렌더링이 어떻게 동작하는지 알려준 후 리액트 컴포넌트가 이벤트를 통해 사용자와 상호작용하는 방법도 보여준다.

지금까지 리액트 기반 UI를 개발하는 데 필요한 기본 내용을 살펴봤다. 이번에는 플라스크에 리액트를 적용하는 방법을 살펴보자.

리액트와 플라스크

리액트 앱은 보통 Node.js의 서버 측에 둔다. 단일 언어를 고수하고 애플리케이션이 사용하는 모든 도구에 그 생태계를 적용하기가 더 간단하기 때문이다.

하지만 플라스크에 리액트 앱을 추가하는 건 전혀 문제가 되지 않는다. HTML 페이지는 Jinja2를 사용해 렌더링할 수 있고, JSX를 트랜스파일한 자바스크립트는 정적 파일로 제공한다. 게다가 앞 절에서 살펴본 것처럼 리액트는 자바스크립트로 배포되므로, 단지 플라스크 static 디렉토리에 다른 파일과 같이 추가해주면 된다.

리액트를 사용한 플라스크 앱의 이름을 대시보드(dashboard)로 정하고 시작해보자. 먼저 다음과 같은 디렉토리 구조를 만든다.

- setup.py
- dashboard/
    - __init__.py
    - app.py

- templates/
  - index.html
- static/
  - runs.jsx

app.py 파일은 기본 플라스크 애플리케이션으로 고유한 HTML 파일을 제공한다.

```
from flask import Flask, render_template,

app = Flask(__name__)

@app.route('/')
def index():
    return render_template('index.html')

if __name__ == '__main__':
    app.run()
```

플라스크의 정적 파일에 대한 규칙 덕분에 static 디렉토리에 포함된 모든 파일은 /static URL을 통해 제공된다.

index.html 템플릿은 앞 절에서 설명한 파일과 동일하며, 나중에 좀 더 플라스크에 특징적인 것으로 성장할 수 있다.

여기까지가 플라스크에서 리액트 기반 앱을 제공할 때 필요한 것이다. 하지만 리액트 파일을 플라스크 static 저장소에 두는 것은 프로젝트를 관리하는 가장 좋은 방법이라고 할 수는 없다. 자바스크립트 의존성을 관리할 더 좋은 방법이 필요하다. 자바스크립트 세계에는 이런 경우에 활용할 수 있는 훌륭한 도구가 있다.

Bower, npm, 바벨 사용

지금까지는 플라스크 앱에 리액트 UI를 만들기 위해 CDN에서 호스팅하는 정적 자바스크립트 파일을 사용했다. 그렇지만 자바스크립트 커뮤니티가 하는 것처럼 리액트와 자바스크립트 라이브러리는 업데이트가 가능한 패키지로 다루는 것이 훨씬 좋다. 마치 우리가 파이썬 패키지를 자주 이용하는 것과 같다.

이렇게 하려면 시스템에 자바스크립트 패키지 매니저인 npm(https://www.npmjs.com)을 설치해야 한다. Node.js를 설치하면 npm도 함께 설치된다. 맥OS라면 `brew install node` 명령으로 설치할 수 있으며, 또는 Node.js 홈 페이지(https://nodejs.org/ko/)에서 다운로드할 수 있다.

Node.js와 npm을 설치하면 다음처럼 셸에서 `npm` 명령을 사용할 수 있다.

```
$ npm -v
3.10.10
```

플라스크 프로젝트에서는 자바스크립트 종속성을 관리하기 위해 Bower(https://bower.io/)를 사용한다. Bower는 웹 애플리케이션 패키지 매니저로, npm을 사용해서 모든 자바스크립트 종속성을 패키지화한다. 마치 `pip`로 파이썬 패키지를 다루는 것과 같다.

Bower를 설치하려면 다음 명령을 실행한다.

```
$ npm install -g bower
```

`-g` 옵션은 Bower가 시스템의 npm에 전역으로 설치된다는 것을 의미한다. 설치가 완료되면 bower 커맨드라인 유틸리티를 사용할 수 있다.

이제 플라스크 대시보드 앱의 루트로 이동해서 다음과 같이 대화식 명령인 `init`을 실행한다.

```
hyun@hyun-VirtualBox:~/work/python/dashboard$ bower init
? name dashboard
? description Runnerly에 사용될 리액트 기반 대시보드
? main file
? keywords
? authors Tarek Ziade <tarek@ziade.org>
? license MIT
? homepage
? set currently installed components as dependencies? Yes
? add commonly ignored files to ignore list? Yes
? would you like to mark this package as private which prevents it from being
accidentally published to the registry? Yes

{
    name: 'dashboard',
    authors: [
        'Tarek Ziade <tarek@ziade.org>'
    ],
    description: 'Runnerly에 사용될 리액트 기반 대시보드',
    main: '',
    license: 'MIT',
    homepage: '',
    private: true,
    ignore: [
        '**/.*',
        'node_modules',
        'bower_components',
        'test',
        'tests'
    ]
}

? Looks good? Yes
```

몇 개의 질문에 답하면 bower.json 설정 파일이 만들어진다. 이 파일은 Bower가 자바스크립트 라이브러리를 가져올 때 사용한다.

자바스크립트 파일은 플라스크 애플리케이션(운영 환경에서는 nginx)에서 제공할 것이므로, .bowerrc 파일에 다음과 같이 static 디렉토리 위치를 적어 Bower에게 알려준다.

```
{"directory": "dashboard/static"}
```

이제 Bower의 `install` 명령으로 리액트와 jQuery를 설치하면 자동으로 static 디렉토리에 두 라이브러리가 설치된다.

```
$ bower install --save jquery react
...
jquery#3.3.1 dashboard/static/jquery
react#16.1.0 dashboard/static/react
```

이 명령은 또한 bower.json 파일을 업데이트해서 두 라이브러리에 대한 종속성을 기록해준다. 이 메커니즘은 프로젝트를 재설치하는 경우 필요한 종속성을 유지시킬 수 있는 좋은 방법이다. 파이썬에서 requirements.txt 파일을 `pip install` 명령에 사용하는 것과 마찬가지다.

이번에는 바벨을 설치할 차례다. 바벨은 JSX 파일을 자바스크립트 파일로 변환한다.

```
$ npm init
$ npm install -save-dev babel-cli babel-preset-react
```

이 명령은 로컬에 패키지를 설치하고, bower.json과 비슷한 package.json 파일을 만든다. 또한 node_modules/.bin에 babel 커맨드라인이 설치되며, 이 명령을 사용해서 모든 JSX 파일을 하나의 순수 자바스크립트 파일로 변환할 수 있다.

```
$ node_modules/.bin/babel dashboard/static/*.jsx >
dashboard/static/dashboard.js
```

이 명령을 실행한 이후에는 플라스크 템플릿이 리액트 컴포넌트의 자바스크립트 버전을 곧바로 사용할 수 있다. 이제 더 이상 클라이언트에서 JSX를 자바스크립트로 바꿀 필요가 없다.

또한 JSX 파일 안의 모든 전역 변수를 어디서나 사용할 수 있으므로, RunsBox를 window 변수에 추가할 필요도 없다.

<script> 섹션에 사용했던 ReactDOM.render() 함수는 이제 전용 zrender.jsx 파일로 다음처럼 옮길 수 있다.

```
ReactDOM.render(
    <RunsBox url="/api/runs.json" />,
    document.getElementById('runs')
);
```

파일 이름이 z로 시작한다는 걸 주목하자. 이렇게 한 이유는 스크립트가 알파벳 순서로 다뤄지기 때문이다. 그래서 RunBox 컴포넌트를 비롯한 필요한 변수, 자바스크립트 엘리먼트는 render() 함수가 호출되기 전에 확실히 정의한다.

모듈 간의 종속성을 관리하는 다른 도구도 있다. RequireJS(http://www.requirejs.org)는 이 문제를 해결하기 위한 흥미 있는 접근법을 제공한다. 그렇지만 플라스크를 기반으로 하는 우리의 작은 대시보드는 JS 파일이 많지 않기 때문에 이 정도면 충분하다.

index.html의 최종 내용은 다음과 같다.

```
<!-- Chapter08 -->
```

```
<!-- index_final.html -->
<!DOCTYPE html>
<html>
    <head lang="en">
        <meta charset="UTF-8">
        <title>Runnerly Dashboard</title>
    </head>
    <body>
        <div class="container">
            <h1>Runnerly Dashboard</h1>
            <br>
            <div id="runs"></div>
        </div>

        <script src="/static/react/react.js"></script>
        <script src="/static/react/react-dom.js"></script>
        <script src="/static/dashboard.js"></script>
    </body>
</html>
```

지금까지의 작업은 리액트가 선택한 JSON 데이터를 /api/runs.json 엔드포인트의 동일한 플라스크 앱에서 제공한다는 가정하에 진행했다.

같은 도메인에서 AJAX 호출은 문제될 것이 없지만, 다른 도메인에 속한 마이크로서비스를 호출해야 한다면 서버와 클라이언트 모두 약간의 변경이 필요하다.

다음 절에서 크로스도메인 호출 방법을 알아본다.

CORS

클라이언트 자바스크립트가 다른 도메인에 AJAX 요청을 보내는 것은 잠재적인 보안 위협이 된다. 클라이언트 페이지에서 실행된 자바스크립트 코드가, 소유하지 않은 다른 도메인에 요청을 보내면 악성 자바스크립트 코드가 실행돼 사용자에게 피해를 입힐 수 있다.

비동기 요청이 만들어질 때 동일한 도메인 내의 요청인지 확인하는 **동일 원본 정책** same-origin policy은 바로 이런 이유 때문에 생겨났다.

보안 이외에도 다른 웹 앱이 여러분의 대역폭을 사용하지 못하게 막는 방법이기도 하다. 예를 들어 여러분의 웹 사이트에서 몇 개의 폰트 파일을 제공하고 있는데, 다른 웹 사이트에서 이 파일을 사용하는 바람에 대역폭이 낭비되는 걸 원하지는 않을 것이다.

다른 도메인과 리소스를 공유해야 할 필요가 있다면 규칙을 설정해서 해당 도메인이 리소스에 접근하게 할 수 있다. 이 개념이 바로 CORSCross-Origin Resource Sharing라고 알려진 교차 원본 리소스 공유의 핵심이다. 서비스에 AJAX 요청을 보낼 때 Origin 헤더를 추가하면 해당 서비스가 허가된 도메인 목록에 있는지 확인할 수 있다. 허가된 도메인이 아닌 경우 CORS 프로토콜은 허가된 도메인 목록이 포함된 헤더를 다시 보낸다.

CORS에는 또한 **프리플라이트**preflight 메커니즘이 있는데, 엔드포인트 호출 시에 `OPTIONS`를 사용해서 해당 호출의 허가 여부를 미리 알아내는 것이다. 클라이언트에서는 이 메커니즘 구현에 대해 걱정할 필요가 없다. 브라우저가 요청에 따라 자동으로 결정해준다.

하지만 서버에서는 `OPTIONS` 호출에 대해 응답하게 처리해야 하고, 어떤 도메인이 리소스에 접근할 수 있는지 결정해야 한다. 공개 서비스라면 와일드카드(*)로 모든 도메인에 권한을 부여할 수 있다. 그렇지만 클라이언트를 제어할 수 있는 마이크로서비스 기반 애플리케이션에서는 도메인을 제한해야 한다.

플라스크에서는 Flakon의 `crossdomain()` 데코레이터를 써서 CORS 지원을 추가할 수 있다. 다음 플라스크 앱에서 `/api/runs.json` 엔드포인트는 어떤 도메인에서도 사용할 수 있다.

```
from flask import Flask, jsonify
from flakon import crossdomain
```

```
app = Flask(__name__)

@app.route('/api/runs.json')
@crossdomain()
def _runs():
    run1 = {'title': 'Endurance', 'type': 'training'}
    run2 = {'title': '10K de chalon', 'type': 'race'}
    _data = [run1, run2]
    return jsonify(_data)

if __name__ == '__main__':
    app.run(port=5002)
```

앱을 실행하고 curl을 사용해서 GET 요청을 보내면 Access-Control-Allow-Origin:* 헤더가 추가된 것을 볼 수 있다.

```
$ curl -v http://localhost:5002/api/runs.json
* Trying localhost...
* TCP_NODELAY set
* Connected to localhost (127.0.0.1) port 5002 (#0)
> GET /api/runs.json HTTP/1.1
> Host: localhost:5002
> User-Agent: curl/7.51.0
> Accept: */*
>
* HTTP 1.0, assume close after body
< HTTP/1.0 200 OK
< Content-Type: application/json
< Access-Control-Allow-Origin: *
< Content-Length: 122
< Server: Werkzeug/0.12.1 Python/3.5.2
< Date: Tue, 04 Apr 2017 07:39:48 GMT
<
[
```

```
    {
        "title": "Endurance",
        "type": "training"
    },
    {
        "title": "10K de chalon",
        "type": "race"
    }
]
* Curl_http_done: called premature == 0
* Closing connection 0
```

이 결과는 crossdomain() 데코레이터의 기본 허용 동작이지만, 각 엔드포인트별로 세분화된 권한을 설정해서 특정 도메인으로 제한할 수 있다. 또한 HTTP 메소드를 허용하는 화이트리스트를 사용할 수도 있다. Flakon은 블루프린트 레벨에서 CORS 기능을 제공한다.

Runnerly의 경우에는 도메인을 허용하는 것으로 충분하다. 예를 들어 플라스크 애플리케이션을 로컬에서 5000 포트로 실행하고 있다면 다음 코드로 도메인 호출을 제한할 수 있다.

```
@app.route('/api/runs.json')
@crossdomain(origins=['http://localhost:5000'])
def _runs():
    ...
```

이 상태에서 localhost:5000이 아닌 다른 곳에서 요청이 들어오면 데이터가 반환되지 않는다.

허락되지 않은 도메인으로 인해 거부됐다면 데코레이터는 403 응답을 반환한다. CORS 프로토콜은 이 상황에서 어떤 상태 코드를 반환해야 하는지 규정하지 않았기 때문에 선택해서 구현할 수 있다.

CORS를 깊이 알고 싶다면 MDN 페이지가 좋은 참고가 될 것이다.

https://developer.mozilla.org/en-US/docs/Web/HTTP/CORS

이번 절에서는 크로스도메인 호출을 허용하기 위해 서비스에 CORS 헤더를 설정하는 방법을 알아봤다. 이제 자바스크립트 애플리케이션이 갖춰야 할 기능 중에서 인증과 권한 부여가 남았다.

인증과 권한 부여

리액트 대시보드는 사용자를 인증할 수 있어야 하고, 일부 마이크로서비스는 권한에 따라 호출을 허용하거나 거부할 수 있어야 한다. 또한 사용자가 스트라바에 대한 접근을 허가할 수 있어야 한다.

우리는 인증된 사용자만 대시보드를 사용할 수 있게 할 것이다. 사용자는 크게 **신규 사용자**, **기존 사용자**로 분류한다.

다음은 신규 사용자에 대한 사용자 스토리다.

> 신규 사용자가 대시보드에 접속하면 '로그인' 링크가 표시된다. 링크를 클릭하면 대시보드는 신규 사용자를 스트라바로 리다이렉트시켜 리소스에 대한 접근을 허가하게 한다. 그러면 스트라바는 신규 사용자를 다시 대시보드로 리다이렉트하고 비로소 접속이 완료된다. 대시보드는 이제 사용자의 데이터를 출력한다.

앞에서 설명한 것처럼 플라스크 앱은 사용자를 인증하기 위해 스트라바와 함께 OAuth2를 수행한다. 스트라바 연결은 또한 Runnerly 사용자 프로필에 액세스 토큰을 저장해서 나중에 필요한 정보를 가져올 때 사용할 수 있어야 한다는 것을 의미한다.

계속 진행하기 전에 결정해야 될 설계 이슈가 있다. 대시보드와 데이터 서비스는 하나로 합치는 것이 좋을까? 아니면 2개의 분리된 애플리케이션으로 두는 것이 좋을까?

데이터 서비스와 상호작용

4장에서 배운 것처럼 마이크로서비스를 설계할 때 안전한 접근법은 정당한 이유 없이 새로운 서비스를 만들지 않는 것이다.

데이터 서비스 마이크로서비스는 사용자 데이터를 제공하며, Celery 워커가 이 서비스를 사용한다. 첫 번째로 떠오르는 해결책은 데이터베이스를 관리하는 플라스크 애플리케이션을 하나 만들어 여기에 HTML, JS 파일을 두고 다른 서비스들과 JSON API로 연동하는 것이다. 이렇게 하면 대시보드가 데이터베이스 내에 위치한다.

이 접근법의 장점은 대시보드와 데이터 서비스 사이의 네트워크 연동이 불필요하다는 것이다. 게다가 리액트 애플리케이션을 제외하면 사용자와 다른 서비스를 모두 다루기 위해 구현해야 할 작업이 그렇게 많은 것도 아니다.

하지만 이 방식을 고수하면 "마이크로서비스는 하나의 작업에만 집중한다."는 원칙을 포기해야 한다.

이번에는 서비스를 2개로 분리했을 때의 영향에 대해 생각해보자. 대시보드와 데이터 서비스를 분리한다면 사용자 정보는 데이터 서비스를 통해 생성되고 변경돼야 한다. 즉, 데이터 서비스가 HTTP API를 만들어 제공할 책임이 있다. 이렇게 HTTP를 통해 데이터베이스를 변경할 때의 위험은 데이터베이스를 변경할 일이 있다면 API 역시 영향을 받을 수 있다는 점이다.

하지만 CRUD 성격의 API와 반대로 엔드포인트를 가능한 한 많이 데이터베이스 구조 뒤로 숨기면 위험을 최소화할 수 있다. 예를 들어 데이터 서비스에 사용자를 생성하는 API는 사용자의 스트라바 토큰과 이메일을 넘겨주고 사용자 ID를 반환하는 `POST` 메소드다. 이 정보는 거의 변경되지 않을 것이며, 대시보드는 단순히 사용자와 데이터 서비스 간 프록시로서 동작할 수 있다.

대시보드를 데이터 서비스와 분리했을 때 얻을 수 있는 명확한 이점은 안정성이다. Runnerly 같은 애플리케이션을 만들 때는 보통 핵심 부분을 먼저 만들기 시작해서 어느 정도 안정화된 뒤에야 UI/UX 개발을 시작한다. 따라서 두 서비스를 분리하면 데이터 서비스 앱이 안정화되는 동안 대시보드 역시 많이 발전시킬 수 있다.

이러한 모든 이유로 인해 대시보드와 데이터 서비스를 두 개로 분리하는 것이 더 안전해 보인다. 이제 설계가 결정됐으므로 스트라바로 OAuth2를 처리하는 방법을 알아보자.

스트라바 토큰 얻기

스트라바는 전형적인 3자 인증 OAuth2 방식을 구현하며, stravalib을 사용해서 처리할 수 있다.

OAuth2를 구현하려면 사용자를 스트라바로 리다이렉션한 후 사용자가 스트라바 접근을 승인했을 때 다시 리다이렉트할 엔드포인트를 노출하면 된다.

스트라바 계정에서 얻어야 할 것은 사용자 정보와 액세스 토큰이다. 이 정보를 플라스크 세션에 저장해서 로그인 처리에 사용할 수 있다. 그리고 이메일과 토큰 값을 데이터 서비스에 전달해서 Celery 스트라바 워커가 토큰을 사용할 수 있게 한다.

4장에서 한 것처럼 URL을 생성해서 사용자에게 보내는 함수를 구현한다.

```
# Chapter08
# url_gen.py
from stravalib.client import Client
def get_strava_url():
    client = Client()
    cid = app.config['STRAVA_CLIENT_ID']
```

```
    redirect = app.config['STRAVA_REDIRECT']
    url = client.authorization_url(client_id=cid, redirect_uri=redirect)
    return url
```

이 함수는 (스트라바 API 설정 패널에서 생성된) Runnerly 애플리케이션에서 client_id와 대시보드에 정의된 리다이렉트 URL을 가져와서 사용자에게 보여줄 URL을 반환한다.

대시보드 뷰는 템플릿에 전달된 URL에 따라 달라질 수 있다.

```
from flask import session

@app.route('/')
def index():
    strava_url = get_strava_url()
    user = session.get('user')
    return render_template('index.html', strava_url=strava_url, user=user)
```

또한 세션에 저장된 user 변수도 함께 전달해서 템플릿이 로그인/로그아웃 링크를 알맞게 보여준다.

```
{% if not user %}
<a href="{{strava_url}}">Login via Strava</a>
{% else %}
Hi {{user}}!
<a href="/logout">Logout</a>
{% endif %}
```

사용자가 로그인 링크를 클릭하면 스트라바로 리다이렉트되고 STRAVA_REDIRECT에 정의된 엔드포인트의 애플리케이션으로 돌아간다.

뷰의 구현은 다음과 같다.

```
@app.route('/strava_redirect')
def strava_login():
    code = request.args.get('code')
    client = Client()
    cid = app.config['STRAVA_CLIENT_ID']
    csecret = app.config['STRAVA_CLIENT_SECRET']
    access_token = client.exchange_code_for_token(client_id=cid,
client_secret=csecret, code=code)
    athlete = client.get_athlete()
    email = athlete.email
    session['user'] = email
    session['token'] = access_token
    send_user_to_dataservice(email, access_token)
    return redirect('/')
```

stravalib의 `Client` 클래스는 `code`를 세션에 저장 가능한 토큰으로 변환하고 `get_athlete()` 함수를 써서 사용자 정보 일부를 얻을 수 있게 한다.

마지막으로 `send_user_to_dataservice(email, access_token)`은 JWT 기반 액세스를 사용해서 이메일과 토큰 저장이 가능하도록 데이터 서비스 마이크로서비스와 연동한다.

7장에서 이미 다뤘기 때문에 대시보드와 TokenDealer 사이의 연결 방법은 상세하게 다루지 않는다. 대시보드 앱이 TokenDealer에서 토큰을 얻어 데이터 서비스에 연결하는 과정은 유사하다.

인증의 마지막 부분은 다음 절에서 다룰 리액트 코드에 있다.

자바스크립트 인증

대시보드 앱이 스트라바와 OAuth2를 처리할 때는 사용자 정보를 세션에 전달한다. 세션은 사용자가 대시 보드를 인증하는 데 적합한 곳이다.

하지만 리액트 UI가 데이터 서비스 마이크로서비스를 호출해서 사용자의 달리기 정보를 출력하려면 인증 헤더를 제공해야 한다.

이런 문제를 해결할 수 있는 2개의 방법이 있다.

- 기존 세션 정보를 사용해 대시보드 웹 앱을 통해 마이크로서비스에 대한 호출을 프록시한다.
- 저장 및 다른 마이크로서비스에 대해 사용할 수 있는 JWT 토큰을 생성한다.

프록시 방법은 데이터 서비스에 접근하기 위해 사용자마다 하나의 토큰을 생성할 필요가 없으므로 가장 단순한 방법이다. 또한 데이터 서비스를 공개적으로 노출할 필요도 없다. 모든 것을 대시보드 뒤로 숨기는 것은 UI 호환성을 유지하면서도 내부 변경에 좀 더 유연성이 있다는 뜻이다.

이 접근 방식의 문제점은 필요하지 않은 경우라도 모든 트래픽을 강제로 대시보드 서비스를 통해 처리해야 한다는 것이다. 가능한 한 달리기 정보 업데이트에 관해서는 대시보드가 관여하지 않게 하는 것이 좋다.

두 번째 방법인 JWT 토큰 생성이 마이크로서비스 설계에 좀 더 어울린다. 이때는 웹 UI가 마이크로서비스에 대한 클라이언트 중 하나로서 토큰을 관리한다. 이렇게 하려면 클라이언트가 2개의 인증 루프를 다뤄야 한다. JWT 토큰이 취소되면 스트라바 토큰이 유효하더라도 클라이언트 앱은 다시 인증을 받아야 된다.

첫 번째 방법으로 이 문제를 해결할 수 있을 것 같다. 사용자를 대신해서 마이크로서비스 호출을 프록시한다는 건 대시보드 애플리케이션이 JWT 토큰으로 데이터 서비스를 호출해 데이터를 가져 온다는 것을 의미한다.

4장에서 설명한 것처럼 데이터 서비스는 달리기 기록을 반환하기 위해 다음 API 패턴을 사용한다. GET /runs/<user_id>/<year>/<month>

대시보드가 이메일, 사용자 ID 튜플을 추적한다고 가정하면 프록시 뷰 API는 GET /api/runs/<year>/<month>가 될 수 있다. 따라서 대시보드 코드는 스트라바를 통해 현재 세션에 로그인한 사용자 이메일을 활용해 ID를 찾을 수 있다.

프록시 코드는 다음과 같다.

```
@app.route('/api/runs/<int:year>/<int:month>')
def _runs(year, month):
    if 'user' not in session:
        abort(401)
    uid = email_to_uid(session['user'])
    endpoint = '/runs/%d/%d/%d' % (uid, year, month)
    resp = call_data_service(endpoint)
    return jsonify(resp.json())
```

call_data_service() 함수는 JWT 토큰으로 데이터 서비스 엔드포인트를 호출하고, email_to_uid()는 이메일을 사용자 ID로 변환한다.

마지막으로 이 방법이 동작하게 하려면 모든 xhr 호출에 withCredentials 옵션을 사용해 AJAX 호출이 발생할 때 쿠키와 인증 헤더가 전송되게 해야 한다.

```
var xhr = new XMLHttpRequest();
xhr.open('get', URL, true);
xhr.withCredentials = true;
xhr.onload = function() {
    var data = JSON.parse(xhr.responseText);
    ...
}.bind(this);

xhr.send();
```

요약

8장에서는 리액트 UI를 어떻게 플라스크 애플리케이션(대시보드)에 포함시킬 수 있는지 살펴봤다. 리액트는 모던 UI를 만들 수 있는 훌륭한 도구며, JSX라는 새로운 구문으로 JS 실행 속도를 향상시킨다.

또한 npm, Bower, 바벨 등 JS 종속성을 관리하고 JSX 파일을 트랜스파일하는 도구들의 사용법을 살펴봤다.

대시보드 애플리케이션은 스트라바의 3자 인증 OAuth API를 통해 사용자를 연결하고 스트라바 서비스로부터 토큰을 얻는다. 대시보드 애플리케이션을 데이터 서비스와 분리했기 때문에 토큰은 데이터 서비스에 저장된다. 그러면 스트라바 Celery 워커가 토큰을 이용해 달리기 기록을 가져온다.

마지막으로 대시보드를 구축하기 위해 여러 서비스에 대한 요청을 대시보드 서버를 통해 프록시 처리한다. 이렇게 해서 단일 서버, 단일 인증 및 권한 부여 프로세스로 클라이언트 측을 단순화한다.

다음은 대시보드 앱을 포함하는 새로운 아키텍처 다이어그램이다.

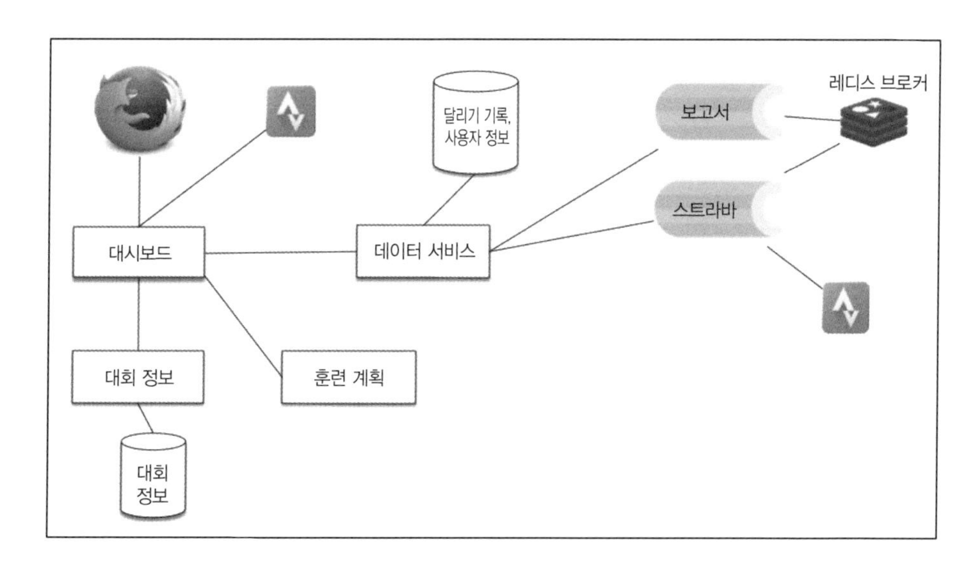

전체 Dashboard 코드는 https://github.com/runnerly/dashboard에서 볼 수 있다.

Runnerly처럼 6개의 다른 플라스크 애플리케이션으로 구성된 프로젝트를 구현해보면 개발자로서 훌륭한 경험을 쌓을 수 있을 것이다.

한편 모든 마이크로서비스는 하나의 통합된 개발 머신에서 힘들이지 않고 실행할 수 있어야 한다.

9장에서는 파이썬의 패키징 방법과 마이크로서비스 패키징 방법, 그리고 프로세스 매니저를 통해 단일 머신에서 마이크로서비스를 개발 모드로 실행하는 방법을 살펴본다.

09

Runnerly 패키징 및 실행

1990년대 초, 파이썬이 처음 배포됐을 때는 인터프리터에 스크립트를 지정해 파이썬 애플리케이션을 실행했다. 파이썬 프로젝트의 패키지, 릴리스, 배포와 관련된 모든 것은 이렇다 할 표준 없이 수동으로 처리했으며, 종속성 설치 방법을 설명하는 장황한 README 파일을 갖고 있었다.

규모가 큰 프로젝트는 데비안 패키지, 레드햇 리눅스 배포판의 RPM 패키지, 또는 윈도우의 MSI 패키지 같은 시스템 패키징 도구를 사용해서 릴리스했다. 이런 프로젝트의 파이썬 모듈은 모두 파이썬이 설치된 site-packages 디렉토리에 들어가며, C 확장이 있다면 컴파일 단계 후에 설치된다.

파이썬 패키징 생태계는 이후로 많은 발전을 이뤘다. 1998년, 파이썬 프로젝트를 설치 가능한 배포판으로 만들어주는 Distutils가 표준 라이브러리에 추가됐으며, 파이썬 프로젝트의 패키징, 릴리스, 배포 방법을 향상시키기 위한 새로운 도구가 연이어 등장하기 시작했다.

9장에서는 마이크로서비스에서 사용할 수 있는 최근의 파이썬 패키징 도구 사용법을 살펴본다.

"패키징이 일상적인 업무에 어떻게 도움을 줄 수 있는가?"는 또 다른 뜨거운 주제다. 마이크로서비스 기반의 소프트웨어를 개발할 때는 많은 유동적인 부분을 다뤄야 한다. 특정 마이크로서비스에서만 작업할 때는 3장에서 설명한 TDD와 모방하기mocking 접근법을 사용해서 많은 시간을 절약할 수 있다.

하지만 좀 더 현실에 맞는 테스트를 할 때는 각 서비스들을 활용해야 한다. 이렇게 하려면 단일 머신에서 전체 서비스를 쉽게 실행할 수 있어야 한다. 테스트할 때마다 새 버전의 마이크로서비스를 재설치해야 한다면 개발 과정이 지루할 수밖에 없다.

어떻게 하면 전체 서비스를 올바르게 설치해서 개발할 수 있을까?

애플리케이션을 사용하려면 모든 마이크로서비스를 실행해야 한다. Runnerly의 경우 6개의 마이크로서비스를 모두 실행해야 하는데, 이를 위해 6개의 셸을 각각 열어야 하는 상황은 어느 누구라도 피하고 싶을 것이다.

9장에서는 패키징 도구를 활용해 동일 환경에서 모든 마이크로서비스를 실행하는 방법을 알아본다. 다음으로 전용 프로세스 매니저process manager를 사용해 단일 커맨드라인 인터페이스로 모두를 실행하는 방법도 살펴본다.

먼저 프로젝트를 어떻게 패키징하는지, 도구는 어떤 것을 사용해야 하는지부터 알아보자.

패키징 도구 모음

지난 10년 동안 파이썬 패키징 방법에 많은 변화가 있었다. 파이썬 프로젝트의 설치, 릴리스, 배포 방법의 향상을 위해 다수의 PEP^{Python Enhancement Proposals}가 작성됐다.

Distutils는 애플리케이션 릴리스를 조금 지루하게 만드는 몇 개의 결함을 갖고 있다. 가장 큰 문제는 종속성 관리 부족과 컴파일 및 바이너리 릴리스 처리 방식이 미흡하다는 점이다. 컴파일과 관련된 모든 것이 90년대에는 잘 작동했더라도 10년이 지난 후에는 구식이 되기 시작했다. 그렇지만 Distutils는 파이썬과 대부분의 프로젝트를 컴파일하는 데 충분했기 때문에 파이썬 핵심 개발 팀의 어느 누구도 라이브러리를 발전시키는 데 관심을 갖지 않았고, 더 발전된 도구 모음을 원하는 사람들은 SCons(http://scons.org) 같은 다른 도구를 사용했다.

Distutils에 기반을 둔 기존 레거시 시스템 때문에 도구 모음을 발전시키기는 여러모로 어려웠다. Distutils는 표준 라이브러리에 포함돼 있으므로 새로운 패키징 시스템을 처음부터 개발하기는 힘들었고, 그렇다고 이전 버전과의 호환성을 적절하게 변경하기도 어려웠다. 개선은 이런 제약 내에서 이뤄졌다. Setuptools와 Virtualenv와 같은 프로젝트가 표준 라이브러리 외부에서 만들어졌으며, 일부 변경은 파이썬에 직접 반영됐다.

이러한 변화가 빚어낸 혼란의 흔적을 지금도 찾을 수 있는데, 이를 어떻게 해결해야 할지 그 방법을 알아내는 것 또한 쉽지 않다. 예를 들어 파이썬 3.6에서 pyvenv 명령이 제거됐지만, 여전히 pyvenv의 가상 환경 모듈이 파이썬에 포함돼 있다. 이 모듈은 Virtualenv 프로젝트와 선의의 경쟁을 이어가고 있다.

가장 좋은 방법은 표준 라이브러리 외부에서 개발 및 관리되는 도구를 사용하는 것이다. 그 도구들이 파이썬보다 릴리스 주기가 짧기 때문이다. 표준 라이브러리의 변경 내용은 릴리스하는 데 수개월이 걸리지만, 서드파티 프로젝트의 변경은 훨씬 더 빠르게 반영된다.

사실상의 표준 패키징 도구 모음의 일부로 볼 수 있는 모든 서드파티 프로젝트는 이제 PyPA(https://www.pypa.io) 엄브렐라umbrella 프로젝트[1] 아래서 그룹화된다.

PyPA는 도구 개발 외에도 파이썬에 대한 PEP 제안 및 https://www.pypa.io/en/latest/roadmap에 언급된 초기 사양 정의를 통해 패키징 표준을 개선하기 위해 노력하고 있다. 표준과 경쟁 중인 몇 개의 도구들로 인해 여전히 패키징 분야는 혼란스러운 상태다. 하지만 상황은 개선되고 있고, 미래는 더 좋아질 것이다.

혼란을 막기 위해 몇 가지 용어 정의를 우선 살펴보자.

용어 정의

파이썬 프로젝트에서 패키징에 대해 이야기할 때는 용어가 혼란스러울 수 있다. 시간이 지남에 따라 의미가 변했고, 파이썬이 아니라면 해당 용어가 조금 다르게 사용되는 경우도 있기 때문이다.

여기서는 파이썬 패키지, 파이썬 프로젝트, 파이썬 라이브러리, 파이썬 애플리케이션에 대해 다음과 같이 정의한다.

- 파이썬 패키지는 파이썬 모듈을 포함하는 디렉토리 트리다. 모듈의 네임스페이스로 임포트할 수 있다.
- 파이썬 프로젝트는 여러 개의 패키지와 릴리스에 필요한 다른 리소스를 포함할 수 있다. 앞에서 플라스크로 개발한 각 마이크로서비스는 파이썬 프로젝트다.
- 파이썬 애플리케이션은 사용자 인터페이스를 통해 직접 사용할 수 있는 파이썬 프로젝트다. 사용자 인터페이스는 커맨드라인 스크립트나 웹 서버가 될 수 있다.

1. 엄브렐라(umbrella) 프로젝트는 보통 정해진 표준을 따르는 다수의 하위 프로젝트들로 구성된 프로젝트를 의미한다. – 옮긴이

- 파이썬 라이브러리는 파이썬 프로젝트의 특별한 종류로, 다른 파이썬 프로젝트에서 사용되는 기능을 제공하며, 직접적인 사용자 인터페이스를 갖고 있지 않다.

애플리케이션과 라이브러리의 구분은 꽤 모호하다. 다른 프로젝트에 파이썬 패키지를 제공하는 것이 라이브러리의 첫 번째 목적이지만, 일부 라이브러리는 커맨드라인 도구도 제공하기 때문이다. 게다가 라이브러리 프로젝트가 애플리케이션 자체가 되는 경우도 있다.

이렇게 보자면 애플리케이션과 라이브러리를 구분하지 않는 것이 가장 좋은 방법일 수 있다. 둘 사이의 유일한 기술적 차이는 라이브러리에 비해 애플리케이션이 데이터 파일과 콘솔 스크립트 등을 더 포함하고 있다는 것뿐이다.

용어 정의를 마쳤으므로 이제 프로젝트 패키징 방법을 알아보자.

패키징

파이썬 프로젝트를 패키징할 때는 다음과 같은 3개의 필수 파일을 파이썬 패키지와 함께 준비해야 한다.

- setup.py: 모든 것을 구동하는 특수 모듈
- requirements.txt: 종속성 목록을 기록한 파일
- MANIFEST.in: 릴리스에 포함될 목록을 기록한 파일

각 파일에 대해 자세히 알아보자.

seup.py 파일

setup.py 파일은 파이썬 상호작용에 필요한 모든 것을 제어한다. `setup()` 함수가 실행되면 PEP 314 형식을 따르는 정적 메타데이터 파일이 생성된다. 메타데이터 파일

은 프로젝트의 모든 메타데이터를 갖고 있지만, 사용 중인 파이썬 환경으로 가져오기 위해서는 `setup()` 호출을 통해 다시 생성해야 한다.

정적 버전을 사용하지 않고 이렇게 메타데이터를 다시 생성하는 이유는 프로젝트 개발자가 setup.py에 플랫폼 종속적인 코드를 작성했을 수 있기 때문이다. 이런 코드는 플랫폼과 파이썬 버전에 따라 다른 메타데이터를 생성한다.

파이썬 모듈을 실행해서 프로젝트에 필요한 정보를 뽑아내는 건 항상 문제였다. 코드가 배포 대상의 파이썬 인터프리터에서 올바로 실행되는지 확인이 필요하기 때문이다. 마이크로서비스를 커뮤니티에 배포할 계획이라면 매우 다양한 파이썬 환경에 설치가 될 것이므로 이를 염두에 둬야 한다.

PEP 390은 setup.py 파일을 사용하지 않고도 패키지 메타데이터를 기술하기 위한 최초의 시도였다. PEP 426, PEP 50, PEP 518은 이런 문제를 좀 더 세분화해서 해결하려는 시도다. 하지만 여전히 정적 메타데이터를 지원하는 도구는 없으며, 이러한 도구가 나와서 모든 사용자가 이용하기까지는 시간이 더 필요해 보인다. 이러한 이유로 setup.py는 당분간 계속 사용될 것이다.

setup.py 파일을 만들 때 가장 많이 하는 실수는 서드파티 종속성이 있을 때 그 종속성에 자신의 패키지를 임포트하는 것이다. 이렇게 하면 PIP 같은 도구가 setup.py를 실행해서 메타데이터를 읽으려고 할 때 설치할 모든 종속성을 목록화하기 전에 임포트 에러가 발생할 수 있다.

setup.py 파일에서 직접 임포트할 수 있는 유일한 종속성은 Setuptools다. 이 프로젝트를 설치하려는 사람은 자신의 환경에 Setuptools를 갖고 있을 것이라고 가정할 수 있기 때문이다.

또 다른 중요한 고려 사항은 프로젝트를 설명하기 위해 포함하는 메타데이터다. name, version, url, author만 사용할 수도 있지만, 이 정보만으로 프로젝트를 설명하기는 충분하지 않다.

메타데이터 필드는 setup() 함수의 인수arguments를 통해 설정한다. 이들 인수는 메타데이터 이름과 동일한 것도 있고, 그렇지 않은 것도 있다.

다음은 마이크로서비스 프로젝트에서 사용해야 하는 최소한의 인수들이다.

- **name**: 패키지 이름으로, 소문자의 짧은 이름이어야 한다.
- **version**: PEP 440을 따르는 프로젝트 버전이다.
- **url**: 저장소나 홈 페이지 같은 프로젝트 URL이다.
- **description**: 프로젝트를 설명하는 한 문장이다.
- **long_description**: reStructuredText 문서다.
- **author**, **author_email**: 작성자 또는 단체의 이름과 이메일이다.
- **license**: MIT, Apache2, GPL 등 프로젝트가 사용하는 라이선스다.
- **classifiers**: PEP 301에 정의된 고정 목록에서 선택한 분류자 목록이다.
- **keywords**: 프로젝트를 설명하는 태그로, 프로젝트를 PyPIPython Package Index에 게시할 때 유용하다.
- **packages**: 프로젝트가 포함하는 패키지 목록으로, Setuptools는 find_packages() 함수를 사용해서 자동으로 해당 옵션을 채울 수 있다.
- **install_requires**: 종속성 목록으로, Setuptools 옵션이다.
- **entry_points**: 콘솔 스크립트와 같은 Setuptools 훅hook 목록이다.
- **include_package_data**: 파이썬 이외의 파일 포함을 단순화하는 플래그다.
- **zip_safe**: Setuptools가 과거의 표준인 ZIP 파일(실행 가능한 eggs)로 프로젝트를 설치하지 않게 하는 플래그다.

앞에서 설명한 옵션을 포함하는 setup.py 파일의 예는 다음과 같다.

```
from setuptools import setup, find_packages

with open('README.rst') as f:
```

```
    LONG_DESC = f.read()

setup(name='MyProject',
    version='1.0.0',
    url='http://example.com',
    description='This is a cool microservice based on strava.',
    long_description=LONG_DESC,
    author='Tarek', author_email='tarek@ziade.org',
    license='MIT',
    classifiers=[
        'Development Status :: 3 - Alpha',
        'License :: OSI Approved :: MIT License',
        'Programming Language :: Python :: 2',
        'Programming Language :: Python :: 3'],
    keywords=['flask', 'microservice', 'strava'],
    packages=find_packages(),
    include_package_data=True,
    zip_safe=False,
    entry_points="""
    [console_scripts]
    mycli = mypackage.mymodule:myfunc
    """,
    install_requires=['stravalib'])
)
```

long_description 옵션은 보통 README.rst 파일에서 가져오므로 함수에 reStructuredText 문자열을 포함할 필요는 없다.

restructured text-lint(https://github.com/twolfson/restructuredtext-lint) 프로젝트는 reST 파일 구문을 검증하는 데 사용할 수 있는 린터다.

description을 분리했을 때의 장점은 대부분의 편집기가 이를 자동으로 인식해서 출력한다는 점이다. 예를 들어 깃허브는 이를 프로젝트 저장소 첫 페이지로 사용하며,

브라우저에서 직접 편집할 수 있는 reStructuredText 편집기도 제공한다. PyPI 역시 동일한 방법으로 프로젝트 첫 페이지를 표시한다.

license 필드는 어떤 라이선스를 사용 중인지 알 수만 있다면 형식은 자유롭다. 예를 들면 Apache Public License Version 2[APL v2]라고 쓸 수 있다. 어떤 경우든 setup.py 파일과 함께 해당 라이선스의 공식 텍스트가 있는 LICENSE 파일을 추가해야 한다.

classifiers는 작성하기 가장 까다로운 필드다. 여기에는 https://pypi.org/pypi?%3Aaction=list_classifiers 분류 목록에 있는 문자열을 사용해야 한다. 이 목록 중 개발자들이 가장 흔하게 사용하는 3개는 지원하는 파이썬 버전을 표시하는 Programming Language, License(license 필드와 중복되므로 내용이 동일해야 한다. 그리고 프로젝트 성숙도를 가늠할 수 있는 Development Status다.

Trove 분류자는 기계 해석이 가능한 메타데이터로, PyPI와 상호작용하는 도구에서 사용될 수 있다. 예를 들어 zc.buildout 도구는 Framework :: Buildout :: Recipe 분류자로 패키지를 찾는다.

keywords 필드는 PyPI에 게시하는 경우 프로젝트를 드러내는 데 쓰기 좋은 필드다. 플라스크 마이크로서비스를 만들었다면 'flask'와 'microservice' 키워드를 사용한다.

entry_points는 Setuptools 진입점을 정의하는 INI와 같은 형태의 문자열로, 프로젝트가 설치된 후 플러그인으로 호출할 수 있다. 가장 흔한 진입점 유형은 콘솔 스크립트다. 함수를 이 섹션에 추가하면 커맨드라인 스크립트가 파이썬 인터프리터와 함께 설치되고 진입점을 통해 함수와 연결된다. 이는 프로젝트를 위한 커맨드라인 인터페이스[CLI]를 만드는 좋은 방법이다. 예제에서 mycli는 프로젝트가 설치된 이후에 셸에서 직접 실행할 수 있다. 파이썬의 Distutils도 비슷한 기능을 갖고 있지만, Setuptools에서는 특정 함수를 지칭하는 것이 가능하므로 더 효과적이다.

마지막으로 install_requires는 모든 종속성을 나열한다. 이 목록은 설치 과정에서

PIP 같은 도구가 사용할 수 있다. 이 도구는 해당 종속성이 PyPI에 게시됐다면 가져와서 설치한다.

setup.py 파일을 생성한 후에는 로컬 가상 환경을 만드는 것이 좋다.

virtualenv를 이미 설치했다면 setup.py 파일이 있는 디렉토리에서 다음 명령을 실행한다. 그러면 몇 개의 디렉토리가 생성되는데, 이 디렉토리 중에는 로컬 파이썬 인터프리터를 갖고 있는 bin 디렉토리도 있다. 명령이 완료되면 다음과 같이 로컬 셸에 진입하게 된다.

```
$ virtualenv .
$ source bin/activate
(thedir) $
```

이 상태에서 pip install -e 명령을 실행하면 '편집 가능 모드'로 프로젝트가 설치된다. 이 명령은 설정 파일을 읽어서 프로젝트를 설치하지만, install만 사용했을 때와는 다르게 설치가 제자리[in-place]에서 일어난다. "제자리에서 설치가 일어난다"는 말은 프로젝트 내의 파이썬 모듈에서 직접 작업이 가능하며, site-packages 디렉토리를 통해 로컬 파이썬 설치에 연결된다는 것을 의미한다.

보통의 install 명령은 로컬 site-package 디렉토리에 파일의 복사본을 생성하기 때문에 소스코드를 변경하더라도 설치된 버전에는 영향을 미치지 않는다.

PIP 호출은 또한 메타데이터를 포함하는 MyProject.egg-info 디렉토리를 생성한다. PIP는 메타데이터 규약 1.1 버전을 PKG-INFO라는 이름으로 생성한다.

```
$ more MyProject.egg-info/PKG-INFO
Metadata-Version: 1.1
Name: MyProject
Version: 1.0.0
Summary: This is a cool project.
```

```
Home-page: http://example.com
Author: Tarek
Author-email: tarek@ziade.org
License: MIT
Description: MyProject
        ---------
        I am the **long** description.

Keywords: flask,microservice,strava
Platform: UNKNOWN
Classifier: Development Status :: 3 - Alpha
Classifier: License :: OSI Approved :: MIT License
Classifier: Programming Language :: Python :: 2
Classifier: Programming Language :: Python :: 3
```

이 메타데이터 파일은 프로젝트를 설명하며, PyPI에 등록하기 위해 사용된다. 여기에 관해서는 9장의 마지막 부분에서 설명한다.

PIP는 또한 모든 프로젝트 종속성을 http://pypi.python.org/pypi로부터 가져와 로컬 site-packages에 설치한다. 이 명령을 실행하는 건 모든 것이 예상대로 동작하는지 확인할 수 있는 좋은 방법이다.

install_requires 옵션은 추가 논의가 필요하다. 이 파일은 곧이어 설명할 프로젝트 종속성을 열거하는 또 다른 방법인 requirements.txt 파일과 경쟁 관계에 있다.

requirements.txt 파일

PIP 커뮤니티는 프로젝트의 모든 종속성을 나열하고 편집할 수 있는 확장 구문을 제안했으며, 이를 위해 requirements.txt 파일을 사용한다. https://pip.readthedocs.io/en/stable/reference/pip_install/#requirements-file-format을 참고하자.

다음은 requirements.txt 파일의 예다.

```
arrow
python-dateutil
pytz
requests
six
stravalib
units
```

이 파일을 사용하면 종속성을 쉽게 문서화할 수 있기 때문에 커뮤니티에서 널리 사용되고 있다. 프로젝트에 필요한 만큼 파일을 만들 수 있으며, 사용자는 `pip install -r 파일명.txt` 명령으로 파일에 나열된 패키지를 설치할 수 있다.

예를 들어 dev-requirements.txt에는 개발 환경에 필요한 종속성을 포함시키고, live-requirements.txt에는 라이브 환경에 필요한 종속성을 포함시킬 수 있다. 이 파일 형식은 상속inheritance을 지원하므로, 파일 관리에 도움을 준다.

requirements 파일을 사용할 때의 한 가지 문제는 setup.py 파일의 `install_requires`에 포함된 일부 정보와 중복된다는 점이다.

이 문제를 해결하기 위해 일부 개발자들은 라이브러리 종속성과 애플리케이션 종속성을 구분하는 방법을 사용하기도 한다. 예를 들면 라이브러리의 setup.py 파일에는 `install_requires`를 사용하고, 애플리케이션 배포에는 PIP requirement 파일을 사용하는 식이다. 따라서 파이썬 애플리케이션의 setup.py 파일에서는 `install_requires`에 종속성을 기록하지 않는다.

그렇지만 이 방법은 종속성이 requirements 파일을 통해 먼저 설치되게 하기 위해 특별한 설치 과정이 필요하다. 게다가 라이브러리에 대해 requirements 파일을 사용할 때의 장점 역시 포기해야 한다.

9장의 앞부분에서 말한 것처럼 애플리케이션과 라이브러리는 명확하게 구분하기 힘든 경우가 많다. 따라서 파이썬 프로젝트의 종속성을 2개의 다른 방법으로 기술하는 방법은 상황을 더 복잡하게 만들 수 있다.

이처럼 정보가 양쪽에 중복되는 걸 피하기 위해 setup.py와 requirements 파일을 자동으로 동기화해주는 도구가 몇 개 있다.

pip-tools(https://github.com/jazzband/pip-tools)는 그런 도구 중 하나다. 이 도구는 다음과 같이 `pip-compile` 커맨드라인 인터페이스를 통해 requirements.txt(또는 다른 이름도 가능) 파일을 생성한다.

```
$ pip install pip-tools
...
$ pip-compile
#
# This file is autogenerated by pip-compile
# To update, run:
#
# pip-compile --output-file requirements.txt setup.py
#
arrow==0.10.0            # via stravalib
python-dateutil==2.6.0 # via arrow
pytz==2017.2             # via stravalib
requests==2.13.0         # via stravalib
six==1.10.0              # via python-dateutil, stravalib
stravalib==0.6.6
units==0.7               # via stravalib
```

생성된 파일에 각 패키지의 버전이 표시된 것을 주목하자. 이를 **버전 고정**version pinning이라고 하며, 로컬에 설치된 버전이 기록된다.

프로젝트를 릴리스하기 전에 모든 종속성을 고정하는 것은 좋은 관례다. 이렇게 하면 사용하고 테스트했던 정확한 버전을 문서화할 수 있다.

pip-tools를 사용하지 않는다면 PIP의 `freeze` 명령을 사용할 수 있다. 이 명령은 파이썬에 설치된 모든 목록의 현재 버전을 알려준다.

```
$ pip freeze

cffi==1.9.1
click==6.6
cryptography==1.7.2
dominate==2.3.1
flake8==3.2.1
Flask==0.11.1
...
```

종속성을 고정했을 때의 문제는 동일한 종속성을 사용하는 어떤 프로젝트가 해당 종속성의 다른 버전을 사용하는 경우다. PIP은 양쪽의 요구 사항을 충족하지 못하면 제대로 동작할 수 없다.

이 문제를 해결하는 가장 간단한 방법은 setup.py 파일에는 종속성을 고정하지 않는 대신 requirements.txt 파일에 종속성을 고정하는 것이다. 이 방법대로 하면 PIP은 각 패키지의 최신 버전을 설치할 수 있다. 라이브 환경 등 특정 환경에 배포할 때는 `pip install -r requirements.txt` 명령을 실행해서 버전을 갱신할 수 있다. 이를 통해 PIP은 모든 종속성을 버전과 일치하게 업그레이드하거나 다운그레이드하며, 필요하다면 requirements 파일에서 이를 조정할 수 있다.

정리하면 종속성 정의는 각 프로젝트의 setup.py에서 처리하는 것이 좋다. 그리고 setup.py를 사용한다면 중복을 피하기 위해 requirements 파일에서는 종속성 버전을 고정한다.

프로젝트의 마지막 필수 파일은 MANIFEST.in 파일이다.

MANIFEST.in 파일

소스를 생성하거나 바이너리를 릴리스할 때 Setuptools는 모든 패키지 모듈과 데이터 파일, setup.py 파일, 그리고 몇 개의 다른 파일들을 tarball로 생성한다. 하지만 PIP requirements 같은 파일들은 포함되지 않는다.

이 파일들을 배포판에 넣으려면 해당 파일 목록이 있는 MANIFEST.in 파일을 추가한다.

MANIFEST.in 파일은 https://docs.python.org/3/distutils/commandref.html#creating-a-source-distribution-the-sdist-command에 설명된 glob 구문을 따르며, 파일이나 디렉토리(glob 패턴)를 매칭해서 포함시키거나 제외할지 지정한다.

Runnerly에서 사용한 예는 다음과 같다.

```
include requirements.txt
include README.rst
include LICENSE
recursive-include myservice *.ini
recursive-include docs *.rst *.png *.svg *.css *.html conf.py
prune docs/build/*
```

이를 통해 Sphinx가 포함된 dosc/directory는 배포판에 포함되지만, 문서가 빌드되면서 docs/build에 생성된 부수적인 파일들은 제외된다.

MANIFEST.in 파일이 준비되면 프로젝트를 릴리스할 때 모든 파일이 배포판에 추가된다. `check-manifest` 명령을 사용해서 파일이 올바로 작성됐는지 검사할 수 있다.

이 책에서 설명하는 마이크로서비스 프로젝트는 보통 다음의 파일 목록을 가진다.

- **setup.py**: 설정 파일
- **README.rst**: `long_description` 옵션의 콘텐츠 파일

- MANIFEST.in: MANIFEST 템플릿
- requirements.txt: install_requires에서 생성된 PIP requirement 파일
- docs/: Sphinx 문서
- package/: 마이크로서비스 코드를 포함하는 패키지

프로젝트를 릴리스하는 것은 기본적으로 이 구조를 따르는 소스 배포판을 만드는 것이며, C 확장이 있다면 바이너리 배포판을 만들 수도 있다.

릴리스 생성 방법을 배우기 전에 마이크로서비스의 버전 관리를 먼저 살펴보자.

버전 관리

파이썬 패키지 도구는 특별한 버전 규칙을 강제하지 않는다. 버전 필드는 어떤 문자열도 될 수 있다. 하지만 이런 자유로움은 또 다른 문제를 가져온다. 즉, 프로젝트가 저마다의 버전 관리 체계를 갖게 되면서 설치 프로그램이나 도구에 대한 호환 문제가 발생할 수 있다.

버전 관리 체계를 이해하려면 설치 프로그램이 버전을 어떻게 정렬하고 비교하는지 알아야 한다. 설치 프로그램은 문자열을 파싱해서 해당 버전이 새 버전인지 이전 버전인지 판단한다.

초기 소프트웨어는 2017년 1월 1일에 소프트웨어를 릴리스했다면 20170101과 같은 날짜 표시 방식을 사용해서 버전을 표시했다. 하지만 이런 방식은 브랜치를 릴리스할 때는 좋지 못하다. 예를 들어 어떤 소프트웨어가 하위 호환이 되지 않는 버전 2를 갖고 있다고 하자. 상황에 따라 버전 1에 대한 업데이트와 버전 2에 대한 업데이트를 병렬로 진행할 수도 있을 것이다. 이때 날짜로 버전을 표시하면 버전 2의 릴리스보다 버전 1이 더 최신인 것처럼 표시될 수 있다.

일부 소프트웨어는 릴리스할 때마다 날짜 외의 별도의 숫자를 하나씩 증가시켜서 버

전을 표시하기도 했다. 하지만 날짜를 사용해 버전을 표시하는 방법은 여전히 브랜치를 다루기에 적당한 방법이 아니다.

그리고 베타, 알파, 릴리스-후보[release candidate], dev 버전이 존재하기도 한다. 어떤 릴리스에 대해서는 사전-릴리스[pre-release]로 표시하고 싶은 경우가 있다. 예를 들어 파이썬의 새 버전이 나올 때는 rc 표시를 사용한 릴리스-후보를 먼저 발표해서 최종 버전이 출시되기 전에 커뮤니티에서 미리 사용해볼 수 있게 한다. 예를 들자면 3.6.0rc1, 3.6.0rc2 등이다.

마이크로서비스의 경우는 일반적으로 커뮤니티를 대상으로 배포하지는 않기 때문에 위와 같이 표시하는 건 약간 지나친 면이 있다. 그러나 소프트웨어를 사용하는 사람이 외부 조직에 있는 사람이라면 위와 같은 방식이 적합할 수 있다.

릴리스-후보는 하위 버전과 호환되지 않는 프로젝트를 배포하려는 경우에 유용하다. 정식 버전을 게시하기 전에 사용자들이 먼저 시험해보게 하는 건 항상 좋은 생각이다. 하지만 프로젝트 규모나 위험성이 작다면 문제가 발생한 이후에 새 버전을 배포하더라도 그리 큰 비용이 들지 않을 것이다. 따라서 이런 프로젝트에 대해서도 릴리스-후보를 사용하는 것은 지나친 면이 있다.

PIP는 대부분의 패턴을 알아내는 데 능숙하며, 최종적으로는 영-숫자(alphanumeric) 정렬을 따른다. 그렇지만 모든 프로젝트가 동일한 버전 관리 체계를 사용하는 것이 여러모로 좋다.

PEP 386과 PEP 440은 파이썬 커뮤니티의 버전 관리 체계를 제안하기 위해 작성됐다. 이 제안은 개발자들 사이에서 익숙한 MAJOR.MINOR.[PATCH] 형식을 기반으로, 이전 및 이후 버전에 대한 몇 가지 특별한 규칙이 추가됐다.

시맨틱 버전 관리 체계[Semantic Versioning](http://semver.org)는 파이썬 외부에서 많이 사용되는 또 다른 표준이다. 시맨틱 버전을 사용하는 경우 릴리스-후보가 아니라면 PEP 440 및 PIP 설치 프로그램과 호환된다. 예를 들어 릴리스-후보 3.6.0rc2는 시맨틱 버전에서는 3.6.0-rc2로 변환된다.

이처럼 PEP 440과 다르게 시맨틱 버전은 항상 3개의 버전 숫자를 표시한다. 예를 들어 1.0이 아니라 1.0.0으로 표시한다. 3.6.0rc2와 같이 버전 정보와 특정 마커marker를 구분하는 대시(-)를 쓰지 않는다면 시맨틱 버전을 사용하는 건 좋은 생각이다.

다음은 파이썬 프로젝트의 정렬된 버전 목록의 예로서 시맨틱 버전과도 유사하다.

- 9.0
- 0.0a1
- 0.0a2
- 0.0b1
- 0.0rc1
- 0.0
- 1.0

마이크로서비스뿐만 아니라 모든 파이썬 프로젝트의 버전은 0.1.0부터 시작해야 하며, 아직 완전하지 않고 하위 호환성도 보장되지 않는다는 걸 분명히 해야 한다. 그리고 프로젝트가 충분히 성숙해졌다고 판단될 때까지는 MINOR 번호를 계속 증가시킨다.

프로젝트가 안정화 단계에 이르면 1.0.0을 릴리스한 후 다음과 같은 규칙을 따른다.

- MAJOR 번호는 기존 API가 변경돼서 이전 버전과 호환되지 않을 때 증가시킨다.
- MINOR 번호는 기존 API 변경 없이 새로운 기능을 추가했을 때 증가시킨다.
- PATCH 번호는 버그가 수정됐을 때 증가시킨다.

프로젝트에 잦은 변경이 발생하는 초기 개발 단계에 이 버전 관리 체계를 너무 엄격히 적용하면 이전 버전과 호환되지 않는 변경이 많기 때문에 MAJOR 번호가 금세 증가해 버린다.

> 1.0.0 릴리스는 개발자에게 심적 부담이 된다. 이 버전이 세상에 처음으로 공개하는 안정적인 버전이 되기를 바라기 때문이다. 따라서 신뢰할 수 있는 수준이 되기 전까지는 0.x.x 버전을 주로 사용한다.

라이브러리의 경우 호출하는 모든 API는 공개된 버전이며, 문서화된 함수와 클래스들을 불러와서 사용할 수 있다.

마이크로서비스의 경우는 코드 API와 HTTP API 사이에 차이가 있다. 즉, 마이크로서비스 프로젝트의 전체 코드 구현을 완전히 변경하더라도 HTTP API는 동일하게 유지할 수 있다. 따라서 두 버전은 구분해서 다뤄야 한다.

여기서 설명한 버전 관리 체계를 양쪽 모두에 적용할 수도 있지만, 코드 API는 setup.py에 HTTP API는 Swagger 또는 HTTP API를 문서화할 수 있는 다른 곳에 게시하고 릴리스 주기를 다르게 가져갈 수 있다.

이제 버전 번호 관리 방법을 알게 됐으므로 실제로 릴리스를 해보자.

릴리스

프로젝트를 릴리스하기 위해 파이썬의 Distutils는 `sdist`라는 명령을 제공한다. Distutils에는 `python setup.py <COMMAND>` 형식으로 호출할 수 있는 몇 개의 명령이 있다. 프로젝트 루트에서 `python setup.py sdist` 명령을 실행하면 프로젝트 소스코드를 포함한 압축 파일이 생성된다.

다음은 Runnerly의 `tokendealer` 프로젝트에서 `sdist` 명령을 호출한 결과다.

```
$ python setup.py sdist
running sdist
[...]
```

```
creating runnerly-tokendealer-0.1
creating runnerly-tokendealer-0.1/runnerly
creating runnerly-tokendealer-0.1/runnerly/tokendealer
creating runnerly-tokendealer-0.1/runnerly/tokendealer/tests
creating runnerly-tokendealer-0.1/runnerly/tokendealer/views
creating runnerly-tokendealer-0.1/runnerly_tokendealer.egg-info
copying files to runnerly-tokendealer-0.1...
copying README.rst -> runnerly-tokendealer-0.1
[...]
copying runnerly/__init__.py -> runnerly-tokendealer-0.1/runnerly
copying runnerly/tokendealer/tests/test_home.py ->
runnerly-tokendealer-0.1/runnerly/tokendealer/tests
copying runnerly/tokendealer/views/__init__.py ->
runnerly-tokendealer-0.1/runnerly/tokendealer/views
copying runnerly/tokendealer/views/home.py ->
runnerly-tokendealer-0.1/runnerly/tokendealer/views
[...]
creating dist
Creating tar archive
removing 'runnerly-tokendealer-0.1' (and everything under it)
```

sdist 명령은 setup.py와 MANIFEST.in에서 정보를 읽고 필요한 모든 파일을 압축 파일에 넣는다. 결과물은 dist 디렉토리에 생성된다.

```
$ ls dist
runnerly-tokendealer-0.1.tar.gz
```

압축 파일의 이름은 프로젝트의 이름 및 버전 조합으로 구성된다. 다음과 같이 이 파일에 PIP을 사용해서 프로젝트를 설치할 수 있다.

```
$ pip install dist/runnerly-tokendealer-0.1.tar.gz
Processing ./dist/runnerly-tokendealer-0.1.tar.gz
```

```
Building wheels for collected packages: runnerly-tokendealer
    Running setup.py bdist_wheel for runnerly-tokendealer ... done
    Stored in directory:
/home/hyun/.cache/pip/wheels/5d/7a/cb/cdd8b1866c8d482c3eff6bd78d5a81fec62
ce673b62136b48b
Successfully built runnerly-tokendealer
```

컴파일이 필요한 확장이 없다면 소스 릴리스만으로 충분하지만, 확장이 있다면 설치할 때 대상 시스템에서 확장을 다시 컴파일해줘야 한다. 따라서 대상 시스템에 컴파일러가 있어야 하는데, 설치하는 쪽에서는 이를 보장할 수가 없다.

다른 방법은 각 대상 시스템에 맞게 미리 컴파일을 한 바이너리를 배포하는 것이다. 이를 위해 Distutils은 여러 개의 bdist_xxx 명령을 갖고 있지만, 더 이상 관리되지 않는다. 사용 가능한 새로운 형식은 PEP 427에 정의된 Wheel 형식이다. Wheel 형식은 ZIP 파일이며, 대상 시스템에 배포해야 될 모든 파일을 갖고 있기 때문에 대상 시스템에 설치하기 위해 다시 명령을 실행할 필요가 없다.

프로젝트에 C 확장이 없어도 Wheel 형식으로 배포하는 것이 좋다. 설치 과정이 sdist보다 빠르기 때문이다. PIP은 특별한 명령 실행 없이 단순히 파일을 이동하기만 한다.

Wheel 압축을 만들려면 wheel을 설치한 후 bdist_wheel 명령을 호출한다. 그러면 dist에 새 압축 파일이 생성된다.

```
$ pip install wheel
$ python setup.py bdist_wheel --universal
$ ls dist/
runnerly-tokendealer-0.1.0.tar.gz
runnerly_tokendealer-0.1.0-py2.py3-none-any.whl
```

이 예제에서 bdist_wheel을 호출할 때 --universal 플래그를 사용했다. 이 플래그는 코드가 파이썬 2와 파이썬 3 모두와 호환된다면 별도의 변환 과정 없이 양쪽 버전에서 설치될 수 있는 소스 릴리스를 만든다. `--universal` 플래그를 사용하지 않으면 runnerly_tokendealer-0.1.0-py3-none-any.whl처럼 파일 이름에 특정 파이썬 버전이 명시된다.

C 확장이 있는 경우 `bdist_wheel`은 이를 감지하고 확장을 컴파일해서 플랫폼 종속적인 배포 파일을 생성한다. 이 경우는 앞에서 살펴본 파일명의 none이 해당 플랫폼 이름으로 대체된다.

플랫폼 종속적인 릴리스를 만드는 것은 C 확장이 특정 시스템 라이브러리를 링크하고 있지 않다면 괜찮은 방법이다. 하지만 특정 시스템 라이브러리를 사용하는 경우 대상 시스템에 라이브러리의 다른 버전이 설치됐을 수 있기 때문에 어느 곳에서나 정상 실행된다고 보장할 수 없다. 모든 환경에서 동작하는 배포 파일을 만드는 것은 굉장히 어렵다. 일부 프로젝트는 정적으로 링크된 확장이 배포 파일에 함께 포함된다. 일반적으로 마이크로서비스를 개발할 때는 C 확장을 배포하는 경우가 드물기 때문에 소스 배포로 충분하다.

릴리스 파일을 만들 때는 `sdist`와 Wheel을 사용하는 것이 가장 좋다. PIP 같은 인스톨러는 `wheel`을 사용하면 `sdist`보다 프로젝트를 더 빨리 설치한다. 반면에 `sdist` 릴리스는 이전 인스톨러나 수동 설치에 사용할 수 있다.

압축 파일이 준비됐다면 이제 배포할 차례다.

배포

오픈소스 프로젝트를 개발했다면 PyPI에 프로젝트를 게시하는 것이 좋다. 대부분의 모던 프로그래밍 언어 생태계와 마찬가지로 인스톨러가 다운로드할 릴리스를 인덱스 페이지에서 찾는다.

`pip install <프로젝트>` 명령을 호출하면 PIP은 PyPI 인덱스에서 해당 프로젝트가 있는지, 있다면 해당 플랫폼에 적합한 릴리스가 있는지 탐색한다.

인덱스에 공개되는 이름은 setup.py 파일에서 사용한 이름이며, 일부 릴리스를 게시할 수 있게 PyPI에 등록할 필요가 있다. 인덱스 이름은 선착순이므로 원하는 이름이 이미 사용되고 있다면 다른 이름을 선택해야 한다.

애플리케이션이나 단체를 위한 마이크로서비스를 만들 때는 모든 프로젝트 이름에 공통 접두사[prefix]를 사용할 수 있다. Runnerly의 경우에는 `runnerly-`를 사용한다.

접두사는 패키지 수준에서 충돌을 방지하는 데 유용하다.

파이썬은 네임스페이스 패키지 기능을 갖고 있기 때문에 `runnerly`와 같이 최상위 패키지 이름을 만들어 별도의 파이썬 프로젝트에 패키지를 포함시킬 수 있다. 이렇게 해서 최상위 `runnerly` 패키지 아래에 프로젝트들이 설치된다.

이 방법은 모든 패키지가 임포트 시에 공통 `runnerly` 네임스페이스를 가질 수 있게 하며, 동일한 이름 내에 코드를 그룹화하는 꽤 세련된 방법이다. 이 기능은 표준 라이브러리의 `pkgutil` 모듈을 통해 사용할 수 있다.

이렇게 하려면 __init__.py 파일에 최상위 이름의 접두어를 사용해 임포트하고 최상위 이름과 동일한 디렉토리를 모든 프로젝트에 생성한다.

```
from pkgutil import extend_path
__path__ = extend_path(__path__, __name__)
```

예를 들어 Runnerly를 동일 네임스페이스를 써서 릴리스하기로 결정했다면 각 프로젝트는 동일한 최상위 패키지 이름을 가진다. tokendealer를 예로 들면 다음과 같다.

- `runnerly`
  - __init__.py: extend_path 호출을 포함
  - tokendealer/
    - 실제 코드가 들어감

dataservice의 경우는 다음과 같다.

- runnerly
    - __init__.py: extend_path 호출을 포함
    - dataservice/
        - 실제 코드가 들어감

두 개 서비스 모두 runnerly라는 이름의 최상위 패키지를 갖고 있다. PIP으로 tokendealer와 dataservice 패키지를 설치하면 동일한 디렉토리인 site-packages/runnerly에 설치된다.

이 기능은 각 마이크로서비스가 분리돼서 설치되는 프로덕션 환경에서는 그렇게 쓸모있는 기능은 아니지만, 프로젝트 전반에 걸쳐 사용되는 다양한 라이브러리를 만들 때 유용하다.

지금까지는 각 프로젝트가 독립적이며, PyPI에서 사용할 수 있는 이름이라고 가정했다.

PyPI에 릴리스를 게시하려면 먼저 사용자 이름과 비밀번호 등을 https://pypi.org/account/register/에 등록해야 한다.

Create an account on PyPI

Name

Your name

Email address

Your email address

Username

Select a username

Password

Show passwords

Select a password

Choose a strong password that contains letters (uppercase and lowercase), numbers and special characters. Avoid common words or repetition.

Password strength:

Confirm password

Confirm password

Create account

필요한 정보를 등록하면 홈 디렉토리에 자격증명을 포함하는 .pypirc 파일을 만든다.

```
[pypi]
username = <username>
password = <password>
```

이 파일은 PyPI를 사용할 때 기본 Authentication 헤더를 만들기 위해 사용된다.

파이썬 Distutils는 새 프로젝트를 PyPI에 등록하기 위한 `register`와 `upload` 명령을 갖고 있지만, 사용자 인터페이스를 갖고 있는 Twine(https://github.com/pypa/twine)을 사용하는 것이 더 좋다.

Twine은 pip으로 설치할 수 있다. 설치 후에는 다음 명령으로 패키지를 등록한다.

```
$ twine register dist/runnerly-tokendealer-0.1.0.tar.gz
```

이 명령은 패키지의 메타데이터를 사용해 인덱스에 새 항목을 생성한다. 다음 명령으로 릴리스를 업로드한다.

```
$ twine upload dist/*
```

이제 https://pypi.python.org/pypi/<project> 페이지에서 패키지를 볼 수 있으며, `pip install <project>` 명령으로 설치가 가능하다.

지금까지 각 마이크로서비스를 패키징하는 방법을 알아봤다. 이번에는 개발 목적으로 모든 서비스를 동일 머신에서 실행하는 방법을 알아보자.

모든 마이크로서비스 실행

마이크로서비스 실행은 내장 플라스크 웹 서버를 사용한다. 스크립트를 통해 플라스크 애플리케이션을 실행하려면 애플리케이션을 포함하는 모듈을 가리키는 환경 변수를 설정해야 한다.

다음 예제에서 `dataservice` 마이크로서비스는 `runnerly.dataservice`의 `app` 모듈에 위치하며, 루트 디렉토리에서 다음 명령으로 실행한다.

```
$ FLASK_APP=runnerly/dataservice/app.py bin/flask run
 * Serving Flask app "runnerly.dataservice.app"
 * Running on http://127.0.0.1:5000/ (Press CTRL+C to quit)
127.0.0.1 - - [01/May/2017 10:18:37] "GET / HTTP/1.1" 200 -
```

플라스크의 커맨드라인을 사용해서 애플리케이션을 실행하는 건 괜찮지만, 인터페이스 옵션을 사용해야 하는 제약이 있다. 마이크로서비스 실행을 위해 인수 전달이 필요하다면 환경 변수를 추가해야 한다.

다른 방법으로 argparse(https://docs.python.org/3/library/argparse.html) 모듈을 사용해서 전용 런처를 만드는 방법이 있다. 이렇게 하면 원하는 어떤 옵션이든 각 마이크로서비스에 추가할 수 있다.

다음 예제는 argparse 기반 커맨드라인 스크립트를 통해 플라스크 애플리케이션을 실행하는 런처다. 마이크로서비스 실행에 필요한 설정 파일을 받는 -config-file 옵션을 사용한다.

```
import argparse
import sys
import signal
from .app import create_app

def _quit(signal, frame):
    print("Bye!")
    # 여기에 정리 코드를 추가한다.
    sys.exit(0)

def main(args=sys.argv[1:]):
    parser = argparse.ArgumentParser(description='Runnerly Dataservice')
    parser.add_argument('--config-file', help='Config file', type=str,
default=None)
    args = parser.parse_args(args=args)
    app = create_app(args.config_file)
```

```
    host = app.config.get('host', '0.0.0.0')
    port = app.config.get('port', 5000)
    debug = app.config.get('DEBUG', False)
    signal.signal(signal.SIGINT, _quit)
    signal.signal(signal.SIGTERM, _quit)
    app.run(debug=debug, host=host, port=port)

if __name__ == "__main__":
    main()
```

이 방식은 많은 유연성을 제공한다. 이 스크립트를 콘솔 스크립트로 만들려면 entry_points 옵션을 통해 다음과 같이 setup 클래스의 함수에 전달한다.

```
from setuptools import setup, find_packages
from runnerly.dataservice import __version__

setup(name='runnerly-data', version=__version__,
    packages=find_packages(),
    include_package_data=True,
    zip_safe=False,
    entry_points="""
    [console_scripts]
    runnerly-dataservice = runnerly.dataservice.run:main
    """)
```

이 옵션으로 runnerly-dataservice 콘솔 스크립트가 만들어지고 앞에서 살펴본 main() 함수에 연결된다.

```
$ runnerly-dataservice --help
usage: runnerly-dataservice [-h] [--config-file CONFIG_FILE]

Runnerly Dataservice
```

```
optional arguments:
    -h, --help show this help message and exit
    --config-file CONFIG_FILE Config file

$ runnerly-dataservice
 * Running on http://127.0.0.1:5001/ (Press CTRL+C to quit)
 * Restarting with stat
 * Debugger is active!
 * Debugger pin code: 216-834-670
```

앞에서 프로젝트를 개발 모드로 실행하기 위해 PIP에 -e 옵션을 사용했다. 모든 마이크로서비스에 동일 옵션을 사용하면 각각의 런처를 활용해 같은 머신에서 모두를 실행할 수 있다.

새로운 virtualenv를 만들고 모든 마이크로서비스 목록을 갖고 있는 requirements.txt 파일에 -e 옵션을 사용해서 각 개발 디렉토리를 연결할 수 있다.

또한 PIP는 Git URL을 인식해서 저장소를 가져올 수 있기 때문에 코드를 포함하는 루트 디렉토리를 만들기 편하다.

다음 requirements.txt 파일은 두 개의 깃허브 저장소를 가리킨다

```
-e git+https://github.com/Runnerly/tokendealer.git#egg=runnerly-tokendealer
-e git+https://github.com/Runnerly/data-service.git#egg=runnerly-data
```

pip install -r requirements.txt 명령을 실행하면 두 개의 프로젝트를 src 디렉토리로 가져와서 개발 모드로 설치한다. 따라서 src/<project>에서 곧바로 코드를 변경하고 커밋commit할 수 있다.

마이크로서비스 실행이 필요한 모든 곳에서 콘솔 스크립트를 만들었다고 가정하면 이들은 virtualenv의 bin 디렉토리에 추가된다.

마지막으로 해결해야 할 문제는 분리된 배시 윈도우에서 각 콘솔 스크립트가 실행된다는 점이다. 이것을 하나의 스크립트로 관리하게 해야 한다. 다음 절에서 프로세스 매니저를 통해 어떻게 이 문제를 해결하는지 알아본다.

프로세스 관리

2장에서 살펴봤듯이 일반적으로 플라스크 기반 애플리케이션은 싱글 스레드로 동작한다.

동시성을 다루는 대부분의 패턴은 prefork 모델이다. 이 모델에서 여러 클라이언트의 동시 처리는, 같은 소켓에서 들어오는 연결을 승낙[accept]하는 여러 프로세스('워커'라고 부름)를 포킹[forking]해 처리된다. 소켓은 TCP 소켓이거나 유닉스 소켓일 수 있다. 유닉스 소켓은 서버와 클라이언트가 같은 머신에서 실행될 때 사용할 수 있다. 파일을 통한 데이터 교환을 기반으로 하며, 네트워크 프로토콜 오버헤드가 없으므로 TCP 소켓보다 약간 빠르다. 애플리케이션이 nginx 같은 프론트 서버를 통해 프록시될 때는 유닉스 소켓을 사용해 플라스크 앱을 실행하는 것이 일반적이다.

요청이 유닉스나 TCP 소켓에 도달하면 사용 가능한 프로세스가 요청을 받아 처리한다. 어떤 프로세스가 어떤 요청을 가져와서 처리할지는 잠금 메커니즘과 시스템 소켓 API에 의해 시스템 레벨에서 이뤄진다. 모든 프로세스에 요청을 분배하는 라운드 로빈 메커니즘은 매우 효율적이다.

플라스크 앱에서 이 모델을 사용하려면 uWSGI(https://uwsgi-docs.readthedocs.io/en/latest/)를 사용한다. uWSGI는 옵션을 통해 여러 프로세스를 prefork해서 플라스크 애플리케이션을 서비스한다.

uWSGI 도구는 많은 옵션을 갖고 있으며, TCP를 통해 통신할 수 있는 자체 바이너리 프로토콜도 갖고 있다. nginx HTTP 서버 뒤에서 바이너리 프로토콜로 uWSGI를 실행하는 건 플라스크 애플리케이션을 서비스하는 훌륭한 방법이다. uWSGI는 프로세스를 관리하고 사용하는 HTTP 프록시와 상호작용한다. 또는 최종 사용자와 직접 연결할 수도 있다.

하지만 uWSGI 도구는 웹 앱을 실행시키는 데 특화돼 있다. 개발 환경에 레디스 인스턴스와 같이 다른 프로세스를 같이 배포해서 동일 머신에서 실행하고 싶다면 다른 프로세스 매니저를 사용해야 한다.

좋은 방법은 WSGI 애플리케이션이 아닌 어떤 종류의 프로세스도 실행시킬 수 있는 Circus(https://circus.readthedocs.io/en/latest/) 같은 도구를 사용하는 것이다. Circus는 소켓을 바인드[bind]해서 관리되는 프로세스에서 사용할 수 있게 한다. 바꿔 말하면 Circus는 여러 개의 프로세스에서 플라스크 앱을 실행할 수 있고, 필요하다면 다른 프로세스 역시 관리할 수 있다.

Circus는 파이썬 애플리케이션이기 때문에 사용을 위해서는 단순히 `pip install circus` 명령을 실행하면 된다. Circus를 설치하면 몇 개의 새로운 명령을 사용할 수 있다. 두 개의 기본 명령은 프로세스 매니저인 `circusd`와 커맨드라인에서 프로세스 관리자를 실행하는 `circusctl`이다.

Circus는 ini 설정 파일을 사용한다. 각각의 섹션에 실행할 명령을 적고, 해당 명령을 처리할 프로세스의 수를 설정한다.

Circus는 또한 소켓을 묶어 포크된 프로세스가 파일 디스크립터를 통해 소켓을 사용할 수 있게 한다. 시스템에서 소켓이 생성되면 파일 디스크립터[File Descriptor]를 얻는다. 파일 디스크립터는 프로그램이 파일이나 소켓과 같은 I/O 리소스를 다룰 수 있게 해주는 시스템 핸들이다. 포크된 프로세스는 모든 파일 디스크립터를 상속받는다. 이런 방식으로 인해 Circus가 실행한 모든 프로세스는 결국 같은 소켓을 공유할 수 있다.

다음 예제에서는 두 개의 명령이 실행된다. 하나는 server.py 모듈에 있는 플라스크 애플리케이션을 5개의 프로세스에서 실행하고, 나머지는 하나의 레디스 서버 프로세스를 실행한다.

```
[watcher:web]
cmd = chaussette --fd $(circus.sockets.web) server.application
use_sockets = True
numprocesses = 5

[watcher:redis]
cmd = /usr/local/bin/redis-server
use_sockets = False
numprocesses = 1

[socket:web]
host = 0.0.0.0
port = 8000
```

socket:web 섹션은 TCP 소켓에 바인드할 때 사용할 host와 port를 적고, watcher:web 섹션에서는 이를 $(circus.sockets.web) 변수로 사용한다. Circus가 실행되면 이 값은 소켓의 파일 디스크립터 값으로 대체된다.

스크립트를 실행하려면 circusd 명령을 사용한다.

```
$ circusd myconfig.ini
```

파일 디스크립터에 대해 실행할 수 있는 옵션을 제공하는 WSGI 웹 서버가 몇 개 있지만 대부분은 해당 옵션을 노출하지 않으며, 지정한 호스트와 포트에 새 소켓을 연결한다.

Chaussette(https://chaussette.readthedocs.io/en/1.3.0/) 프로젝트는 파일 디스크립터를 사용해서 대부분의 기존 WSGI 웹 서버를 실행하기 위해 만들어졌다. pip install chaussette으로 설치하면 https://chaussette.readthedocs.io/en/1.3.0/#backends에

나열된 다양한 백엔드와 함께 플라스크 애플리케이션을 실행할 수 있다.

마이크로서비스에 Circus를 사용하면 ini 파일에 각 서비스당 `watcher`와 `socket` 섹션을 설정한 다음, `circusd` 명령으로 모든 서비스를 시작할 수 있다.

Chaussette 대신 자신만의 런처를 사용할 때의 유일한 차이는 파일 디스크립터로 실행 가능하게 적응이 필요하다는 것이다.

마이크로서비스의 `main()` 함수는 Chaussette의 `make_server()` 함수를 사용할 수 있고, 실행될 때 `-fd` 옵션이 전달된 경우 이를 사용할 수 있다.

```
from chaussette.server import make_server

def main(args=sys.argv[1:]):
    parser = argparse.ArgumentParser(description='Runnerly Dataservice')
    parser.add_argument('--fd', type=int, default=None)
    parser.add_argument('--config-file', help='Config file', type=str,
default=None)
    args = parser.parse_args(args=args)
    app = create_app(args.config_file)
    host = app.config.get('host', '0.0.0.0')
    port = app.config.get('port', 5000)
    debug = app.config.get('DEBUG', False)
    signal.signal(signal.SIGINT, _quit)
    signal.signal(signal.SIGTERM, _quit)

    def runner():
        if args.fd is not None:
            # use chaussette
            httpd = make_server(app, host='fd://%d' % args.fd)
            httpd.serve_forever()
        else:
            app.run(debug=debug, host=host, port=port)

    if not debug:
```

```
        runner()
    else:
        from werkzeug.serving import run_with_reloader
        run_with_reloader(runner)
```

circus.ini 파일은 다음과 같다.

```
[watcher:web]
cmd = runnerly-dataservice --fd $(circus.sockets.web)
use_sockets = True
numprocesses = 5

[socket:web]
host = 0.0.0.0
port = 8000
```

특정 마이크로서비스를 디버그하고 싶다면 호출할 플라스크 뷰 안에 pdb.set_trace() 호출을 추가한다. 그런 다음 circusctl 명령으로 마이크로서비스를 중지하고 다른 셸에서 수동으로 시작해 디버그 프롬프트에 접근할 수 있다.

Circus는 stdout과 stderr 스트림을 로그 파일로 리다이렉트해 디버깅을 손쉽게 하는 옵션을 제공한다.

https://circus.readthedocs.io/en/latest/for-ops/configuration/에서 다양한 기능들을 찾아볼 수 있다.

요약

9장에서는 각 마이크로서비스를 패키지, 릴리스, 배포하는 방법을 알아봤다. 현재 파이썬 패키징의 최신 기술은 여전히 레거시 도구에 대한 경험도 필요로 한다. 이러한 현상은 파이썬과 PyPA에서 진행 중인 작업이 대세가 될 때까지 몇 년간 계속될 것이다.

하지만 마이크로서비스를 패키징하고 설치할 수 있는 표준화되고 재현 가능하며 문서화된 방법이 있다면 그것으로 충분하다.

하나의 완전한 애플리케이션을 실행하기 위해 여러 개의 프로젝트가 필요하다면 개발 중에 많은 복잡성을 가져온다. 따라서 하나의 머신에서 모든 프로젝트를 실행 가능하게 하는 것이 중요하다.

PIP의 개발 모드나 Circus는 전체 서비스 실행을 단순화해주는 유용한 도구지만, virtualenv를 쓴다고 하더라도 여전히 시스템 내부에 설치가 필요하다.

이 외에도 동일 머신에서 전체 서비스 실행과 관련한 다른 문제들이 있다. 실제 라이브에서 사용할 OS와 로컬 머신의 OS가 다르다거나, 일부 라이브러리가 이미 다른 목적으로 로컬 머신에 설치돼 간섭을 일으킬 수 있다는 점이다.

이러한 문제를 피하는 최고의 방법은 가상 머신의 격리된 환경에서 서비스를 실행하는 것이다. 이러한 예로 10장에서는 도커를 사용한 서비스 실행 방법을 살펴본다.

10

컨테이너 서비스

9장에서는 여러 개의 마이크로서비스를 호스트 OS에서 곧바로 실행했다. 따라서 애플리케이션이 사용하는 모든 종속성과 데이터가 시스템에 직접 설치됐다.

파이썬의 가상 환경에서 애플리케이션을 실행하면 디렉토리 하나에 필요한 종속성을 다운로드하고 설치하기 때문에 대부분의 경우에는 문제될 것이 없다. 하지만 애플리케이션이 데이터베이스도 필요로 한다면 SQLite 파일이 아닌 이상, 시스템에 데이터베이스를 설치해서 실행해야 한다. 일부 파이썬 라이브러리의 경우 확장을 컴파일하기 위해 시스템 헤더가 필요할 수도 있다.

이런 상황이 발생하다 보면 시스템은 얼마 지나지 않아 다양한 소프트웨어들로 어지럽혀진다. 설치 소프트웨어의 특정 버전을 다른 용도로 사용할 일이 없고, 또 자신만의 개발 환경이라면 별 문제가 아닐 수도 있다. 하지만 프로젝트의 훌륭한 기여자

[contributor]가 될지도 모르는 다른 개발자들이 이 프로젝트를 설치하고 시험하려고 할 때는 얘기가 달라진다. 프로젝트를 시험하기 위해 많은 소프트웨어를 설치해야 한다면 대부분은 얼마 못가서 흥미를 잃을 것이다.

VM은 이런 문제를 해결하는 멋진 방법이다. 과거 10년 동안 세밀한 설정이 필요한 많은 프로젝트들은 VMWare나 버추얼박스[VirtualBox]를 통해 즉시 실행 가능한 VM을 제공했다. 이러한 VM은 미리 설치된 데이터베이스처럼 필요한 서비스들을 포함하고 있으며, 프로젝트 데모[Demo]는 명령 하나만으로 대부분의 플랫폼에서 쉽게 실행됐기 때문에, VM은 인기를 등에 업고 발전했다.

하지만 이런 도구들 일부는 완전한 오픈소스가 아니었고 실행 속도가 매우 느렸으며, 메모리와 CPU를 많이 차지했고, 디스크 I/O 효율도 좋지 않았다. 따라서 실제 라이브 환경에 사용할 수는 없었고 주로 데모용으로만 사용되는 한계가 있었다.

2013년에 처음 출시된 도커[Docker]는 완전한 오픈소스 가상화 도구로서 엄청난 혁신을 가져왔고 높은 인기를 누리고 있다. VMWare나 버추얼박스와 달리 도커는 라이브 환경에서 빠른 속도로 애플리케이션을 실행하기 때문에 도커 이미지를 더 이상 데모나 개발 목적에만 한정하지 않고 실제 라이브 배포에도 사용할 수 있게 됐다.

10장에서는 도커에 대한 일반적인 내용을 먼저 살펴보고 플라스크 기반의 마이크로서비스를 도커에서 실행하는 방법도 알아본다. 또한 도커 생태계를 이루고 있는 다른 도구들도 다룬다. 마지막으로 클러스터에 대한 소개로 10장을 마무리한다.

도커란?

도커(https://www.docker.com/)는 격리된 환경에서 애플리케이션을 실행하는 컨테이너 플랫폼이다. 도커는 cgroups(https://en.wikipedia.org/wiki/Cgroups) 같은 리눅스 커널 기술을 활용해 실행 프로세스의 컬렉션을 구동하는 고수준의 도구 집합을 제공한다. 리눅스 커널이 필수이므로, 윈도우와 맥OS에서는 리눅스 가상 머신과 연동된다.

실행하고 싶은 이미지만 지정하면 다른 어려운 작업은 도커가 리눅스 커널과 연동해 처리한다. 여기서 이미지[image]란 컨테이너 하나를 구동하기 위해서는 리눅스 커널 상위에 여러 개의 프로세스를 실행해야 하는데, 이를 위해 필요한 모든 명령[instruction]을 모아둔 것이다. 이미지는 리눅스 배포판 실행에 필요한 모든 리소스도 갖고 있다. 따라서 호스트 OS가 CentOS라고 해도 도커를 통해 다양한 버전의 우분투[Ubuntu]를 실행할 수 있다.

플라스크 마이크로서비스는 윈도우에서도 사용이 가능하지만, 항상 리눅스나 BSD 기반 시스템에 배포하는 것이 좋다. 10장의 나머지 부분에서도 Debian 같은 리눅스 배포판에 설치하는 것으로 가정한다.

6장에서 Graylog를 공부하면서 도커를 이미 설치했다면 다음 절로 넘어가도 좋다.

아직 설치하지 않았다면 https://www.docker.com/get-docker 페이지에서 도커를 설치하자. 컨테이너를 빌드하고, 실행하고, 설치하는 데는 커뮤니티 버전이면 충분하다.

리눅스에 도커 설치는 매우 간단하다. 사용하는 배포판에 맞는 패키지를 쉽게 찾을 수 있다.

맥OS에서는 리눅스 커널을 실행하기 위해 VM을 사용한다. 최근 버전은 HyperKit(https://github.com/moby/hyperkit)을 기반으로 하는 BSD 하이퍼바이저[Hypervisor]다. VM을 통해 도커를 실행하면 약간의 오버헤드가 발생하지만 문제가 될 수준은 아니며, 최신 하드웨어에서 잘 동작한다. 하이퍼바이저는 모든 주요 운영체제에서 필수품이 되고 있다.

윈도우에서 도커는 윈도우 기본 Hyper-V를 사용한다. 이 기능은 수동으로 활성화

시켜야 할 수도 있다. 이 경우는 다음과 같이 커맨드라인에서 DSIM을 호출한다.[1]

```
$ DISM /Online /Enable-Feature /All /FeatureName:Microsoft-Hyper-V
```

설치가 완료됐으면 셸에서 docker 명령을 사용할 수 있다. version 명령으로 설치가 제대로 됐는지 확인해보자.

```
$ docker version
Client:              18.01.0-ce
   API version:      go1.9.2
   Git commit:       Thu Jan 11 22:29:41 2018
   OS/Arch:          falsews/amd64
   Orchestrator:     swarm

Server:
   Engine:           18.01.0-ce
   API version:      go1.9.2inimum version 1.12)
   Git commit:       Wed Jan 10 20:13:12 2018
   OS/Arch:          false/amd64
   Experimental:
```

도커는 도커 서버와 도커 클라이언트로 구성되는데, 도커 서버는 데몬이 실행하는 엔진에 해당하며, 도커 클라이언트는 docker와 같은 셸 명령어다. 서버는 유닉스 소켓(보통 /var/run/docker.sock)을 통해 로컬에서 사용하거나, 네트워크를 통해 사용할 수 있는 HTTP API를 제공한다. 따라서 도커 클라이언트는 다른 머신에서 실행 중인 도커 데몬과 연동할 수 있다.

1. 윈도우 7에서는 Hyper-V를 지원하지 않으므로 이 명령은 오류가 발생한다. 윈도우 버전에 따라 도커 설치 방법은 2가지로 구분된다. 윈도우 7은 Hyper-V가 지원되지 않으므로, Virtual Box를 활용하는 Docker Tool Box를 설치한다. 윈도우 10은 Hyper-V를 지원하므로 Docker for Windows를 설치한다. – 옮긴이

도커 커맨드라인을 써서 도커를 수동으로 관리할 수 있지만, 스크립트 작업이 필요한 경우는 docker-py(https://github.com/docker/docker-py)와 같은 파이썬 라이브러리를 쓸 수 있다. 이 라이브러리는 도커 데몬에 HTTP 요청을 보낼 때 requests를 사용한다.

도커 설치를 마쳤다면 이제 어떻게 동작하는지 알아보자.

도커 기본

도커에서 컨테이너 구동은 시스템의 다른 부분과 격리된 상태에서 프로세스를 실행하는 여러 개의 연속된 명령들로 처리된다.

도커로 단일 프로세스만 실행할 수도 있지만, 실제로는 완전한 리눅스 배포판을 실행하기 위해 사용한다. 도커 내부에는 리눅스 실행에 필요한 모든 것이 준비돼 있다.

모든 리눅스 배포판은 도커에서 실행 가능한 기본 이미지[base image]를 제공한다. 이미지를 사용하는 일반적인 방법은 기본 이미지에 컨테이너 생성에 필요한 명령어를 추가해 Dockerfile을 만드는 것이다. 다음은 Dockerfile의 한 예다.

```
FROM ubuntu
RUN apt-get update && apt-get install -y python
CMD ["bash"]
```

Dockerfile은 필요한 명령어가 들어있는 텍스트 파일이다. 각 라인은 대문자 명령어로 시작하며, 인수가 뒤따라온다. 앞 예제에서는 3개의 명령어를 사용했다.

- **FROM:** 사용할 기본 이미지를 나타낸다.
- **RUN:** 기본 이미지가 설치된 후 컨테이너에서 실행되는 명령이다.
- **CMD:** 도커가 컨테이너를 구동할 때 실행되는 명령이다.

이미지를 생성하고 실행하려면 Dockerfile이 위치한 디렉토리에서 build와 run 명령을 사용한다. 먼저 다음 명령으로 이미지를 생성한다. 명령 마지막에 마침표(.)를 주의하자.

```
$ docker build -t runnerly/python .
Sending build context to Docker daemon 2.048kB
Step 1/3 : FROM ubuntu
 ---> 2a4cca5ac898
Step 2/3 : RUN apt-get update && apt-get install -y python
 ---> Using cache
 ---> 12e9555a47bb
Step 3/3 : CMD ["bash"]
 ---> Using cache
 ---> c523348f37be
Successfully built c523348f37be
Successfully tagged runnerly/python:latest
```

이제 생성된 이미지를 실행하고 컨테이너에서 파이썬 셸을 실행한다.

```
$ docker run -it --rm runnerly/python
root@f941abd9874d:/# python
Python 2.7.12 (default, Dec 4 2017, 14:50:18)
[GCC 5.4.0 20160609] on linux2
Type "help", "copyright", "credits" or "license" for more information.
>>>
```

이 예제의 docker build 명령에서 -t 옵션은 '이름:태그' 형식으로 이미지 이름과 태그를 지정한다. 여기서는 runnerly/python을 이름으로 사용했다. 이처럼 프로젝트나 조직 이름의 접두사를 붙이면 동일한 네임스페이스 아래에 이미지를 그룹화할 수 있기 때문에 하나의 규칙처럼 사용된다.

도커는 이미지를 만들 때 Dockerfile에 있는 모든 명령을 저장하는 캐시를 생성한다.

그래서 Dockerfile의 명령을 변경하지 않고 다시 빌드하면 이번에는 몇 초 내에 빌드가 끝난다. 명령이 변경됐다면 변경이 시작된 곳부터 이미지를 다시 빌드한다. 따라서 Dockerfile을 작성할 때는 변경될 일이 드문 명령들을 파일 상단에 적어두는 것이 좋다.

도커는 이미지를 공유하고, 게시하고, 재사용할 수 있는 멋진 기능을 제공한다. **도커 허브**Docker Hub(https://hub.docker.com)가 바로 이것인데, 파이썬에서 PyPI의 역할과 같다.

조금 전의 예제 코드는 도커 허브에서 우분투 기본 이미지를 가져온다. 도커 허브에는 수많은 사용 가능한 이미지가 있다. 예를 들어 파이썬 환경에 맞게 조정된 리눅스 배포판을 사용하고 싶다면 도커 허브의 공식 파이썬 페이지(https://hub.docker.com/_/python/)에서 하나를 선택하면 된다.

`python:version` 이미지는 Debian 기반이며, 모든 파이썬 프로젝트의 시작점으로 삼기에 적당하다. Alpine 리눅스를 기반으로 하는 이미지는 파이썬 이미지 중 가장 작은 크기이므로 역시 인기가 높다. 다른 이미지와 비교하면 10배 이상 작으므로 빠르게 이미지를 다운로드하고 실행하기에 좋다.

Alpine에서 파이썬 3.6을 사용하려면 다음처럼 Dockerfile을 만든다.

```
FROM python:3.6-alpine
CMD ["python3.6"]
```

이 Dockerfile을 빌드하고 컨테이너를 구동하면 파이썬 3.6 셸이 실행된다. Alpine은 일부 프로젝트와 호환되지 않는 매우 특별한 컴파일 셋을 갖고 있다. 따라서 파이썬 애플리케이션이 시스템 레벨 종속성이 없고 별도의 컴파일도 필요 없다면 Alpine은 좋은 선택이다.

하지만 플라스크 기반의 마이크로서비스 프로젝트라면 Debian을 선택하는 것이 더 좋을 수 있다. Debian의 표준 컴파일 환경과 안정성이 그 이유다. 게다가 기본 이미지는 한 번 다운로드되면 그 다음부터는 캐시에 있는 것을 재사용하므로 다운로드 속도에 너무 민감할 필요가 없다.

도커 허브에는 누구나 이미지를 업로드할 수 있기 때문에 신뢰할 수 있는 사람이나 조직에서 만든 이미지를 사용해야 한다. 악의적인 코드가 실행되는 위험 외에도 최신 보안 패치가 반영되지 않은 리눅스 이미지를 사용하게 될 수도 있다.

도커에서 플라스크 실행

도커에서 플라스크 애플리케이션을 실행하기 위해 기본 파이썬 이미지를 사용한다. 필요한 애플리케이션과 종속성 설치는 파이썬 이미지에 이미 설치된 PIP를 통해 할 수 있다.

프로젝트에 필요한 종속성이 들어있는 requirements.txt 파일이 있고 프로젝트를 설치하는 setup.py 파일이 있다고 가정하면 도커에게 `pip` 명령을 사용하도록 지시해서 프로젝트 이미지를 생성할 수 있다.

다음 예제에는 2개의 새로운 명령어를 사용했다. `COPY` 명령은 디렉토리 구조를 재귀적으로 도커 이미지에 복사하며, `RUN` 명령은 `pip`와 같은 셸 명령을 실행하는 데 사용한다.

```
FROM python:3.6
COPY . /app
RUN pip install -r /app/requirements.txt
RUN pip install /app/

EXPOSE 5000
```

```
CMD runnerly-tokendealer
```

3.6 태그가 있기 때문에 도커 허브에서 파이썬 3.6 이미지를 가져온다. COPY 명령은 자동으로 최상위 app 디렉토리를 컨테이너에 생성하고 현재 디렉토리의 모든 것을 거기에 복사한다. COPY 명령에서 기억해둬야 할 것은 현재 디렉토리 내용이 변경되면 도커 캐시도 무효화되므로 이 단계부터 다시 빌드된다는 점이다. 이러한 동작을 보완하기 위해 도커가 무시해도 좋은 파일이나 디렉토리 목록은 .dockerignore 파일에 나열한다.

이제 Dockerfile을 빌드하자.

```
$ docker build -t runnerly/tokendealer .
Sending build context to Docker daemon 4.096kB
Step 1/6 : FROM python:3.6
 ---> c1e459c00dc3
Step 2/6 : COPY . /app
 ---> 983de7f31bb4
Step 3/6 : RUN pip install -r /app/requirements.txt
 ---> Running in 2f47366cced2
Collecting pyjwt (from -r /app/requirements.txt (line 1))
 [...]
 Successfully built 2b37266d3ef0
```

첫 번째 PIP 명령은 requirements.txt 파일 안의 종속성을 설치한다. 두 번째 PIP은 /app 디렉토리에 대해 호출되므로 디렉토리 내의 setup.py 파일을 찾아 실행한다.

이렇게 하면 runnerly-tokendealer 스크립트가 시스템에 설치된다. 여기서는 virtualenv를 쓰지 않는데, 이미 호스트 시스템과 격리된 컨테이너 환경을 사용하고 있으므로, 여기에 virtualenv까지 쓰는 것은 과도한 면이 있기 때문이다. 이제 셸에서 곧바로 runnerly-tokendealer 스크립트를 사용할 수 있다.

따라서 앞의 Dockerfile에서처럼 CMD 명령이 곧바로 runnerly-tokendealer를 실행할 수 있다.

EXPOSE 명령은 컨테이너의 포트를 노출할 때 사용한다. 즉, 플라스크 애플리케이션이 실행되는 컨테이너에서 TCP 포트 5000으로 들어오는 커넥션을 기다린다. 이렇게 노출된 포트는 컨테이너가 실행될 때 호스트의 로컬 포트와 연결해줘야 한다. 포트를 연결할 때는 -p 옵션을 사용한다. 다음은 컨테이너를 실행하면서 호스트의 로컬 포트 5555와 컨테이너가 노출하는 포트 5000을 연결한다.

```
$ docker run -p 5555:5000 -t runnerly/tokendealer
```

이미지가 완전한 기능을 갖추려면 플라스크 애플리케이션 앞단에서 웹 서버를 실행해야 한다. 다음 절에서 그 방법을 알아보자.

풀스택: OpenResty, Circus, 플라스크

도커 이미지를 통해 마이크로서비스를 릴리스할 때는, 웹 서버 포함 여부에 따라 두 가지 방법이 있다.

첫 번째 전략은 웹 서버와 플라스크 애플리케이션을 각각의 컨테이너에서 실행하는 것이다. 즉, OpenResty 같은 웹 서버는 전용 컨테이너에서 구동되며, 요청을 플라스크 컨테이너로 중개한다.

두 번째 전략은 웹 서버를 플라스크 애플리케이션과 함께 동일한 컨테이너에 두는 것이다. 7장에서 봤듯이 루아 기반 애플리케이션 방화벽과 같은 nginx의 강력한 기능을 사용하려면 전용 프로세스 매니저와 함께 동일 컨테이너 내에 모든 것을 두는 것이 더 좋다.

다음은 두 번째 전략을 구현한 도커 컨테이너의 다이어그램이다. Circus는 nginx 프로세스 하나와 플라스크 프로세스 몇 개를 실행하고 지켜보기 위해 사용한다.

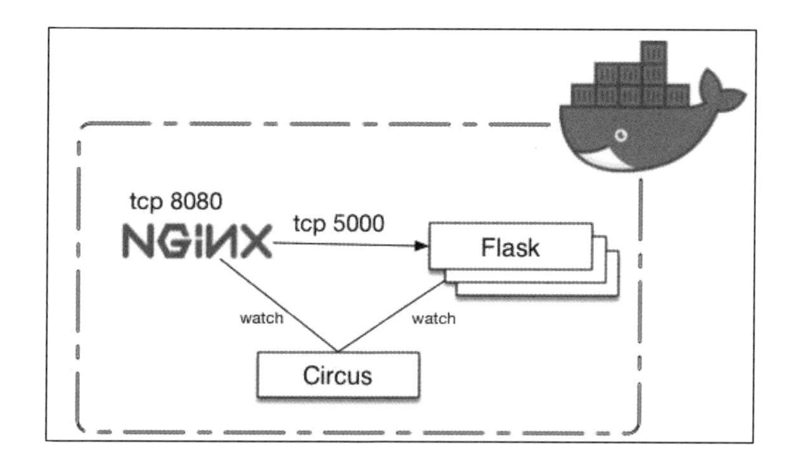

이번 절에서는 Dockerfile에 다음과 같은 내용을 추가해서 이 컨테이너를 구현한다.

1. OpenResty를 다운로드하고 컴파일해서 설치한다.
2. nginx 설정 파일을 추가한다.
3. Circus와 Chaussette를 다운로드하고 설치한다.
4. nginx와 플라스크 애플리케이션을 실행하기 위해 Circus 설정 파일을 추가한다.

OpenResty

기본 파이썬 이미지는 Debian의 `apt` 패키지 매니저를 사용하는데, OpenResty는 Debian 저장소를 통해 곧바로 설치할 수 없으므로 소스 컴파일이 필요하다. 하지만 OpenResty 소스를 다운로드해 컴파일하고 설치하는 과정은 매우 단순하다.

먼저 OpenResty 컴파일에 필요한 모든 패키지가 Debian에 설치되도록 Dockerfile을 작성한다. 다음 명령은 패키지 목록을 업데이트한 다음, 필요한 것을 설치한다.

```
FROM python:3.6
RUN apt-get -y update && \
    apt-get -y install libreadline-dev libncurses5-dev && \
    apt-get -y install libpcre3-dev libssl-dev perl make
```

하나의 RUN 명령에 apt-get을 3번 연달아 사용했다. 이는 Dockerfile의 명령어 수를 제한하기 위해서다. 이렇게 하면 최종 이미지 크기를 제한할 수 있다.

다음 단계는 OpenResty 소스코드를 다운로드 하고 컴파일하는 것이다. 파이썬 기본 이미지에 포함된 cURL을 사용해서 OpenResty tar 파일을 곧바로 압축 해제한다. 다음으로 configure와 make를 호출해서 컴파일과 설치를 완료한다.

```
RUN curl -sSL https://openresty.org/download/openresty-1.11.2.3.tar.gz \
    | tar -xz && \
    cd openresty-1.11.2.3 && \
    ./configure -j2 && \
    make -j2 && \
    make install
```

OpenResty는 /usr/local/openresty에 설치된다. 이 경로를 도커의 ENV 명령을 사용해서 컨테이너의 PATH에 추가한다.

```
ENV PATH "/usr/local/openresty/bin:/usr/local/openresty/nginx/sbin:$PATH"
```

마지막으로 웹 서버를 시작하는 데 필요한 nginx 설정 파일(nginx.conf)을 OpenResty에 추가한다. 다음의 설정에서 8080 포트에 대한 호출은 컨테이너의 5000 포트로 프록시된다.

```
worker_processes 4;
error_log /logs/nginx-error.log;
daemon off;

events {
    worker_connections 1024;
}

http {
    server {
        listen 8080;

        location / {
            proxy_pass http://localhost:5000;
            proxy_set_header Host $host;
            proxy_set_header X-Real-IP $remote_addr;
        }
    }
}
```

error_log 경로는 /logs/ 디렉토리를 사용한다. 이 디렉토리는 컨테이너에서 로그가 저장되는 루트 디렉토리다. 디렉토리 생성은 RUN 명령을 사용한다. 또한 VOLUME 명령을 써서 logs 디렉토리를 마운트한다.

```
RUN mkdir /logs
VOLUME /logs
```

이렇게 하면 런타임에 /logs 디렉토리가 호스트의 로컬 디렉토리에 마운트된다. 따라서 컨테이너가 종료되더라도 호스트의 로컬 디렉토리에 로그 파일을 계속 보관할 수 있다.

도커 컨테이너 파일 시스템은 언제든지 없어질 수 있는 휘발성(volatile) 볼륨으로 생각해야 한다. 따라서 컨테이너에서 중요한 데이터를 생성한다면 이 데이터를 컨테이너 외부에 마운트된 디렉토리로 복사해야 한다.

앞에서 작성한 nginx.conf 파일은 -c 옵션과 함께 사용할 수 있다.

```
$ nginx -c nginx.conf
```

nginx가 실행되면 Circus는 5000 포트, nginx는 8080 포트에서 커넥션을 기다린다.

이제 Circus가 포트에 소켓을 연결하고, 플라스크 프로세스도 생성할 수 있게 설정해 보자.

Circus

9장에서 사용했던 Circus와 Chaussette 설정을 그대로 사용하면 Circus는 5000 포트에 소켓을 연결하고 몇 개의 플라스크 프로세스를 생성해서 커넥션을 받는다. 또한 컨테이너에서 실행하는 한 개의 nginx 프로세스를 지켜본다.

Circus를 컨테이너에서 프로세스 매니저로 사용하기 위해 Chaussette와 같이 설치한다.

```
RUN pip install circus chaussette
```

다음 Circus 설정은 nginx에 대한 추가 섹션만 제외하면 9장에서 한 것과 유사하다.

```
[watcher:web]
cmd = runnerly-tokendealer --fd $(circus.sockets.web)
use_sockets = True
```

```
numprocesses = 5
copy_env = True

[socket:web]
host = 0.0.0.0
port = 5000
[watcher:nginx]
cmd = nginx -c /app/nginx.conf
numprocesses = 1
copy_env =True
```

copy_env 플래그를 사용했기 때문에 Circus와 생성된 프로세스 모두 컨테이너 환경 변수에 접근할 수 있다. Dockerfile에 PATH 변수를 설정했으므로 경로 지정 없이 설정에서 곧바로 nginx를 호출할 수 있다.

INI 파일이 생성되면 circusd 명령으로 실행한다.

지금까지의 내용을 모두 반영한 컨테이너의 최종 Dockerfile은 다음과 같다.

```
FROM python:3.6

# OpenResty 설치
RUN apt-get -y update && \
    apt-get -y install libreadline-dev libncurses5-dev && \
    apt-get -y install libpcre3-dev libssl-dev perl make
RUN curl -sSL https://openresty.org/download/openresty-1.11.2.3.tar.gz \
    | tar -xz && \
    cd openresty-1.11.2.3 && \
    ./configure -j2 && \
    make -j2 && \
    make install
ENV PATH "/usr/local/openresty/bin:/usr/local/openresty/nginx/sbin:$PATH"

# 설정 파일
```

```
COPY docker/circus.ini /app/circus.ini
COPY docker/nginx.conf /app/nginx.conf
COPY docker/settings.ini /app/settings.ini
COPY docker/pubkey.pem /app/pubkey.pem
COPY docker/privkey.pem /app/privkey.pem

# /app 디렉토리 복사
COPY . /app

# pip installs
RUN pip install circus chaussette
RUN pip install -r /app/requirements.txt
RUN pip install /app/

# 로그 디렉토리
RUN mkdir /logs
VOLUME /logs

# nginx 소켓
EXPOSE 8080

# 컨테이너가 시작될 때 실행할 명령
CMD circusd /app/circus.ini
```

위의 Dockerfile은 예제를 단순히 하기 위해 SSH 키를 저장소에 두고 직접 사용했다. 실제 프로젝트에서는 마운트를 통해 이미지 외부에서 키를 사용해야 한다.

Dockerfile이 마이크로서비스 프로젝트의 /docker 하위 디렉토리에 있다고 가정하면 다음 호출로 빌드하고 실행할 수 있다.

```
$ docker build -t runnerly/tokendealer -f docker/Dockerfile .
$ docker run --rm --v /tmp/logs:/logs -p 8080:8080 --name tokendealer -it
runnerly/tokendealer
```

컨테이너의 /logs 폴더는 로컬의 /tmp/logs 폴더로 마운트되므로 여기에 로그 파일이 생성된다.

`-i` 옵션은, 실행 중지를 위해 Ctrl + C를 눌렀을 때 Circus에 종료 시그널을 전달해 모든 것이 제대로 종료되게 한다. 이 옵션은 콘솔에서 도커 컨테이너를 실행할 때 유용하다. `-i`를 사용하지 않고 Ctrl + C를 눌러 종료하면 도커 이미지는 계속 실행되므로 `docker` 터미네이트[terminate]를 호출해서 종료해야 한다.

`--rm` 옵션은 컨테이너가 종료되면 삭제하며, `--name` 옵션은 컨테이너에 고유한 이름을 지정한다.

예제 Dockerfile을 필요에 따라 조정해볼 수 있다. 예를 들어 Circus 데몬을 조정하기 위해 Circus UI가 사용하는 소켓을 Dockerfile에 노출해 컨테이너 밖에서 연동할 수 있다. 또한 '플라스크 프로세스 개수'와 같이 실행 옵션을 노출해서 `-e` 옵션으로 런타임에 전달할 수도 있다.

완전한 Dockerfile은 https://github.com/Runnerly/tokendealer/blob/master/docker/Dockerfile에서 볼 수 있다.

다음 절에서는 컨테이너가 어떻게 서로 상호작용하는지 알아본다.

도커 기반 배포

마이크로서비스로 컨테이너를 실행하고 난 뒤에는 이들을 서로 연동해야 한다.

컨테이너 소켓은 호스트의 로컬 소켓과 연결돼 있으며, 각 호스트는 공개 DNS나 IP를 가질 수 있기 때문에 이를 통해 다양한 서비스에 접근할 수 있다. 다시 말해 호스트 A와 B가 공개 주소를 갖고 있고, 컨테이너 소켓과 연결된 로컬 소켓을 노출했다면 호스트 A의 컨테이너에 배포된 서비스는 호스트 B의 컨테이너에 배포된 서비스와 통신할 수 있다.

하지만 두 컨테이너를 같은 호스트에서 실행해야 한다면 공개 DNS를 사용해서 서로 연동하는 것이 좋다. 특히 두 컨테이너 중 하나가 호스트에 대해 비공개라면 이렇게 하는 것이 좋다. 예를 들어 캐싱 서비스처럼 내부에서 쓸 목적으로 도커 컨테이너를 실행한다면 이 서비스는 localhost로 제한돼야 한다.

이런 상황을 쉽게 구현하기 위해 도커는 **사용자 정의 네트워크 기능**[user-defined network feature]을 제공해서 로컬 가상 네트워크를 생성할 수 있게 한다. 컨테이너를 여기에 추가하고 --name 옵션으로 실행하면 도커가 DNS 해석기[resolver]로 동작해 이름으로 컨테이너를 사용할 수 있게 된다.

network 명령을 사용해서 다음과 같이 runnerly 네트워크를 생성하자.

```
$ docker network create --driver=bridge runnerly
4a08e29d305b17f875a7d98053b77ea95503f620df580df03d83c6cd1011fb67
```

네트워크를 생성한 후 --net 옵션으로 네트워크에서 컨테이너를 실행할 수 있다. tokendealer 이름으로 컨테이너를 하나 실행하자.

```
$ docker run --rm --net=runnerly --name=tokendealer -v /tmp/logs:/logs -p
5555:8080 -it runnerly/tokendealer
2017-05-18 19:42:46 circus[5] [INFO] Starting master on pid 5
2017-05-18 19:42:46 circus[5] [INFO] sockets started
2017-05-18 19:42:46 circus[5] [INFO] Arbiter now waiting for commands
2017-05-18 19:42:46 circus[5] [INFO] nginx started
2017-05-18 19:42:46 circus[5] [INFO] web started
```

이번에는 같은 네트워크에서 다른 이름으로 두 번째 컨테이너를 실행한 다음, 첫 번째 컨테이너 tokendealer에 ping을 보낸다.

```
$ docker run --rm --net=runnerly --name=tokendealer2 -v /tmp/logs:/logs -p
8082:8080 -it runnerly/tokendealer ping tokendealer
PING tokendealer (172.20.0.2): 56 data bytes
64 bytes from 172.20.0.2: icmp_seq=0 ttl=64 time=0.474 ms
64 bytes from 172.20.0.2: icmp_seq=1 ttl=64 time=0.177 ms
64 bytes from 172.20.0.2: icmp_seq=2 ttl=64 time=0.218 ms
^C
```

마이크로서비스 컨테이너를 배포할 때는 단일 컨테이너만 실행하더라도 전용 도커 네트워크를 사용하는 것이 좋다. 같은 네트워크에 새로운 컨테이너를 추가할 수 있으며, 셸에서 네트워크 권한을 조정할 수 있다.

https://docs.docker.com/engine/userguide/networking/에서 도커의 다른 네트워크 전략을 찾아볼 수 있다.

한편 마이크로서비스 하나를 실행하기 위해 여러 개의 컨테이너 배포가 필요하다면 컨테이너 설정을 알맞게 구성하고 시작해야 한다. 이를 쉽게 하기 위해 **도커 컴포즈** Docker Compose라는 고급 도구가 제공된다. 계속해서 이 도구에 대해 알아보자.

도커 컴포즈

동일 호스트에서 여러 개의 컨테이너를 실행할 때 이름과 네트워크를 추가하고 여러 개의 소켓도 연결하다 보면 명령 줄이 꽤 길어진다.

도커 컴포즈Docker Compose(https://docs.docker.com/compose)는 하나의 설정 파일에 여러 컨테이너 설정을 정의할 수 있게 해서 작업을 단순화한다.

이 도구는 맥OS와 윈도우에서 도커를 설치할 때 같이 설치되며, 리눅스 배포판은 스크립트를 받아 시스템에 추가해줘야 한다. 이 스크립트는 PIP으로도 설치할 수 있다.

https://docs.docker.com/compose/install/을 참고하자.

시스템에 스크립트를 설치한 후에 docker-compose.yml이란 이름의 YAML 파일을 만든다. 이 파일은 도커 컨테이너를 나열하는 `services` 섹션을 포함한다.

도커 컴포즈 설정 파일은 컨테이너 배포의 모든 요소를 정의할 수 있는 많은 옵션을 갖고 있다. 이 옵션은 컨테이너를 설정하고 실행하기 위해 보통 Makefile에 넣는 모든 명령을 대체한다. 제공 옵션의 전체 목록은 https://docs.docker.com/compose/compose-file/에서 볼 수 있다.

다음 예제는 Runnerly 마이크로서비스 중 하나며, 두 개의 서비스를 정의한다. 하나는 로컬 Dockerfile을 사용하는 `microservice`이며, 다른 하나는 도커 허브의 레디스 이미지를 사용하는 `redis`다.

```
version: '2'
networks:
   runnerly:
services:
   microservice:
      networks:
       - runnerly
      build:
         context: .
         dockerfile: docker/Dockerfile
      ports:
       - "8080:8080"
      volumes:
       - /tmp/logs:/logs
    redis:
      image: "redis:alpine"
      networks:.
       - runnerly
```

컴포즈 파일은 networks 섹션에서 runnerly 네트워크도 생성하므로 컨테이너 배포 전에 호스트에 수동으로 생성할 필요가 없다.

두 컨테이너를 빌드하고 실행하려면 다음과 같이 up 명령을 사용한다.

```
$ docker-compose up
Starting tokendealer_microservice_1
Starting tokendealer_redis_1
Attaching to tokendealer_microservice_1, tokendealer_redis_1
[...]
redis_1          | 1:M 19 May 20:04:07.842 * DB loaded from disk: 0.000 seconds
redis_1          | 1:M 19 May 20:04:07.842 * The server is now ready to accept
connections on port 6379
microservice_1   | 2017-05-19 20:04:08 circus[5] [INFO] Starting master on
pid 5
microservice_1   | 2017-05-19 20:04:08 circus[5] [INFO] sockets started
microservice_1   | 2017-05-19 20:04:08 circus[5] [INFO] Arbiter now waiting for
commands
microservice_1   | 2017-05-19 20:04:08 circus[5] [INFO] nginx started
microservice_1   | 2017-05-19 20:04:08 circus[5] [INFO] web started
```

처음 명령이 실행되면 microservice 이미지가 생성된다.

도커 컴포즈는 마이크로서비스 실행에 필요한 소프트웨어가 포함된 전체 작업 스택을 제공하기 위한 훌륭한 방법이다.

예를 들어 Postgres 데이터베이스를 사용 중이라면 도커 허브의 Postgres 이미지(https://hub.docker.com/_/postgres/)를 사용해서 도커 컴포즈 파일의 서비스에 연결할 수 있다.

데이터베이스 등을 비롯해 필요한 모든 것을 컨테이너화하면 소프트웨어의 데모나 개발 목적으로 사용하기 좋다. 하지만 앞서 말했듯이 도커 컨테이너는 휘발성 파일 시스템이다. 그래서 데이터베이스를 컨테이너로 사용한다면 데이터가 기록되는 디렉토리가 호스트 파일 시스템에 마운트돼 있는지 확인해야 한다.

하지만 데이터베이스 서비스는 라이브 환경의 전용 서버에 두는 경우가 많다. 그래서 컨테이너를 사용하는 것이 큰 장점이 없으며, 약간의 오버헤드와 위험이 추가된다.

지금까지 도커 컨테이너에서 애플리케이션 실행 방법과 각 호스트에 여러 컨테이너를 배포하고 서로 연동하는 방법을 살펴봤다.

한편, 확장이 필요한 마이크로서비스를 배포할 때는 부하를 견디기 위해 동일 서비스의 여러 인스턴스를 실행해야 할 경우가 생긴다.

다음 절에서는 컨테이너의 여러 인스턴스를 병렬로 실행하기 위한 다양한 방법을 알아본다.

클러스터링, 프로비저닝

마이크로서비스는 하나 또는 여러 호스트에 분산된 여러 개의 컨테이너를 실행해서 확장할 수 있다.

도커 이미지를 생성하면 도커 데몬을 실행하는 모든 호스트를 사용해 물리적 리소스의 제한 내에서 필요한 만큼의 컨테이너를 실행할 수 있다. 물론 동일 호스트에서 컨테이너의 여러 인스턴스를 실행한다면 이름과 소켓 포트를 사용해 각 인스턴스를 구분할 필요가 있다.

같은 이미지를 실행하는 컨테이너의 컬렉션을 `cluster`라고 부르며, 클러스터 관리에 사용할 수 있는 몇 가지 도구들이 있다.

도커에는 **스웜 모드**swarm mode(https://docs.docker.com/engine/swarm/)라는 내장된 클러스터 기능이 있다. 이 모드에는 기능 목록이 있어 단일 유틸리티에서 모든 클러스터를 관리할 수 있다.

클러스터를 배포한 후에는 로드 밸런서를 설정해 클러스터의 모든 인스턴스가 부하를 분담하게 한다. 로드 밸런서는 nginx나 HAProxy가 될 수 있으며, 유입되는 요청이 클러스터에 분산되는 시작점entry point이다.

도커가 컨테이너의 클러스터 관리에 필요한 도구를 제공하지만, 실제로 클러스터를 다루는 작업은 상당히 복잡하다. 그래서 호스트 간에 일부 설정을 공유하고 컨테이너 실행과 종료가 부분적으로 자동화돼야 한다. 예를 들어 서비스 디스커버리service discovery 기능은 새 컨테이너의 추가와 제거가 발생할 때 로드 벨런서가 자동으로 이를 감지할 수 있게 한다.

Consul(https://www.consul.io)이나 Etcd(https://coreos.com/etcd) 같은 도구를 사용해서 서비스 디스커버리와 설정을 공유할 수 있으며, 도커의 스웜 모드를 해당 도구와 상호작용하게 구성할 수 있다.

클러스터 설정의 다른 요소는 프로비저닝이다. 프로비저닝은 새로운 호스트 및 클러스터를 만드는 과정이며, 배포 스택에 대한 설명이 제공된다.

예를 들어 아주 단순한 프로비저닝 도구는 다음과 같은 단계를 따르는 사용자 정의 파이썬 스크립트가 될 수도 있다.

1. 도커 컴포즈 파일로 필요한 인스턴스를 기술한 설정 파일을 읽는다.
2. 클라우드에서 몇 개의 VM을 시작한다.
3. 모든 VM이 시작되고 실행되기를 기다린다.
4. 서비스가 실행되는 데 필요한 모든 것이 VM에 설정됐는지 확인한다.
5. 각 VM의 도커 데몬과 연동해서 컨테이너를 시작한다.
6. 새 인스턴스가 모두 연결됐는지 확인하기 위해 `ping`을 보낸다.

컨테이너 배포 작업을 자동화해두면 컨테이너 일부에 크래시가 발생했을 때 새로운 VM을 생성할 수 있다.

하지만 파이썬 스크립트에서 이 모든 작업을 처리하기에는 한계가 있으며, 앤서블

Ansible(https://www.ansible.com)이나 Salt(https://docs.saltstack.com) 같은 전용 도구를 쓰는 것이 좋다. 이 도구는 서비스 배포와 관리를 위한 데브옵스DevOps 친화적인 환경을 제공한다.

쿠버네티스Kubernetes(https://kubernetes.io)는 클러스터 컨테이너 배포에 사용할 수 있는 또 다른 도구다. 앤서블이나 Salt와 다르게 쿠버네티스는 컨테이너 배포에 특화돼 있으며, 어디서나 사용 가능한 공통 솔루션을 제공한다.

예를 들어 쿠버네티스는 API를 통해 주요 클라우드 서비스와 연동할 수 있다. 이 말은 애플리케이션 배포를 한 번 정의해두면 AWS, Digital Ocean, OpenStack이나 그 외의 서비스 등에 배포할 수 있다는 뜻이다. 하지만 이러한 기능이 프로젝트에 정말 필요한지 생각해봐야 한다.

클라우드 서비스를 하나 선택해서 애플리케이션을 배포를 결정한 후에는 어떤 이유로 다른 클라우드 서비스로 이동하는 것이 그리 단순하지 않다. 서비스 이동을 복잡하게 만드는 미묘한 사항들이 있으며, 배포 방식이나 정책도 차이가 많다. 예를 들어 어떤 클라우드 서비스는 직접 PostgreSQL이나 MySQL 배포를 실행하는 것보다 더 저렴한 가격으로 데이터 저장 솔루션을 제공하는 반면, 다른 곳은 직접 레디스 인스턴스를 실행하는 것보다 더 비싼 가격으로 캐싱 솔루션을 제공하기도 한다.

이러한 이유로 서비스 성격에 따라 다른 클라우드에 애플리케이션을 배포하는 경우도 있지만, 일반적으로 동일 마이크로서비스를 여러 클라우드에 배포하지는 않는다. 이렇게 하면 클러스터 관리가 너무 복잡해지기 때문이다.

주요 클라우드 공급자는 로드 밸런싱, 디스커버리, 자동 확장 같은 애플리케이션을 관리하는 데 필요한 모든 범위의 기본 도구를 제공한다. 이들은 마이크로서비스 클러스터를 배포하는 가장 단순한 옵션이다.

11장에서는 AWS를 사용한 애플리케이션 배포 방법을 알아본다.

보통 마이크로서비스 배포에 사용할 도구 선택은 어디에 배포하느냐에 따라 달라진다. 서버를 관리한다면 많은 단계를 자동화하는 쿠버네티스가 좋은 선택이며, 우분투 같은 리눅스 배포판에 직접 설치할 수 있다. 이 도구는 애플리케이션을 배포하기 위한 기준으로 도커 이미지를 사용한다.

호스팅 솔루션을 선택하는 경우 각 도구를 공부하기 전에 해당 솔루션에서 제공하는 도구들이 무엇인지 먼저 살펴봐야 한다.

요약

10장에서는 도커를 써서 마이크로서비스를 컨테이너화하는 방법과 도커 이미지를 기반으로 전체 배포를 만드는 방법을 알아봤다.

도커의 역사는 얼마 되지 않았지만 라이브 환경에서 사용될 정도로 충분히 안정적이다. 가장 중요한 점은 컨테이너화된 애플리케이션은 언제든지 사라질 수 있기 때문에 마운트를 통해 외부에 데이터를 저장해야 한다는 것이다.

서비스 프로비저닝과 클러스터링에 대해서는 일반적인 솔루션이 없지만 많은 도구를 결합해 좋은 솔루션을 만들 수 있다. 이 분야는 지금도 많은 혁신이 일어나고 있기 때문에 가장 좋은 선택은 서비스를 어디에 배포하고, 팀이 어떻게 일하는지에 따라 달라진다.

이 문제를 해결하는 가장 좋은 방법은 먼저 모든 것을 수동으로 배포해보고 중요한 부분만 조금씩 자동화하는 것이다. 자동화는 여러 가지 장점을 갖고 있지만, 완전히 이해하지 못한 도구를 성급하게 쓰면 큰 손실을 가져올 수 있다.

클라우드 서비스 공급자는 자신들의 서비스를 쉽게 사용할 수 있도록 배포 처리에 관한 기본 기능들을 제공한다. 가장 큰 업체는 **아마존 웹 서비스**AWS, Amazon Web Services며, 11장에서 마이크로서비스를 AWS에 배포하는 방법을 알아본다. 물론 11장의 목표가 AWS를 사용하라는 것은 아니다. AWS 이외에도 좋은 솔루션을 갖추고 있는 클라우드 공급자가 많다. 하지만 11장을 통해 서비스를 호스팅 솔루션에 배포하는 과정이 어떤지 알게 될 것이다.

11

AWS에 배포

구글이나 아마존에서 일하면서 수천 대의 서버를 실행해야 하는 경우가 아니라면 하드웨어를 데이터 센터에서 직접 관리하는 것은 더 이상 이득될 것이 없다.

클라우드 공급자는 인프라를 직접 구축하고 유지 관리하는 것보다 비용이 작은 호스트 솔루션을 제공한다. **아마존 웹 서비스**AWS, Amazon Web Services나 그 외의 많은 업체가 웹 콘솔에서 가상 머신을 관리할 수 있는 서비스를 제공하며, 매년 새로운 기능이 추가되고 있다.

AWS의 **아마존 람다**Amazon Lambda는 배포된 서비스에서 특정 이벤트가 발생했을 때 파이썬 스크립트를 실행한다. 람다를 사용하면 서버 설정, cron 작업, 메시지 형식에 관해 걱정할 필요가 없다. AWS는 가상 머신에서 스크립트 실행을 자동으로 처리하며, 실행 시간에 대해서만 요금을 지불한다.

도커와 이러한 기능들을 결합하면 애플리케이션 배포 방법을 개선해서 상당한 유연성을 가질 수 있다. 예를 들어 서비스 사용량이 최고조peak에 도달할 때를 대비하기 위해 미리 많은 돈을 들여 서비스 구성을 할 필요가 없다. 또한 엄청난 양의 요청을 처리할 수 있는 세계적 수준의 인프라를 구축할 수 있으며, 대부분은 직접 하드웨어를 구축하고 관리하는 것보다 비용도 적게 든다.

어떤 경우는 데이터 센터에 서비스를 배포하는 것이 비용이 절약될 수도 있지만 유지보수의 부담이 추가되며, 클라우드처럼 신뢰할 만한 수준의 배포는 쉬운 일이 아니다.

뉴스 기사에서 크게 보도되기도 하지만 실제로 아마존이나 구글의 서비스 중단은 매우 드문 사건(1년에 몇 시간 정도)이며, 매우 높은 신뢰도를 갖고 있다. 예를 들어 아마존 EC2 **서비스 수준 계약**(Service Level Agreement, SLA)은 지역당 99.95%의 가동 시간을 보장하며, 이 조건을 충족하지 못한 경우 요금을 환불 받을 수 있는데, 실제 가동 시간은 99.999%에 가깝다.

CloudSquare(https://cloudharmony.com/status-1year-for-aws) 같은 온라인 도구를 이용하면 클라우드 공급자의 가동 시간을 확인할 수 있다. 하지만 일부 운영 중단이 계산되지 않는 경우도 있으므로 실제와 약간의 차이가 있다는 것을 알아두자.

11장에서 다루는 내용은 다음과 같다.

- AWS가 제공하는 기능
- 플라스크 애플리케이션을 AWS에 배포

11장의 목표는 전체 스택을 배포하는 것이 아니다. 모든 것을 다루면 분량이 너무 많아지므로 마이크로서비스 배포 방법의 전체 개요를 이해하는 데만 집중한다.

AWS가 제공하는 기능부터 알아보자.

AWS 개요

아마존 웹 서비스는 2006년에 아마존 EC2(Elastic Compute Cloud)를 제공하면서 시작했고, 계속해서 서비스가 확장되고 있다. 2019년 현재는 셀 수 없을 만큼 많은 서비스를 제공한다. 이 모든 서비스를 다루기는 힘들기 때문에 11장에서는 마이크로서비스를 배포할 때 주로 다루는 서비스를 소개하는 데 초점을 둔다.

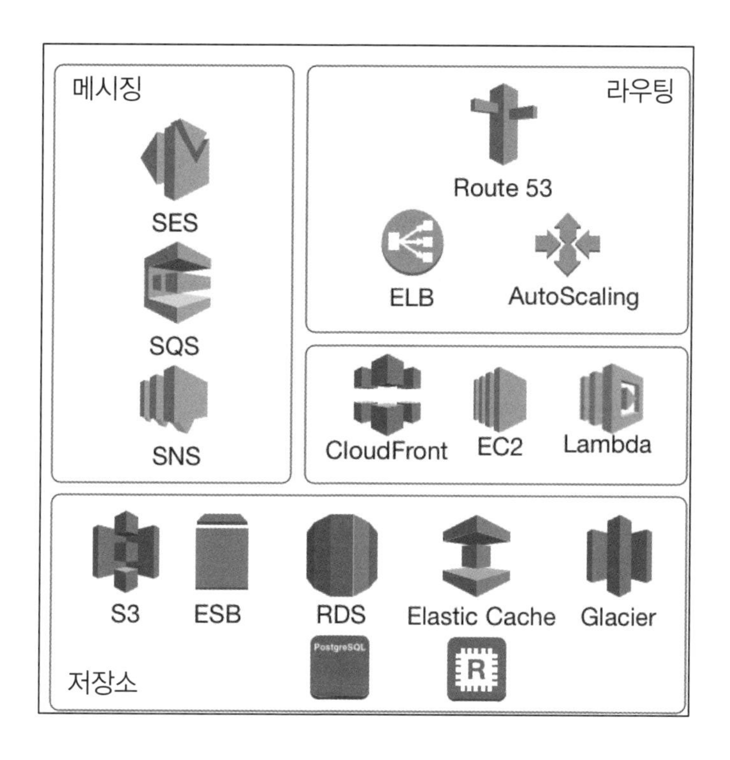

11장에서 관심을 두고 있는 AWS 서비스들은 위의 그림처럼 4개의 그룹으로 구분할 수 있다.

- **라우팅**(Routing): 요청을 DNS 서비스나 로드 밸런서 같은 적절한 곳으로 리다이렉션하는 서비스
- **실행**(Execution): EC2나 람다처럼 코드를 실행하는 서비스
- **저장소**(Storage): 데이터 저장소, 캐싱, 데이터베이스, CDN 같은 저장 서비스

- **메시징**Messaging: 알림, 이메일 등을 전송하는 서비스

그림에는 나와 있지 않은 또 다른 그룹에는 **프로비저닝**과 **배포**에 관련된 서비스들이 포함된다.

이제 각 그룹 내의 서비스들을 살펴보자.

라우팅: Route 53, ELB, Auto Scaling

Route 53(https://aws.amazon.com/ko/route53/)은 AWS의 DNS 서비스로 TCP 포트 53을 사용한다. BIND(http://www.isc.org/downloads/bind) 서비스와 비슷하게 Route 53에 DNS 항목을 정의해서 애플리케이션이나 파일을 서비스하는 특정 AWS 서비스로 요청을 자동 라우팅하게 설정할 수 있다.

DNS는 배포에서 중요한 부분이다. 높은 가용성이 필요하며, 각각의 요청을 최대한 빠르게 라우팅해야 한다. AWS에 서비스를 배포한다면 Route 53을 사용하는 것이 좋다. 그렇지 않다면 도메인을 구입한 회사의 DNS 공급자를 사용하고 DNS를 직접 다루지 않는 것이 좋다.

Rout 53과 ELBElastic Load Balancing(https://aws.amazon.com/ko/elasticloadbalancing/)는 긴밀한 협력 관계다. ELB는 요청을 여러 백엔드로 자동 분배하는 로드 밸런서다. 보통 클러스터 구성을 위해 동일 마이크로서비스를 여러 개의 가상 머신에 배포하는데, 이때 ELB를 사용해서 트래픽을 분산한다. ELB는 헬스 체크health check를 통해 모든 인스턴스를 감시하고 문제가 발생한 노드에 대해서는 트래픽 전달 대상에서 제외한다.

라우팅 관련 서비스 중 흥미 있는 또 하나의 서비스는 Auto Scaling(https://aws.amazon.com/ko/autoscaling/)이다. 이 서비스는 이벤트에 따라 자동으로 인스턴스를 추가한다. 예를 들어 어떤 노드가 응답하지 않거나 크래시가 발생하면 ELB 헬스 체크 이벤트가 이 상태를 감지한다. Auto Scaling은 ELB 헬스 체크 이벤트에 이상이 있다는 것을

알고, 문제가 된 가상 머신을 자동으로 제거하고 새로운 VM을 시작한다.

이 3개의 서비스를 활용하면 마이크로서비스를 위한 강력한 라우팅 시스템을 구축할 수 있다.

실행: EC2, Lambda

AWS의 핵심 서비스는 가상 머신을 생성해주는 EC2(https://aws.amazon.com/ko/ec2/)다. 아마존은 가상 머신을 실행하기 위해 Xen 하이퍼바이저(https://www.xenproject.org/)를 사용하며, 가상 머신에 AMI[Amazon Machine Image]를 설치한다.

AWS에는 선택할 수 있는 수많은 AMI 목록이 있으며, 기존 AMI를 수정해 자신만의 AMI를 만들 수도 있다. AMI로 작업하는 건 도커 이미지를 다루는 것과 매우 유사하다. 아마존 콘솔에서 AMI를 선택해 인스턴스를 실행하고 부팅이 완료되면 SSH로 접속해서 작업을 시작한다.

필요하다면 언제든지 VM을 스냅샷해서 현재 인스턴스 상태를 저장한 AMI를 만들 수 있다. 이 기능은 수동으로 서버를 구성할 때 기본으로 사용할 이미지를 만들 수 있으므로 특히 유용하다.

EC2는 여러 개의 인스턴스 유형(https://aws.amazon.com/ko/ec2/instance-types/)을 제공하는데, T2, M3, M4는 일반적인 용도로 사용된다. T 유형은 부하가 증가할 때 순간적으로 인스턴스의 기본 성능을 향상시킨다. C3와 C4 유형은 CPU를 많이 쓰는 애플리케이션용으로, 최대 32 Xeon CPU를 제공한다. X1과 R4는 메모리 집약적인 애플리케이션용으로, 최대 1,952GiB만큼의 메모리 용량을 제공한다.

물론 CPU와 메모리 크기가 클수록 요금은 더 비싸다. 파이썬 마이크로서비스의 경우 애플리케이션 인스턴스에 데이터베이스를 같이 실행하지 않는다면 `t2.xxx`나 `m3.xxx`를 선택하는 것이 좋다. `t2.nano`나 `t2.micro`는 테스트를 실행하기에는 괜찮지만, 운영 환경에 사용하기는 너무 제한적이므로 선택하지 않는 것이 좋다. 최종적으로는 운영체제 및 애플리케이션에서 사용하는 리소스를 감안해 인스턴스 유형을 선택해야 한다.

여기서는 도커 이미지로 마이크로서비스를 배포할 것이므로 리눅스 배포판을 실행할 필요는 없다. 중요한 것은 도커 컨테이너를 실행할 수 있는 AMI를 선택하는 것이다.

AWS의 ECS Amazon Elastic Container Service(https://aws.amazon.com/ko/ecs/)를 사용하면 도커로 배포가 가능하다. ECS는 쿠버네티스와 유사한 기능을 제공하며, 다른 서비스에도 잘 통합된다. ECS는 도커 컨테이너를 실행하기 위해 자체 리눅스 AMI를 사용하지만, 다른 AMI를 사용하게 서비스를 설정할 수 있다. 예를 들어 CoreOS(https://coreos.com/)는 도커 컨테이너 실행이 유일한 목적인 리눅스 배포판이므로, AWS 의존성을 줄일 수 있다.

마지막으로 AWS 람다(https://aws.amazon.com/ko/lambda/)는 특정 이벤트 발생 시에 람다 함수를 실행하는 서비스다. 람다 함수는 Node.js, 자바, C#, 파이썬으로 작성할 수 있고, 스크립트와 모든 종속성을 포함하는 ZIP 파일로 배포된다. 파이썬을 사용한다면 ZIP 파일은 일반적으로 함수를 실행하는 데 필요한 모든 종속성이 들어있는 Virtualenv다.

람다 함수는 AWS 이벤트를 통해 비동기적으로 실행할 수 있기 때문에 Celery 워커를 대체할 수 있다. 따라서 람다를 사용하면 큐에서 메시지를 가져오기 위해 일 년 내내 실행해야 하는 Celery 마이크로서비스를 배포할 필요가 없다. 메시지 빈도에 따라 람다를 사용하는 것이 비용 절감 효과도 클 수 있다. 하지만 동시에 생각해볼 점은 람다 사용으로 인해 AWS 의존성 역시 그만큼 늘어난다는 것이다.

스토리지: EBS, S3, RDS, ElasticCache, CloudFront

EC2 인스턴스는 하나 이상의 EBS[Elastic Block Store](https://aws.amazon.com/ko/ebs/)와 같이 작동한다. EBS는 일종의 하드 디스크로, EC2 인스턴스는 EBS를 파일 시스템으로 사용할 수 있게 마운트한다. 새로운 EC2 인스턴스를 생성할 때 EBS를 만들면서 SSD나 HDD, 초기 크기, 기타 옵션을 선택할 수 있다. 선택한 옵션에 따라 가격이 달라진다.

S3[Simple Storage Service](https://aws.amazon.com/ko/s3/)는 데이터를 버킷으로 정리하는 저장소 서비스다. 버킷은 대략 데이터를 체계화하고 정리하는 데 사용할 수 있는 네임스페이스다. 버킷 하나는 키-값 저장소로 볼 수 있으며, 여기서 '값'은 저장하려는 데이터다. 데이터 크기는 따로 제한하지 않으며, S3는 크기가 큰 파일을 버킷으로 입출력하는 데 필요한 모든 것을 제공한다. S3는 버킷의 각 항목을 고유한 퍼블릭 URL로 노출하기 때문에 파일 배포에 주로 사용된다. CloudFront는 S3를 백엔드로 사용하게 설정할 수 있다.

S3의 흥미 있는 기능 중 하나는 파일을 사용하는 빈도에 따라 다른 종류의 저장소를 백엔드로 제공하는 것이다. 예를 들어 자주 사용하지 않은 큰 파일을 저장할 때는 Glacier(https://aws.amazon.com/ko/glacier/)를 백엔드로 써서 데이터 백업 용도로 사용할 수 있다. 파이썬 애플리케이션에서 S3와 연동하는 건 매우 쉽기 때문에 마이크로서비스의 데이터 저장소로 S3를 사용하는 경우를 흔히 볼 수 있다.

ElasticCache(https://aws.amazon.com/ko/elasticache/)는 레디스나 Memcached를 사용하는 캐시 서비스다. ElasticCache는 레디스의 샤딩[Sharding]과 복제 기능을 활용해서 레디스 노드의 클러스터를 배포할 수 있다. 레디스에서 많은 데이터를 사용해 램이 부족할 수 있다면 레디스 샤딩으로 데이터를 여러 노드에 분산시켜 레디스 용량을 높일 수 있다.

RDS[Relational Database Service](https://aws.amazon.com/ko/rds/)는 MySQL, PostgreSQL 같은 많은 관계형 데이터베이스를 제공하는 데이터베이스 서비스다.

AWS는 배포 비용을 예상해 볼 수 있는 온라인 계산기를 제공한다.

http://calculator.s3.amazonaws.com/index.html

RDS를 사용해서 얻을 수 있는 큰 장점은 AWS가 클러스터를 관리해주므로 고가용성 및 안정성을 쉽게 확보할 수 있고, 직접 데이터베이스를 관리했을 때의 위험 요소를 배제할 수 있다는 것이다. 최근 RDS에 PostgreSQL이 추가되면서 인기가 높아졌으며, AWS를 애플리케이션 호스팅 서비스로 선택하는 주된 이유 중 하나가 됐다.

또 다른 사용 가능한 데이터베이스에는 MySQL 5.X를 구현한 것으로, 속도가 훨씬 향상된 아마존 Aurora(https://aws.amazon.com/ko/rds/aurora/details/)가 있다. 아마존에 따르면 5배 이상 빨라졌다고 한다.

마지막으로 CloudFront(https://aws.amazon.com/ko/cloudfront/)는 아마존의 CDN^Content Delivery Network^ 서비스다. 전 세계의 사용자를 대상으로 정적 파일을 제공해야 한다면 CloudFront를 사용하는 것이 가장 좋은 방법이다. 아마존은 파일을 캐시하고 클라이언트 요청을 가장 인접한 서버로 라우팅해 지연시간^latency^을 최소화한다. CDN은 동영상, CSS, JS 파일을 제공하기 위해 필요하지만, 고려해야 될 점은 역시 비용이다. 마이크로서비스에서 제공해야 될 파일이 있는데, 파일 수가 많지 않다면 EC2 인스턴스에서 직접 제공하는 것이 더 효과적일 수 있다.

메시징: SES, SQS, SNS

AWS는 메시징 처리에 필요한 모든 것을 다음 3개의 주요 서비스를 통해 제공한다.

- SES^Simple Email Service^: 이메일 서비스
- SQS^Simple Queue Service^: RabbitMQ 같은 큐 시스템
- SNS^Simple Notification Service^: 게시/구독^pub/sub^ 및 푸시 알림 시스템

SES

사용자에게 이메일을 보내는 서비스를 개발하는 경우 모든 이메일이 사용자의 받은 편지함에 정확하게 도착하도록 만드는 것은 쉬운 일이 아니다. 이메일을 전송하는 애플리케이션 서버의 로컬 SMTP 서비스를 사용하면 대상 메일 서버가 이메일을 스팸으로 분류하지 않도록 시스템을 구성하는 데 많은 작업이 필요하다.

설령 이러한 작업을 잘 마쳤더라도 서버의 IP가 스팸 발송자가 사용한 IP 대역과 비슷해 차단 목록에 포함됐다면 해당 목록에서 IP 제거를 시도하는 것 외에 할 수 있는 일이 많지 않다. 최악의 시나리오는 스팸 발송자가 사용했던 IP를 받는 경우다.

이메일을 정확하게 전송하는 것은 생각보다 어려운 작업이므로, 마이크로서비스를 클라우드에서 호스팅하지 않더라도 이메일 발송에 특화된 서드파티 서비스를 이용하는 것이 좋다.

이 분야에는 많은 서비스가 있으며, AWS에서는 SES가 이 기능을 제공한다. SES로 이메일을 보내기 위해서는 단순히 SES의 SMTP 엔드포인트를 사용하면 된다. SES는 API를 제공하고 있지만, SMTP를 고정해서 사용하는 것이 좋다. 이렇게 하면 개발이나 테스트 중일 때는 로컬 SMTP를 쓰게 할 수 있다.

SQS

SQS는 RabbitMQ에 비하면 제약이 있지만 대부분의 작업을 처리하는 데 충분하다. SQS는 2가지 유형의 대기열queue을 제공한다.

첫 번째 유형인 FIFO 대기열은 들어오는 순서대로 메시지를 저장하며, 메시지를 정확히 한 번만 처리하게 한다. Celery나 레디스로 하는 작업처럼 워커가 선택하는 메시지 스트림을 저장할 때 유용하다. 최대 20,000개의 이동 중in-flight 메시지[1]를 허용한다.

---

1. in-flight 메시지는 consumer(소비자)가 큐에서 메시지를 꺼내 왔지만, 아직 큐에서 제거하지 않은 메시지다. Amazon SQS 같은 분산 시스템은 소비자가 메시지를 제대로 받았는지 보장할 수 없으므로 메시지를 자동으로 삭제하지 않는다. 소비자가 메시지를 수신하고 처리한 후에 큐에서 삭제해야 한다. – 옮긴이

두 번째 유형인 표준 대기열은 순서를 보장하지 않는다는 점을 제외하면 FIFO 대기열과 비슷하다. 따라서 FIFO보다 훨씬 빠르며, 이동 중 메시지 허용도 120,000개로 더 많다.

SQS에 저장된 메시지는 AWS 클라우드 내의 여러 가용 영역Availability Zone으로 복제해 신뢰성을 높인다.

AWS는 리전(Region)과 각 리전 내의 가용 영역으로 구성된다. 리전은 내결함성(fault tolerance)과 안정성 보장을 위해 서로 격리돼 있다. 가용 영역도 격리돼 있기는 하지만, 낮은 지연 시간으로 연결된다. 리전에서 여러 가용 영역으로 분산된 인스턴스는 AWS의 동일 로드 밸런서에서 사용할 수 있다.

메시지 하나의 최대 크기는 256kb이므로 FIFO 대기열에 저장 가능한 전체 메시지 크기는 약 5GB고, 표준 대기열에는 30GB까지 저장할 수 있다. 따라서 가격 외에는 특별한 제한이 없는 셈이다.

SNS: 단순 통지 서비스

SNS(https://aws.amazon.com/ko/sns/)는 2개의 메시징 API를 제공한다.

첫 번째는 게시/구독 API로, 서비스에서 필요한 액션을 실행하기 위해 사용된다. 게시자는 아마존 서비스나 애플리케이션이 될 수 있으며, 구독자는 SQS 대기열, 람다 함수 또는 마이크로서비스 중 하나의 엔드포인트가 될 수 있다.

두 번째는 모바일 디바이스에 알림을 보낼 때 사용하는 푸시 API다. 이때는 SNS가 **구글 클라우드 메시징**GCM 같은 서드파티 API를 통해 푸시 알림을 보낸다.

SQS와 SNS를 조합하면 RabbitMQ와 같은 메시징 시스템의 사용자 정의 배포를 대체할 수 있다. 그렇지만 제공하는 기능이 요구 사항을 충족하는지 확인해야 한다.

계속해서 프로비전과 서비스 배포에 사용할 수 있는 AWS 서비스에 대해 알아보자.

프로비저닝과 배포: CloudFormation, ECS

10장에서 설명한 것처럼 도커 컨테이너를 클라우드에 배포하고 프로비저닝하는 데는 여러 방법이 있으며, 쿠버네티스 같은 도구를 사용하면 AWS에서 실행 중인 모든 인스턴스를 관리할 수 있다.

AWS 역시 컨테이너 애플리케이션의 클러스터를 배포하기 위한 서비스로 ECS[Elastic Container Service](https://aws.amazon.com/ko/ecs/)를 제공하며, ECS는 또 다른 서비스인 CloudFormation(https://aws.amazon.com/ko/cloudformation/)을 사용한다.

CloudFormation을 사용하면 아마존에서 실행할 인스턴스에 대한 설명을 JSON 파일에 작성해서 인스턴스 배포부터 자동 확장까지 모든 작업을 AWS에서 자동으로 처리할 수 있다.

ECS는 미리 정의된 템플릿을 사용해 CloudFormation을 통해 배포된 클러스터를 시각화하고 운영하는 대시보드 집합[set]이다. 도커 데몬을 실행하는 데 사용되는 AMI는 CoreOS처럼 용도에 맞게 조정된다.

ECS의 편리한 점은 단순히 몇 개의 양식만 작성하면 도커 이미지에 대한 클러스터를 몇 분 만에 생성하고 실행할 수 있다는 것이다. ECS 콘솔은 클러스터에 대한 몇 개의 기본 지표를 제공하며, CPU나 메모리 사용량에 따라 새 배포를 스케줄링하는 기능 등을 제공한다.

초기 폼 기반 설정 외에 ECS를 통해 배포된 클러스터는 인스턴스의 전체 생명주기를 정의하는 **작업 정의**[Task Definition]에 의해 실행된다. 이러한 작업 정의는 실행할 도커 컨테이너와 일부 이벤트에 대한 동작을 설명한다.

AWS에 배포: 기본

지금까지 주요 AWS 서비스에 대해 알아봤다. 이번에는 실제로 마이크로서비스를 AWS에 배포해보자.

AWS의 동작 방식을 이해하려면 수동으로 EC2 인스턴스를 배포하고 이 인스턴스에서 마이크로서비스를 실행하는 방법을 알아두는 것이 좋다. 이번 절에서는 CoreOS 인스턴스를 배포해서 도커 컨테이너를 실행하는 방법을 설명한다. 다음으로 ECS를 사용해 클러스터 배포를 자동화한다. 마지막으로 Route 53을 사용해 도메인 이름으로 서비스를 게시한다.

먼저 AWS 계정이 필요하다.

AWS 계정 설정

AWS에 배포하기 위한 첫 번째 단계는 https://aws.amazon.com에서 계정을 생성하는 것이다. 계정을 만들기 위해 신용카드 등록이 필요하지만, 일부 서비스들은 특정 조건 내에서 일정 기간 무료로 사용할 수 있다.

AWS를 경험하는 데는 무료로 제공되는 서비스들로 충분하다.

등록을 마치면 AWS 콘솔을 볼 수 있다. 콘솔 화면의 오른쪽 위 메뉴에서 '미국 동부(버지니아 북부)' 리전을 선택한다. 버지니아 북부는 특정 결제 알림을 설정하는 데 사용할 리전이다.

다음으로 메뉴의 사용자 이름을 클릭하고 내 결제 대시보드를 선택하거나 https://console.aws.amazon.com/billing/home#/을 직접 입력해서 대금 및 비용 관리 대시보드로 이동한다. '기본 설정'을 클릭하고 '결제 알림 받기' 항목을 체크한다.

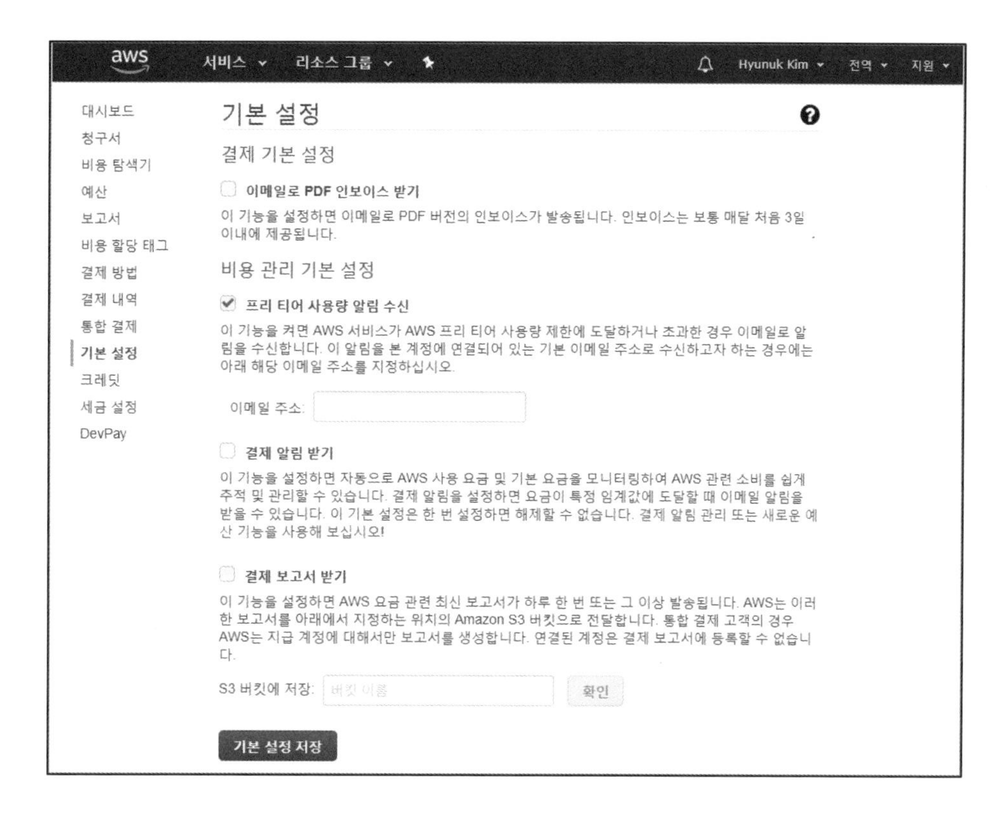

옵션을 설정하고 저장한 다음, CloudWatch 패널(https://console.aws.amazon.com/cloudwatch/home)로 이동한다. 새로운 경보를 만들기 위해 왼쪽 메뉴에서 **경보 > 결제**를 클릭한다. 사용하는 서비스에서 비용이 발생하기 시작하면 알림이 오도록 설정한다. 최대 비용으로 0.01$를 설정한다. 이러한 알림 설정은 테스트 도중 의도하지 않은 요금 부과를 방지한다.

aws 서비스 리소스 그룹 Hyunuk Kim 버지니아 북부 지원

결제 경보 시작하기

1.00
0.8
0.6
0.4
0.2
0 6 시간 이내에 1개의 데이터 포인트에 대한 Estimated...

12/30 12/31 01/02 01/04

EstimatedCharges

결제 경보

결제 경보를 작성하여 AWS 청구액이 설정한 한계값을 초과할 경우 이메일 알림을 받을 수 있습니다. 방법은 간단합니다.

1. 비용 임계값을 입력합니다.
2. 이메일 주소를 제공합니다.
3. 수신함에서 확인 이메일을 찾아 제공된 링크를 클릭합니다.

해당월 총 AWS 요금이

다음을 초과할 경우: 0 USD

다음 주소로 알림 전송: 이메일 주소 입력

참고: 사용자가 추가한 각 주소로 AWS로부터 "*AWS 알림 - 구독 확인*" 이메일이 수신됩니다. 이 메시지에 제공된 링크를 클릭하여 AWS가 해당 주소로 알림을 제공할 수 있는지 확인하십시오.

추가 설정

경보에 대한 추가 구성을 제공합니다.

누락 데이터 처리: 누락

기본 옵션 표시중 | 고급 표시

취소 경보 생성

언제든지 왼쪽 상단의 서비스 메뉴를 클릭해서 모든 서비스 목록을 볼 수 있다.

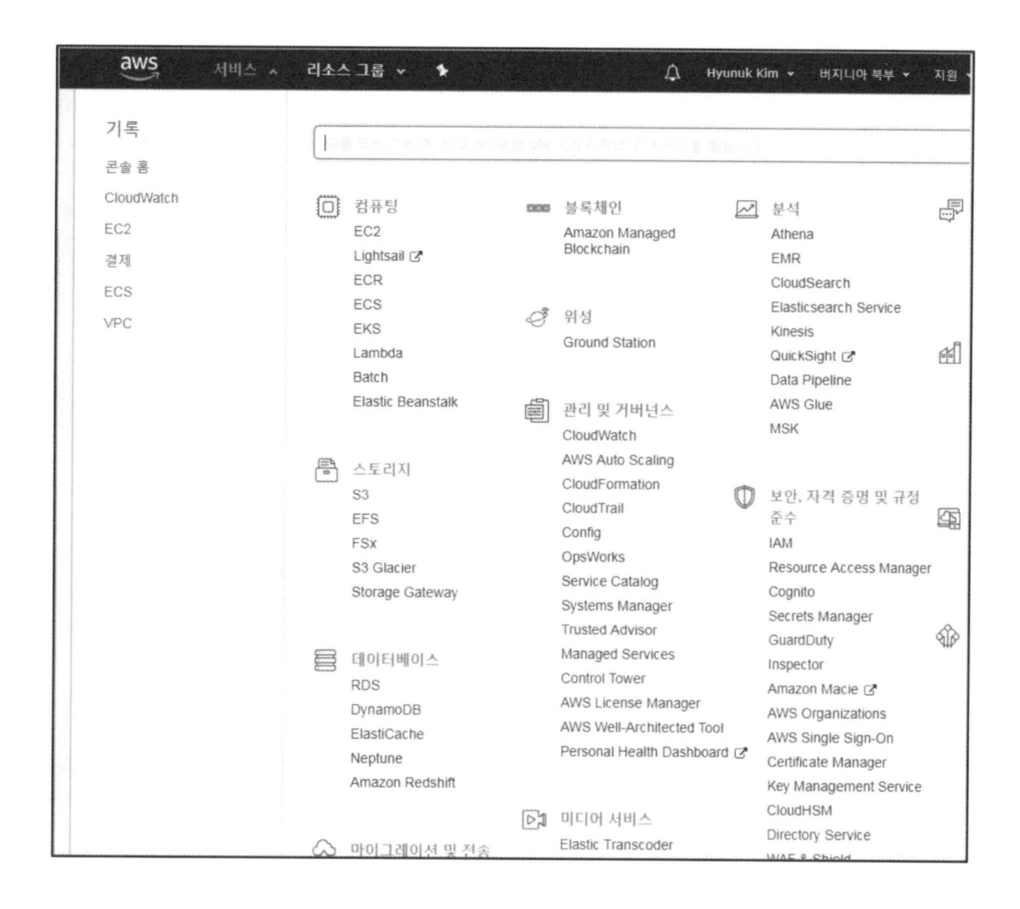

CoreOS를 사용해 EC2에 배포

서비스 목록 중 EC2를 클릭하면 새 인스턴스를 생성할 수 있는 EC2 대시보드가 열린다. EC2 대시보드에서 **인스턴스 시작** 버튼을 누르면 새 가상 머신을 실행하기 위한 AMI를 선택할 수 있다. 콘솔의 왼쪽 메뉴에서 **커뮤니티 AMI**를 선택하고 '**커뮤니티 AMI 검색**' 상자에 CoreOS를 입력하자. 그러면 사용 가능한 CoreOS AMI 목록을 볼 수 있다. 다음 그림을 참고하자.

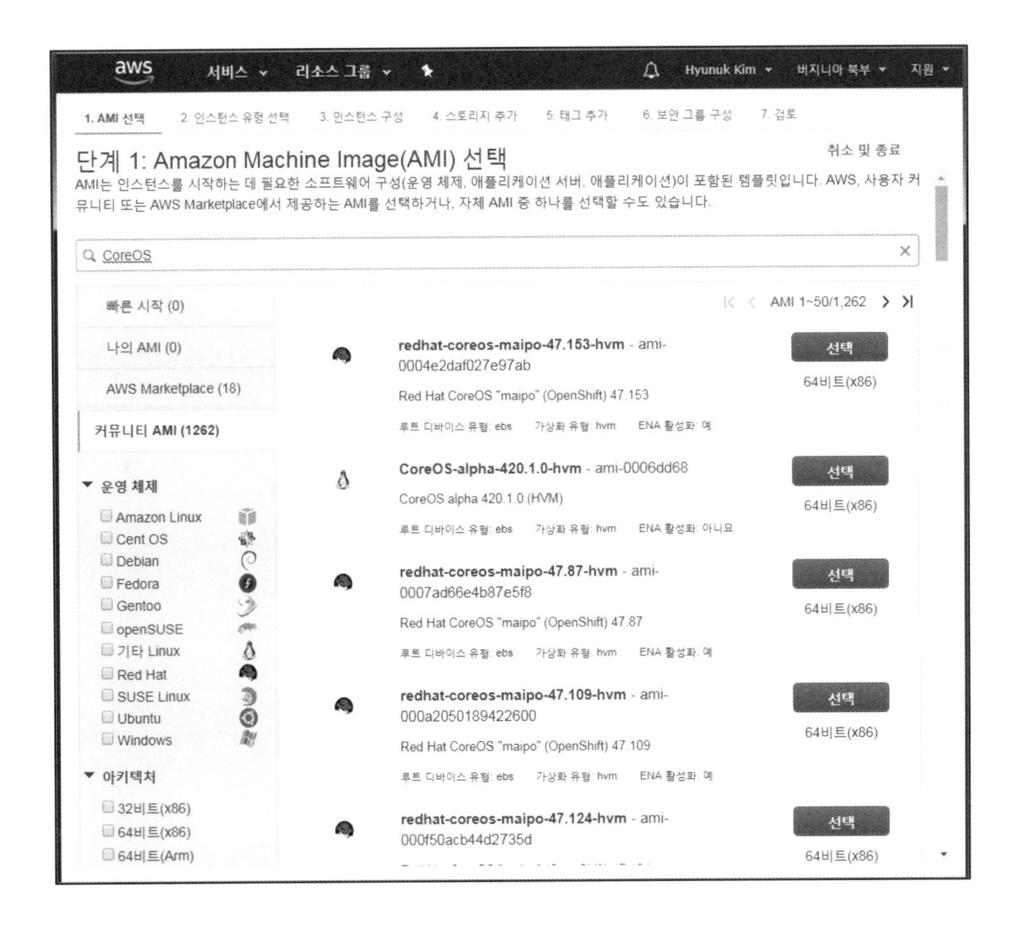

리눅스 AMI에는 두 가지 가상화 유형인 PV[반가상화], HVM[하드웨어 가상 머신]이 있다. 이들은 Xen 하이퍼바이저의 두 개의 다른 가상화 수준이다. PV는 전체 가상화이지만 HVM은 부분 가상화다. 리눅스 배포판에 따라 PV에서는 모든 유형의 VM을 실행하지 못할 수도 있다.

첫 번째 PV AMI를 선택하면 인스턴스 유형 선택 단계로 넘어간다. 여기서는 t1.micro를 선택하고 **검토 및 시작** 버튼을 누른다. 다음 그림을 참고하자.

인스턴스 시작 검토 단계에서 시작하기 버튼을 누르면 다음 그림처럼 새 키 페어를 선택할 것인지 묻는다. VM에 연결하려면 SSH 키가 꼭 필요하다. 각 VM마다 고유한 이름으로 새 키 페어를 만들어 다운로드 해야 한다. 새 키 페어를 만들면 .pem 파일을 다운로드할 수 있으며, 이 파일을 ~/.ssh에 추가한다.

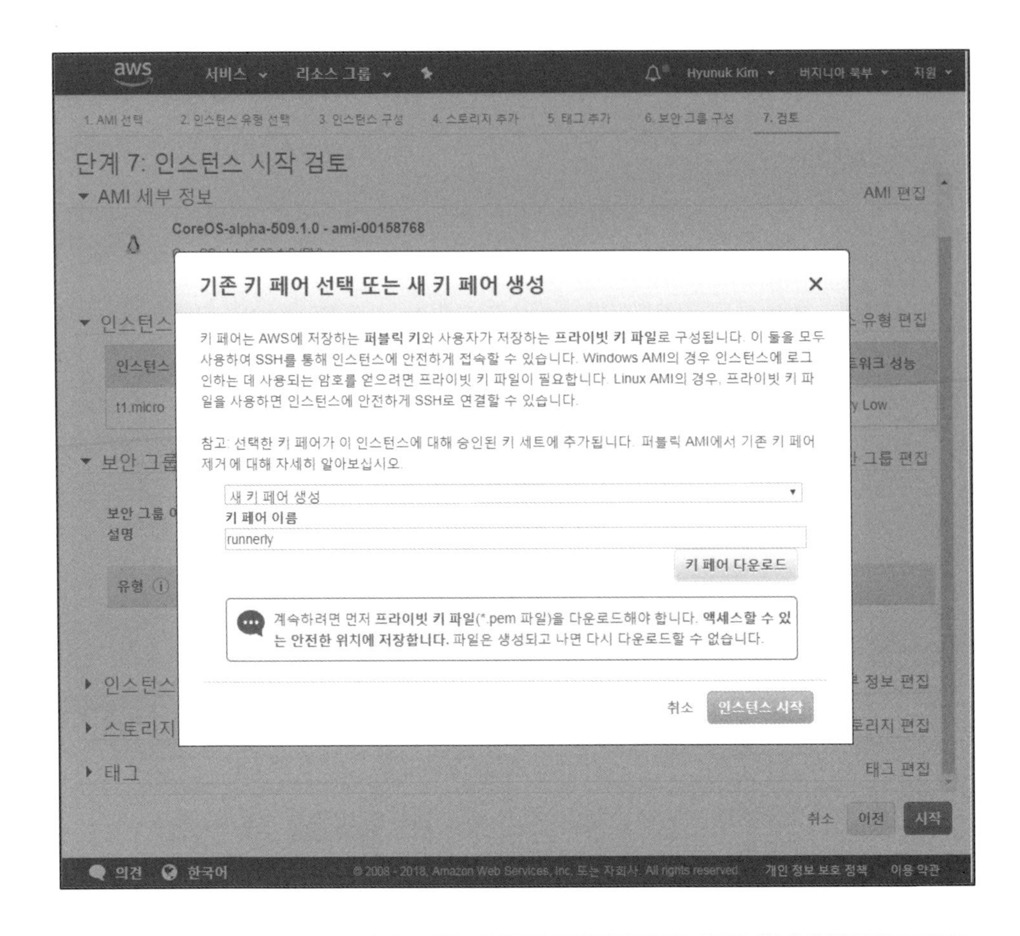

이 파일을 잃어버리지 않도록 주의하자. AWS는 보안상 이유로 이 파일을 보관하지 않으므로 다시 다운로드할 수 없다.

새 키 페어를 생성하고 다운로드했으면 **인스턴스 시작** 버튼을 누른다. AWS가 VM을 완전히 배포하기까지 몇 분 정도가 걸린다. EC2 대시보드 왼쪽 메뉴의 **인스턴스**를 클릭해서 인스턴스 목록을 볼 수 있으며, 상태 검사 칼럼에서 VM의 상태를 확인할 수 있다.

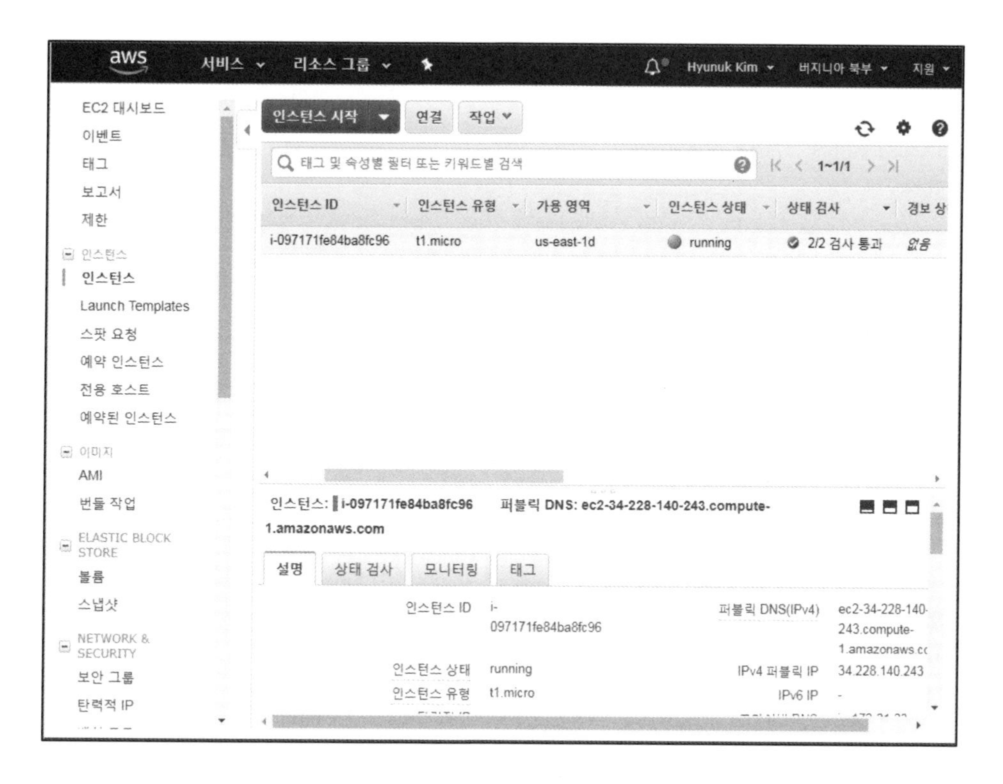

이제 .pem 파일과 VM의 공개 DNS를 사용해서 SSH로 접속할 수 있다.[2]

CoreOS의 기본 사용자 계정은 core다. 연결이 되면 다음처럼 도커 버전을 확인한 다음 busybox 도커 컨테이너에서 hello를 실행해보자.

```
$ ssh -i ~/.ssh/runnerly.pem ec2-54-224-241-121.compute-1.amazonaws.com
...
Container Linux by CoreOS alpha (1995.0.0)
core@ip-172-31-41-120 ~ $ docker -v
Docker version 18.06.1-ce, build e68fc7a
core@ip-172-31-41-120 ~ $ docker run busybox /bin/echo hello
```

2. 윈도우 사용자라면 'PuTTY를 사용해 Windows에서 Linux 인스턴스에 연결'(https://docs.aws.amazon.com/ko_kr/AWSEC2/latest/UserGuide/putty.html) 페이지를 참고해서 연결할 수 있다. 윈도우 10 사용자는 PuTTY 대신 기본 제공되는 OpenSSH 클라이언트를 사용할 수 있다. – 옮긴이

```
Unable to find image 'busybox:latest' locally
latest: Pulling from library/busybox
57c14dd66db0: Pull complete
Digest:
sha256:7964ad52e396a6e045c39b5a44438424ac52e12e4d5a25d94895f2058cb863a0
Status: Downloaded newer image for busybox:latest
hello
core@ip-172-31-41-120 ~ $
```

명령이 성공했다면 이제 완전하게 동작하는 도커 환경을 갖춘 것이다. 이번에는 도커 허브에서 docker-flask 이미지를 가져와 실행해보자.

```
core@ip-172-31-41-120 ~ $ docker run -d -p 80:80 p0bailey/docker-flask
Unable to find image 'p0bailey/docker-flask:latest' locally
latest: Pulling from p0bailey/docker-flask
802b00ed6f79: Pull complete
985ea435583f: Pull complete
c2142a44dd7f: Pull complete
20fdb7256efc: Pull complete
8abaa6988fad: Pull complete
2135b32c4c19: Pull complete
Digest:
sha256:ece8c092f6db91c66332346a363f4f6337f532d8d98d114ad4ae7ca79c8abfa1
Status: Downloaded newer image for p0bailey/docker-flask:latest
42f246f84b9adadc959e1c3b8a936d361e156f32307089663795fe0b77bf1dce
core@ip-172-31-41-120 ~ $
```

AWS는 기본으로 SSH 연결을 위해 22 포트만 오픈한다. 80 포트를 열기 위해서는 EC2 대시보드에서 인스턴스를 클릭한 다음, 보안 그룹 칼럼에서 lauch-wizard-1을 선택한다(이름은 다를 수 있으며 보통 'launch-wizard-XX' 형식이다).

보안 그룹 페이지에의 상단 메뉴 중 작업 ❯ 인바운드 규칙 편집을 클릭한다. 그런 다음 규칙 추가 버튼을 클릭해서 HTTP 80 포트를 오픈한다. 다음 그림을 참고하자.

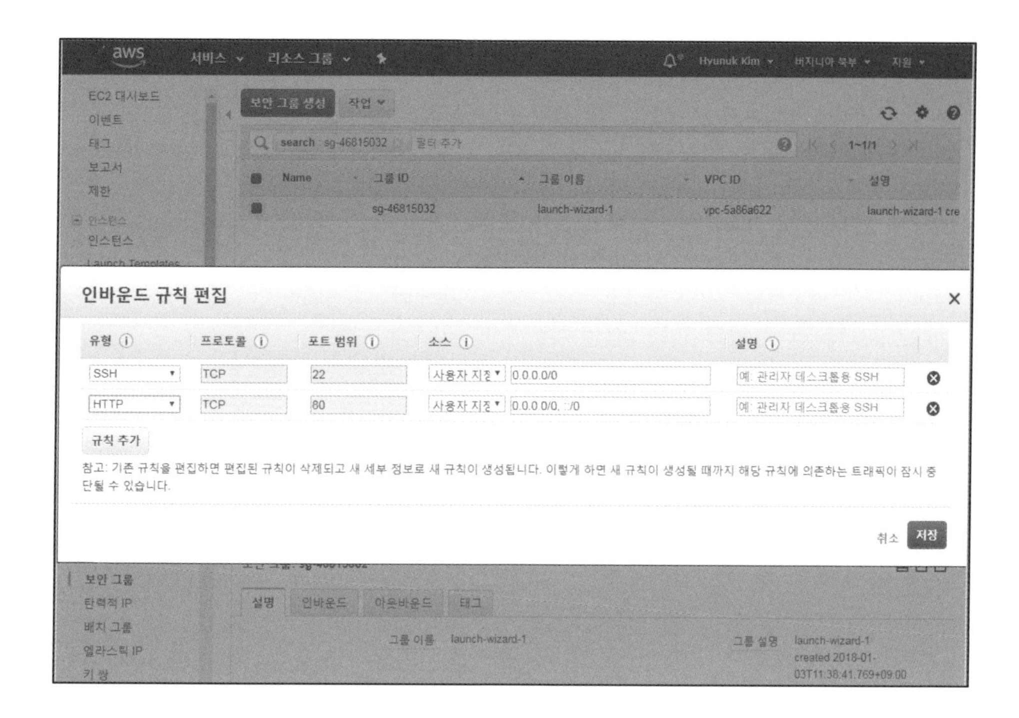

규칙 추가를 완료하고 브라우저에 공개 DNS를 입력하면 다음과 같은 플라스크 홈페이지를 볼 수 있다.

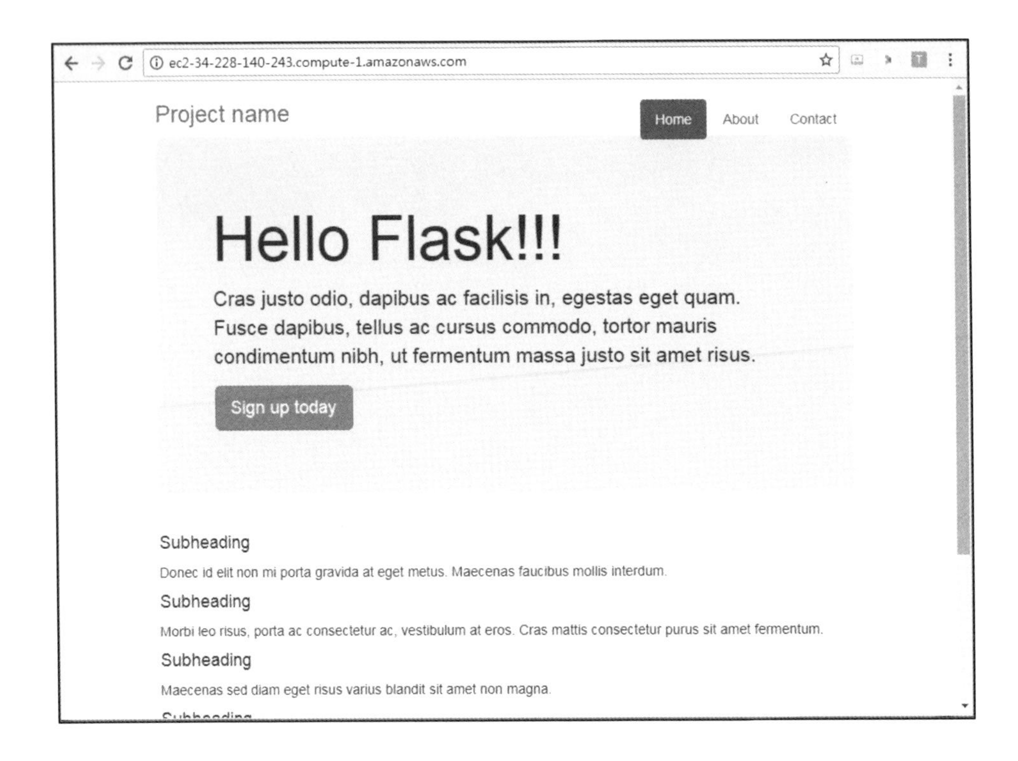

여기까지가 AWS에서 도커 이미지를 실행하고 배포하는 데 필요한 기본 내용이다. 이제 AutoScaling과 ELB를 사용해서 인스턴스 그룹을 만들고 클러스터를 배포할 수 있다.

고급 도구인 CloudFormation은 템플릿 정의를 사용해 이 모든 과정을 자동으로 처리한다. 하지만, AWS에서 도커를 사용한다면 자동화된 배포의 궁극은 ECS다. 계속해서 ECS를 사용하는 방법을 알아보자.

ECS를 사용해 배포

11장의 앞부분에서 알아본 것처럼 ECS는 도커 이미지를 자동으로 배포하며, 인스턴스가 필요로 하는 모든 서비스를 설정한다.

ECS를 사용하면 EC2 인스턴스를 직접 만들 필요가 없다. ECS는 EC2에서 도커 컨테이너를 실행할 목적으로 제작된 자체 AMI를 사용한다. 이 AMI는 도커 데몬도 같이 제공하므로 CoreOS와 매우 유사하지만, AWS 인프라와 통합돼 설정이나 이벤트 발생을 공유한다.

ECS 클러스터 배포는 다음과 같은 많은 요소로 구성된다.

- ELB[Elastic Load Balancer]는 인스턴스 사이에 트래픽을 분산한다.
- **작업 정의**는 어떤 도커 이미지를 배포해야 하는지, 또는 호스트와 컨테이너 사이에 어떤 포트를 사용할 것인지 등을 설명한다.
- **서비스**는 작업 정의를 사용해 EC2 인스턴스를 생성하며, 인스턴스 안에서 도커 컨테이너를 실행한다.
- **클러스터**는 서비스, 작업 정의, ELB를 그룹화한다.

ECS에 클러스터를 배포할 때는 순서대로 요소를 만들어야 하기 때문에 처음에는 꽤 복잡하게 느낄 것이다. 예를 들어 ELB 같은 경우 다른 모든 요소를 구성하기 전에 먼저 만들어야 한다.

다행히 실행 마법사를 활용하면 모든 요소를 순서에 따라 만들 수 있다. 이 마법사는 콘솔에서 **서비스 ▶ ECS**로 이동해서 실행할 수 있으며, 몇 가지 입력만으로 클러스터 운영에 필요한 모든 것을 자동 생성해준다. 첫 페이지에서 **시작하기** 버튼을 클릭하면 마법사가 시작된다.[3]

sample-app이 선택된 그대로 두고 **편집** 버튼을 눌러 컨테이너 편집 창을 연다.

---

3. 여기서는 AWS Fargate를 사용한다. AWS Fargate는 'aws 2017 reinvent'에서 소개된 서비스로, 클러스터 프로비저닝, 구성 등을 자동화해 인프라 관리를 최소화하는 자동화 서비스다. – 옮긴이

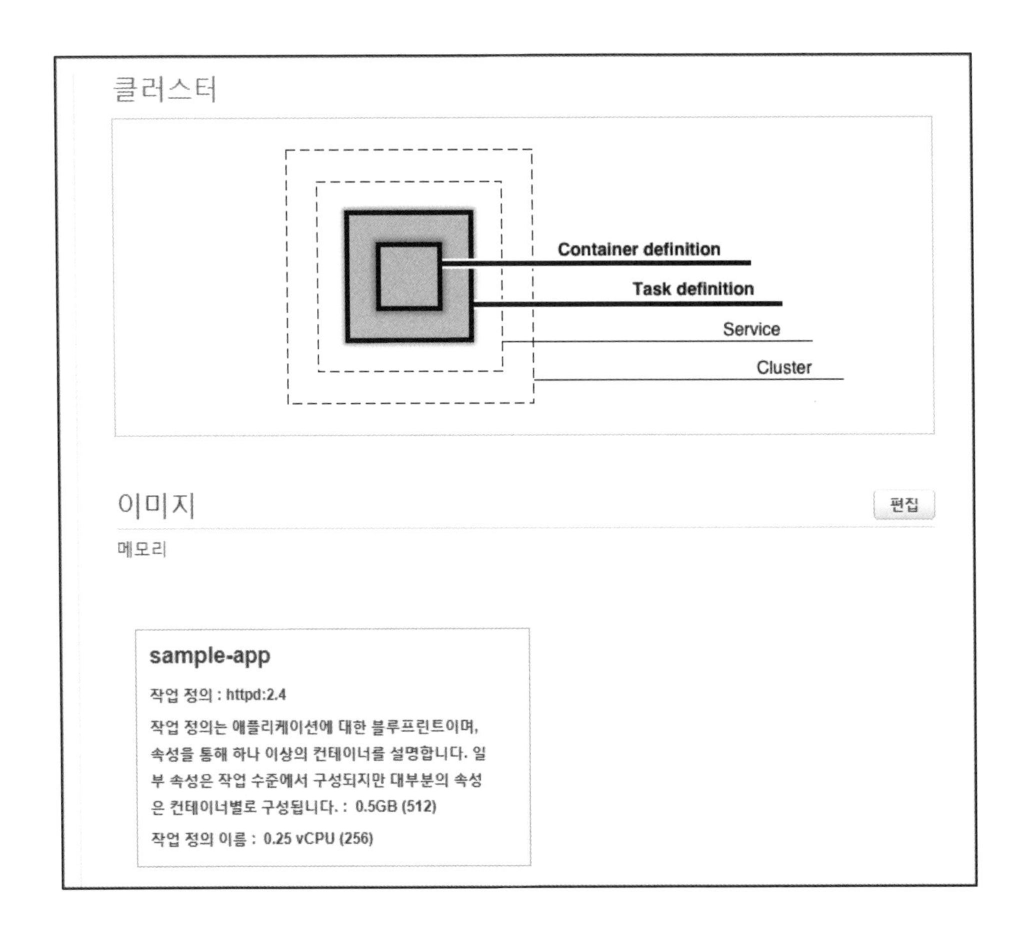

컨테이너 편집 창에 다음과 같이 필요한 정보를 입력한다.

컨테이너 편집

▾ 표준

컨테이너 이름* flask

이미지* p0bailey/docker-flask

사용자 지정 이미지 형식: [registry-url]/[namespace]/[image]:[tag]

프라이빗 레지스트리 인증*

메모리 제한 (MB)* 소프트 제한 512

하드 제한 추가

컨테이너에 MiB 단위로 하드 및/또는 소프트 메모리 제한을 정의합니다. 하드 및 소프트 제한은 작업 정의에서 각각 `memory` 및 `memoryReservation` 파라미터에 상응합니다.
ECS는 웹 애플리케이션용 시작점으로 300-500MB를 권장합니다.

포트 매핑 컨테이너 포트 프로토콜

80 tcp

포트 매핑 추가

이미지는 앞에서 EC2에 배포할 때 사용했던 플라스크 이미지를 다시 사용한다. 도커 이미지는 도커 허브나 AWS의 자체 도커 이미지 저장소에 있어야 한다. 여기서 도커 컨테이너와 호스트 시스템 간의 포트 매핑을 설정할 수도 있다. 이미지가 실행될 때 ECS가 이 옵션을 사용한다. 여기서는 플라스크 도커 이미지가 기본으로 사용하는 80 포트를 바인딩한다. 입력을 마쳤으면 **업데이트** 버튼을 눌러 저장하고, 페이지 하단의 다음 버튼을 눌러 보안 그룹 설정 단계로 넘어간다.

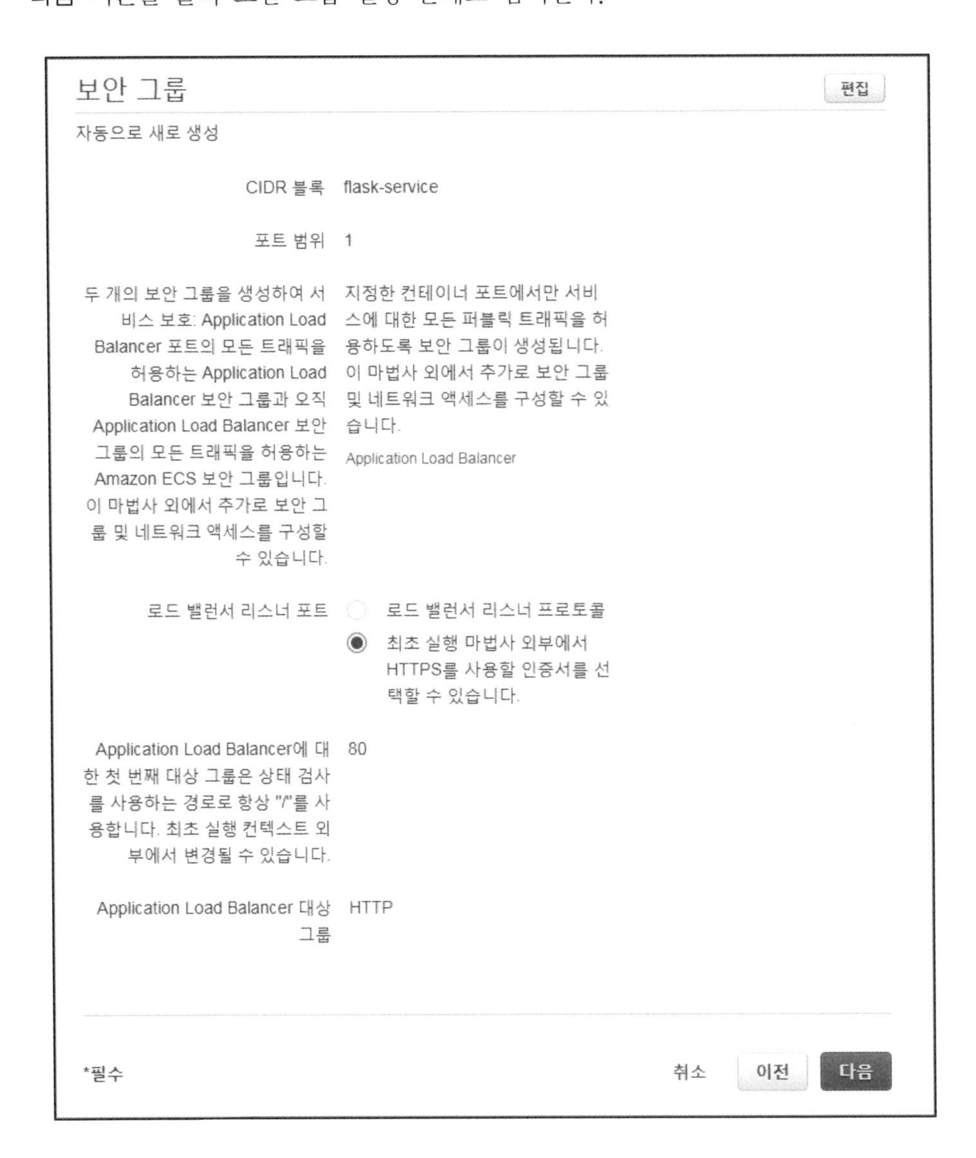

여기서는 로드 밸런서가 생성되도록 그림과 같이 선택한다. 다음 버튼을 눌러 클러스터 이름 설정 단계로 넘어간다.

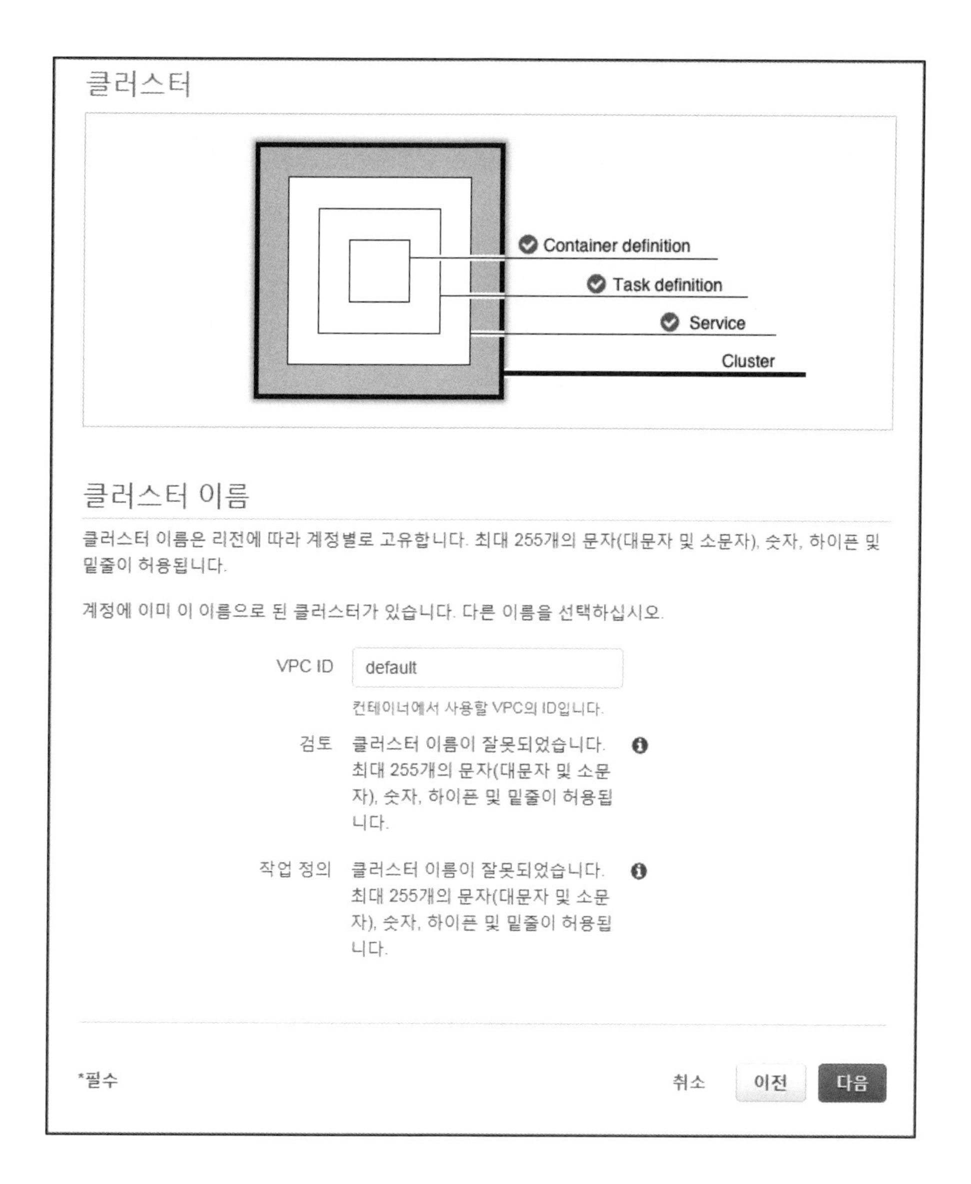

클러스터 이름 페이지에서는 따로 입력할 내용이 없다. **다음** 버튼을 눌러 마지막 단계인 리뷰 페이지로 넘어간다. 지금까지 입력한 내용이 이상 없다면 **생성** 버튼을 클릭한다.

ECS 마법사가 작업을 완료할 때까지 잠시 기다리자. 모든 작업이 완료되면 **서비스 ▶ ECS ▶ 클러스터**로 이동하면 다음과 같이 ECS와 관련된 모든 내용을 요약해서 보여주며, 각 서비스의 세부 내용을 볼 수 있는 여러 개의 탭을 갖고 있다.

제대로 배포가 됐는지 살펴보기 위해서는 ELB DNS 이름이 필요하다. 서비스 이름(여기서는 flask-service)을 선택하고 Load Balancing에서 대상 그룹 이름을 클릭한다.

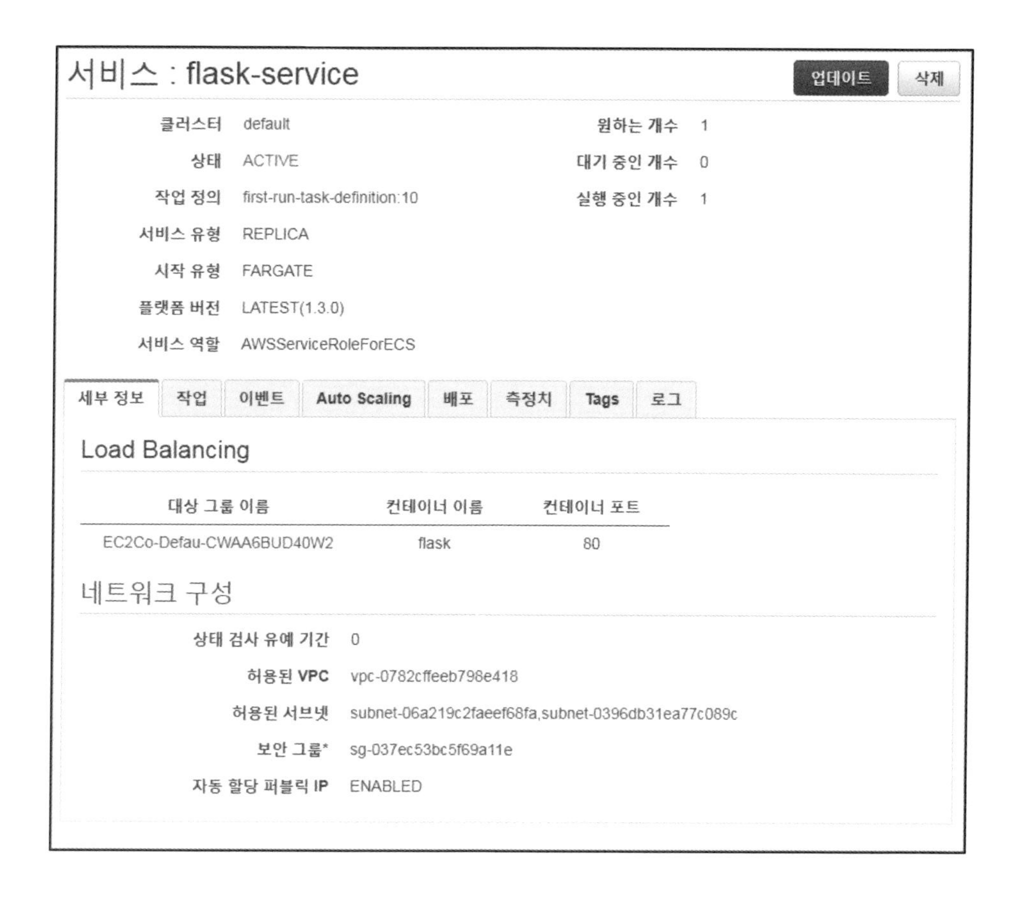

대상 그룹 페이지에서 로드 밸런서를 클릭하면 다음처럼 DNS 이름을 확인하고 클립보드로 복사할 수 있다.

이제 브라우저를 열고 페이지가 제대로 보이는지 확인해보자.

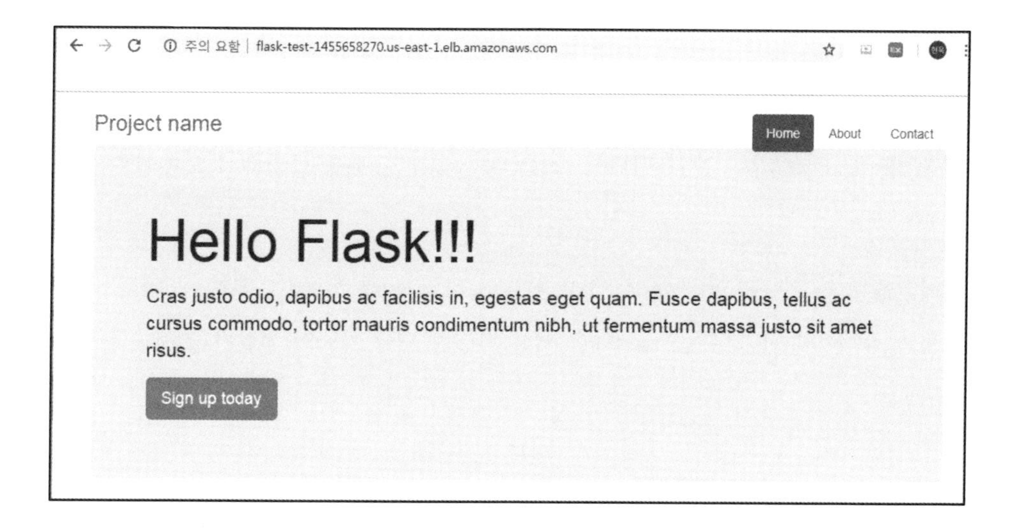

지금까지 ECS 마법사를 사용한 배포는 다음처럼 요약할 수 있다.

- AWS Fargate를 활용해서 클러스터를 생성했다.
- 컨테이너를 만드는 데 도커 이미지를 사용했다.
- 애플리케이션 로드 밸런서를 생성했다.

EC2 대시보드에서 **로드 밸런서**를 선택하면 조금 전에 만든 로드 밸런서를 확인할 수 있다. 이 로드 밸런서는 ECS 클러스터를 서비스하기 위해 사용된다.

ELB는 공개 DNS 이름을 갖고 있으므로 브라우저에 입력해서 플라스크 앱 페이지를 열 수 있다. URL은 http://<ELB 이름>>.<리전>.elb.amazonaws.com 형식이다.

다음 절에서는 ELB URL을 어떻게 도메인 이름에 연결하는지 알아본다.

Route 53

도메인 이름으로 별칭을 만들 때 Route 53을 사용할 수 있다. Route 53 대시보드에서 Hosted zones 메뉴를 클릭하면 앞에서 설정한 ELB에 대한 별칭인 도메인 이름에 대해 새 호스트 영역을 추가할 수 있다.

도메인 이름을 소유하고 있다면 해당 도메인을 간단히 AWS의 DNS로 리다이렉션할 수 있다. Route 53 대시보드 상단의 Create Hosted Zone을 클릭해서 도메인을 추가해보자.

도메인을 추가하면 Go to Record Sets를 눌러 타입 A 레코드를 선택할 수 있다. 레코드는 별칭이어야 한다. 대상 입력에는 사용 가능한 대상 목록이 드롭다운 메뉴로 나타난다.

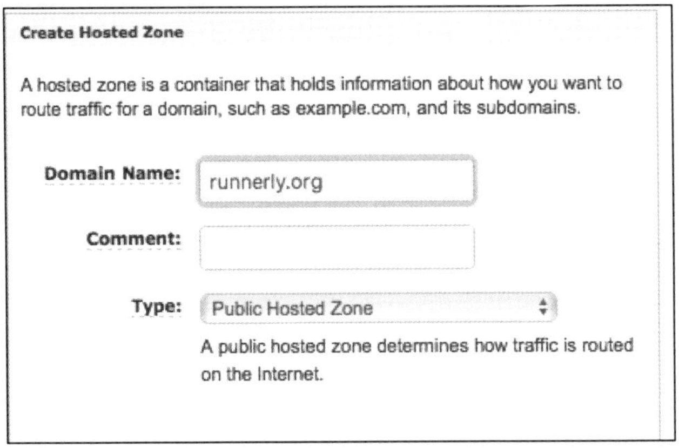

Create Hosted Zone

A hosted zone is a container that holds information about how you want to route traffic for a domain, such as example.com, and its subdomains.

Domain Name: runnerly.org

Comment:

Type: Public Hosted Zone

A public hosted zone determines how traffic is routed on the Internet.

앞에서 작성한 로드 밸런서를 목록에서 선택하면 도메인 이름이 해당 ELB에 연결된다.

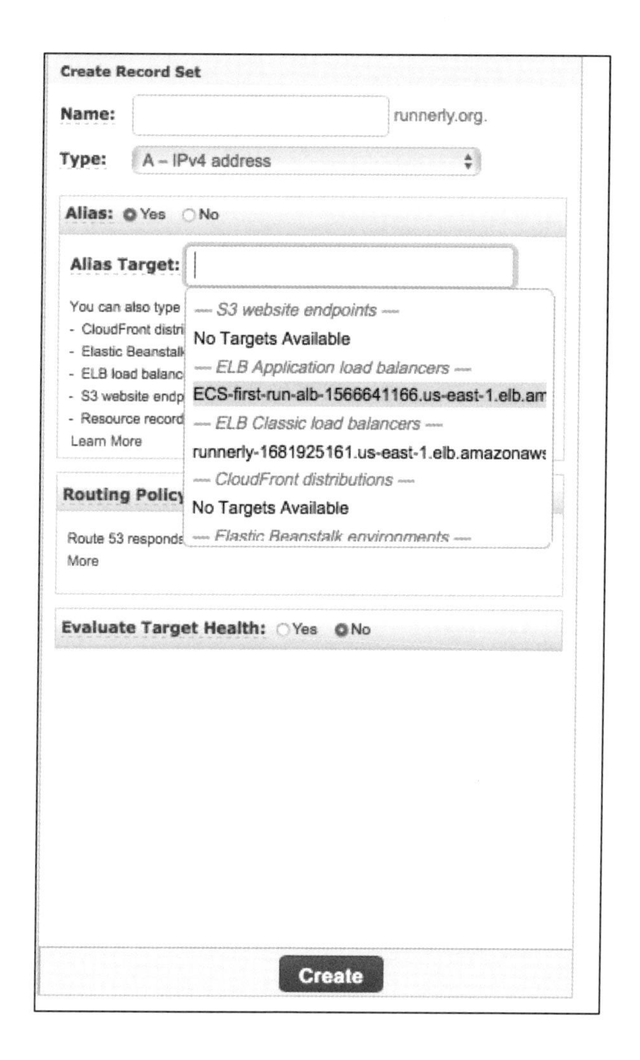

ECS 클러스터에 도메인 이름을 연결하려면 이 작업으로 충분하며, 이 외에 배포된 마이크로서비스 각각에 대한 하위 도메인 항목 등을 추가할 수 있다.

Route 53은 전 세계에 걸쳐 DNS 서버를 갖고 있고, ELB와 기본 서비스에 대해 주기적으로 `ping`을 보내는 데 사용할 수 있는 헬스 체크 같은 유용한 기능도 갖고 있다. 실패가 발생하면 Route 53은 CloudWatch로 알람을 보내고 정상 동작하는 다른 ELB로 트래픽을 보내 자동으로 장애를 회피한다.

요약

애플리케이션을 컨테이너화하는 것은 마이크로서비스 배포의 표준이 되고 있으며, 클라우드 공급업체는 이러한 추세를 따르고 있다.

구글이나 아마존 같은 대형 업체를 통해 도커 컨테이너 클러스터를 배포하고 관리할 수 있다. 애플리케이션을 도커에 담을 수 있다면 배포 역시 간단하다. 11장에서는 주요 AWS 서비스와 ECS로 도커 이미지를 관리하는 방법을 살펴봤다.

AWS의 모든 서비스에 익숙하다면 대규모 마이크로서비스 기반 애플리케이션뿐만 아니라 작은 규모의 애플리케이션도 게시 방법을 조정해가면서 자체 데이터 센터에서 운영할 때에 비해 비용을 크게 절감할 수 있다.

12장에서는 마이크로서비스 개발과 관련해 좀 더 알아볼 내용을 소개하면서 이 책을 마무리한다.

12

더 나아가기

얼마 전까지만 하더라도 파이썬 버전을 선택할 때 다음과 같은 두 가지 요소들을 고려했다.

- 애플리케이션을 배포할 운영체제
- 애플리케이션이 사용하는 라이브러리의 가용성

운영체제가 파이썬 버전 선택에 미치는 영향을 보여주는 좋은 예는 CentOS다. CentOS는 **레드햇 엔터프라이즈 리눅스**[RHEL]에서 유료 지원을 뺀 것으로 볼 수 있는데, RHEL을 사용했던 많은 기업이 CentOS로 이동했다. CentOS는 강력한 관리 도구 등 많은 장점을 갖고 있기 때문에 리눅스 배포판 중에서도 인기가 높다.

하지만 CentOS를 사용하면 파이썬을 직접 설치하지 않는 이상, 프로젝트에 파이썬 최신 버전을 사용할 수 없다. 게다가 운영 면에서도 지원하는 범위를 벗어날 수 있기 때문에 좋지 않아 보인다. 이런 이유로 개발자들은 어쩔 수 없이 2.6 버전을 오래 사용할 수밖에 없었고, 최신 구문과 기능을 사용하지 못했다.

파이썬 2를 사용할 수밖에 없었던 또 다른 이유는 핵심 라이브러리 일부가 파이썬 3로 이식 되지 않았기 때문이다. 하지만 이 문제는 더 이상 유효하지 않다. 2019년에 새로운 마이크로서비스 프로젝트를 시작할 계획이라면 파이썬 3에서 모든 기능을 사용할 수 있다.

이전 버전의 파이썬을 사용해야 했던 두 가지 이유는 지금은 모두 사라졌다. 리눅스 배포판에 상관없이 최신 파이썬 3로 개발한 애플리케이션을 도커 컨테이너를 통해 제공할 수 있다.

10장에서 살펴본 것처럼 도커는 애플리케이션을 컨테이너에 담는 표준이 되다시피 했다. 물론 CoreOS의 rkt(https://coreos.com/rkt) 같은 다른 방법을 사용할 수도 있다. 컨테이너 기술의 발전은 결국 이미지를 서술하는 표준을 만들 것이고, 각 컨테이너 엔진은 이 표준을 기반으로 동작하게 될 것이다. 참고로 이를 목표로 대형 컨테이너 기술 업체와 클라우드 업체가 참여하는 **오픈 컨테이너 협의체**OCI, Open Container Initiative가 설립되기도 했다.

이처럼 마이크로서비스 개발에 최신 파이썬 3와 도커를 사용하는 것은 효과적이고 안전한 방법이다. OCI와 같은 협의체가 구축하게 될 표준은 Dockerfile 구문과 매우 유사할 것이다.

파이썬 3.6 또는 상위 버전에서 더 멋진 기능을 제공한다면 버전을 업데이트하거나 새로운 마이크로서비스 개발에 해당 버전을 사용하는 데 별다른 문제가 없을 것이다. 이 책 전반에 걸쳐 얘기했듯이 각 마이크로서비스마다 다른 파이썬 버전이나 고유한 기술 스택을 적용할 수 있다.

플라스크는 마이크로서비스를 개발하는 데 효과적이며, 풍부하고 성숙한 생태계를 갖춘 프레임워크다. 하지만 파이썬 3.5 이후 async, await 같은 새로운 키워드를 사용하는 asyncio 라이브러리 기반의 웹 프레임워크 역시 새로운 대안이 되고 있다.

몇 년 후에는 이들 중 하나가 플라스크를 대체하는 가장 인기 있는 프레임워크가 될 수도 있다. I/O 기반의 마이크로서비스에서는 성능이 크게 개선되므로, 개발자들이 비동기 프로그래밍을 점차 채택할 것이기 때문이다.

12장에서는 파이썬 3.5 이상 버전에서 비동기 프로그램이 어떻게 동작하는지 알아보고, 마이크로서비스를 비동기 방식으로 개발할 때 사용할 수 있는 2개의 웹 프레임워크를 살펴본다.

반복자와 발생자

파이썬에서 비동기의 토대가 되는 건 반복자iterator와 발생자generator다. 파이썬에서 비동기 프로그램이 어떻게 동작하는지 이해하려면 먼저 이들이 어떻게 동작하는지 알아야 한다.

파이썬에서 반복자는 반복자 프로토콜을 구현한 클래스다. 이 클래스는 다음과 같은 2개의 함수를 구현한다.

- **__iter__( ):** 반복자 객체로, 보통 self를 반환한다.
- **__next__():** StopIteration( )이 발생할 때까지 다음 값을 반환한다.

다음은 반복자를 사용해서 피보나치Fibonacci 수열을 구현한 예제다.

```
# Chapter12
# fibonacci.py
class Fibo:
    def __init__(self, max=10):
```

```
        self.a, self.b = 0, 1
        self.max = max
        self.count = 0

    def __iter__(self):
        return self

    def __next__(self):
        try:
            return self.a
        finally:
            if self.count == self.max:
                raise StopIteration()
            self.a, self.b = self.b, self.a + self.b
            self.count += 1

for number in Fibo(10):
    print(number)
```

반복자는 루프에서 곧바로 사용할 수 있다. 출력 결과는 다음과 같다.

```
$ python fibonacci.py
0
1
1
2
3
5
8
13
21
34
```

반복자를 좀 더 파이썬처럼 만들기 위해 발생자가 제공된다. 발생자는 yield 키워드가 중요하다. return 대신 yield가 사용되면 이 함수는 발생자가 된다. 함수를 실행하는 도중 yield 키워드가 사용된 곳에 이르면 실행을 중지하고 산출된 값을 반환한다.

```
def fibo(max=10):
    a, b = 0, 1
    cpt = 0
    while cpt < max:
        yield a
        a, b = b, a + b
        cpt += 1
```

다른 언어에서 볼 수 있는 코루틴[coroutine]이 양방향이라는 것만 제외하면 발생자는 코루틴과 유사하다. 코루틴에서 yield는 값을 반환하지만, 다음 반복에 대한 값도 받을 수 있다.

함수 실행을 일시 중지하고 양방향으로 통신할 수 있는 능력은 비동기 프로그래밍의 기초가 된다. 이 기능을 사용하면 이벤트 루프를 사용해서 함수를 중지했다가 다시 시작할 수 있다.

yield는 sender( ) 함수를 통해 호출자로부터 값을 받을 수 있게 확장된다. 다음 예제에서 terminal( ) 함수는 3개의 echo, exit, eval 명령을 구현해서 콘솔을 흉내 낸다.

```
# Chapter12
# terminal_sample.py
def terminal( ):
    while True:
        msg = yield # msg에는 send( ) 호출로 보낸 값이 들어있다.
        if msg == 'exit':
            print("Bye!")
            break
        elif msg.startswith('echo'):
            print(msg.split('echo ', 1)[1])
```

```
        elif msg.startswith('eval'):
            print(eval(msg.split('eval', 1)[1]))
```

인스턴스가 생성되면 발생자는 send() 함수를 통해 데이터를 받을 수 있다.

```
>>> from terminal_sample import terminal
>>> t = terminal()
>>> next(t)
>>> t.send("echo 안녕")
안녕
>>> t.send("eval 1+1")
2
>>> t.send("exit")
Bye!
Traceback (most recent call last):
  File "<stdin>", line 1, in <module>
StopIteration
```

이런 동작 때문에 파이썬의 발생자는 코루틴과 유사하다.

yield에 추가된 또 다른 확장은 다른 발생자를 연결해서 호출할 수 있게 하는 yield from이다. 다음 예제에서 발생자는 다른 두 개의 발생자를 사용해서 값을 산출한다.

```
def gen1():
    for i in [1, 2, 3]:
        yield i

def gen2():
    for i in 'abc':
        yield i

def gen():
    for val in gen1():
```

```
        yield val
    for val in gen2():
        yield val
```

gen() 함수에 있는 for 루프는 yield from으로 대체할 수 있다.

```
def gen():
    yield from gen1()
    yield from gen2()
```

다음 코드는 gen1()과 gen2()가 종료될 때까지 gen() 함수를 호출한다.

```
>>> list(gen())
[1, 2, 3, 'a', 'b', 'c']
```

여러 개의 코루틴을 호출해서 완료를 기다리는 방식은 비동기 프로그래밍에서 일반적으로 사용하는 패턴이다. 이를 통해 개발자는 프로그램 로직logic을 작은 함수로 나누어 순서대로 조립할 수 있다. 각 yield 호출은 함수 실행을 일시 중지하고 다른 함수를 실행하게 한다.

이 기능을 통해 파이썬은 기본적으로 비동기 프로그래밍을 지원하는 단계에 한 발짝 다가갔다. 반복자와 발생자는 네이티브 코루틴을 만들기 위한 기본 요소로 사용된다.

코루틴

파이썬 3.5에 추가된 await, async 키워드는 coroutine 타입과 함께 비동기 프로그래밍을 좀 더 직관적으로 만들어준다. await 호출은 코루틴에서 다른 코루틴을 호출할 수 있게 하므로, yield from과 거의 동일하다. 차이점은, await는 발생자를 호출하는 데 사용할 수 없다는 것이다.

async 키워드는 함수의 for-loop를 원시 코루틴으로 표시해 함수를 사용할 때 발생자를 받는 것이 아니라 코루틴 객체를 받는다.

파이썬에 추가된 네이티브 코루틴 타입은 완전한 대칭 발생자와 비슷하지만, 주고받는 흐름은 실행을 조정하는 이벤트 루프에 위임된다.

다음 예제에서 asyncio 라이브러리는 main()을 실행하는 데 사용되며, 여러 개의 코루틴을 병렬로 실행한다.

```
# Chapter12
# asyncio_example.py
import asyncio

async def compute1():
    for i in range(5):
        print('compute1 : %d' % i)
        await asyncio.sleep(.1)

async def compute2():
    for i in range(5):
        print('compute2 : %d' % i)
        await asyncio.sleep(.2)

async def main():
    await asyncio.gather(compute1(), compute2())

loop = asyncio.get_event_loop()
loop.run_until_complete(main())
loop.close()
```

이러한 애플리케이션 스타일이 좋은 이유는 async와 await 키워드를 제외하면 보통의 순자적 파이썬 프로그램처럼 보이므로 가독성이 높다는 점이다. 그리고 코루틴은 멈춤이 아니라 제어를 통해 동작하므로, 스레드를 사용한 프로그램과 다르게 매번 동일한 방식으로 이벤트가 발생한다.

asyncio.sleep( ) 함수는 코루틴이므로 await 키워드로 호출한다는 것을 알아두자. 코드 실행 결과는 다음과 같다.

```
$ python asyncio_example.py
compute1 : 0
compute2 : 0
compute1 : 1
compute2 : 1
compute1 : 2
compute1 : 3
compute1 : 4
compute2 : 2
compute2 : 3
compute2 : 4
```

asyncio 라이브러리

귀도 반 로섬Guido van Rossum이 처음 실험적으로 만들었을 때 튤립Tulip으로 불리기도 했던 asyncio(https://docs.python.org/3/library/asyncio.html) 라이브러리는 이벤트 루프 기반의 비동기 프로그램을 작성하는 데 필요한 모든 기반 구조를 제공한다.

이 라이브러리는 파이썬에 async, await, 네이티브 코루틴이 도입 되기 전에 사용됐다.

asyncio 라이브러리는 트위스티드에서 영감을 받았으며, 트위스티드의 transport와 protocol을 모방한 클래스를 제공한다. 이들을 사용해서 네트워크 애플리케이션을 개발할 때는 TCP를 담당하는 transport 클래스와 HTTP를 담당하는 protocol 클래스를 조합하고, 콜백을 사용해서 실행의 다양한 부분을 조율한다.

그렇지만 네이티브 코루틴의 도입으로 인해 콜백 스타일 프로그래밍은 큰 매력이 없어졌다. await 호출을 통해 실행 순서를 조정하는 것이 가독성이 훨씬 좋기 때문이다. protocol 및 transport 클래스와 함께 코루틴을 사용할 수도 있지만, 원래의 설계는 이를 염두에 두지 않았으므로 약간의 추가 작업이 필요하다.

asyncio의 핵심 기능은 이벤트 루프 API와 코루틴이 실행되는 방식을 스케줄링하는 것이다. 이벤트 루프는 운영체제의 I/O poller(devpoll, epoll, kqueue)를 사용해서 I/O 이벤트 함수의 실행을 등록한다.

예를 들어 루프는 데이터 처리 함수를 실행하기 위해 소켓에서 데이터를 사용할 수 있을 때까지 대기할 수 있다. 이런 패턴은 어떤 이벤트 처리에도 적용할 수 있다. 예를 들어 코루틴 A가 코루틴 B가 완료되기를 기다리는 경우 asyncio에 대한 호출은 코루틴 B가 끝날 때 발생하는 I/O 이벤트를 설정해서 코루틴 A가 해당 이벤트가 다시 시작될 때까지 대기하게 만든다.

결과적으로 프로그램이 여러 개의 상호 의존적인 코루틴으로 분리되면 실행은 서로 밀접하게 연관된다. 이 패턴의 장점은 싱글 스레드 애플리케이션에서 복잡한 스레드와 락 처리 없이 수천 개의 코루틴을 동시에 실행할 수 있다는 점이다.

비동기 마이크로서비스를 만들기 위한 전형적인 패턴은 다음과 같다.

```
async def my_view(request):
    query = await process_request(request)
    data = await some_database.query(query)
    response = await build_response(data)
    return response
```

클라이언트의 요청에 대해 이 코루틴을 실행하는 이벤트 루프는 각 단계가 완료되기를 기다리는 동안 수백 개의 새로운 요청을 처리할 수 있다.

동일한 서비스를 플라스크로 만들고 싱글 스레드로 실행한다면 하나의 요청을 완전히 끝내야만 다음 요청을 처리할 수 있다. 따라서 수백 개의 동시 요청이 들어오면 곧바로 타임아웃이 발생한다.

단일 요청에 대한 실행 시간은 양쪽 모두 동일하지만, 많은 요청을 동시에 처리하고 실행하면 비동기 애플리케이션의 성능을 향상시켜 I/O 위주의 마이크로서비스에 특히 유용하다. 이를 통해 데이터베이스 호출이 반환되기를 기다리는 동안 CPU로 많은 일을 처리할 수 있다.

또한 서비스가 CPU 집약적인 작업을 처리한다면 asynio는 루프 안의 분리된 스레드나 프로세스에서 코드를 실행하는 함수를 제공한다.

계속해서 마이크로서비스를 개발하는 데 사용할 수 있는 asyncio를 기반으로 하는 2개의 프레임워크인 aiohttp와 Sanic에 대해 알아보자.

aiohttp 프레임워크

aiohttp는 asynio 라이브러리를 기반으로 하는 인기 있는 비동기 프레임워크로, 플라스크처럼 request 객체 및 쿼리와 함수를 연결하는 라우터를 제공한다.

asyncio 라이브러리의 이벤트 루프는 통합 작업의 대부분을 담당하는 Application 객체가 감싸므로 플라스크에서 작업할 때처럼 뷰를 만드는 데 집중할 수 있다.

다음 예제에서 api() 코루틴은 /api 엔드포인트가 호출될 때 JSON 응답을 반환한다.

```
# Chapter12
# aiohttp_example.py
from aiohttp import web

async def api(request):
    return web.json_response({'some': 'data'})
```

```
app = web.Application()
app.router.add_get('/api', api)
web.run_app(app)
```

run_app() 메소드로 이 스크립트가 시작되면 aiohttp 프레임워크에 내장된 웹 서버가 실행된다. 플라스크와 비교했을 때 가장 큰 차이점은 클라이언트 요청을 뷰로 라우팅할 때 데코레이터를 쓰지 않는다는 점이다.

이 프레임워크는 플라스크가 제공하는 것과 유사한 유틸리티 외에도 사용자 정의 에러 처리 같이 특정 작업을 처리하는 코루틴을 등록할 수 있는 미들웨어 등을 기본 기능으로 제공한다.

Sanic

Sanic은 또 다른 흥미 있는 프로젝트로, 코루틴을 쓰되 플라스크와 비슷한 방법으로 사용할 수 있게 한다.

Sanic은 이벤트 루프에 uvloop(https://github.com/MagicStack/uvloop)를 사용한다. uvloop는 libuv를 사용해서 만든 asyncio 루프 프로토콜의 Cython 구현으로 더 빠르다고 알려져 있다. 그 차이는 대부분의 마이크로서비스에서 무시할 수 있는 수준이지만, 특정 이벤트 루프 구현으로 쉽게 전환할 수 있다면 속도 이득을 취하는 것이 좋다.

방금 전의 예제를 Sanic으로 다시 작성하면 플라스크와 매우 비슷해 보인다.

```
# Chapter12
# sanic_1.py
from sanic import Sanic, response

app = Sanic(__name__)
```

```
@app.route("/api")
async def api(request):
    return response.json({'some': 'data'})

app.run()
```

이 프레임워크는 플라스크의 영향을 받았으며, 블루프린트처럼 플라스크에서 인기 있었던 대부분의 기능을 제공한다. Sanic만의 고유한 기능도 제공하는데, 이를테면 HTTPMethodView를 상속받아 클래스 기반 뷰를 만들 수 있다. 처리하고 싶은 HTTP 메소드에 뷰 함수를 구현하면 되고, get, post, put, patch, delete를 지원한다.

이 프레임워크는 또한 요청이나 응답을 변경하는 미들웨어를 제공한다. 다음 예제에서 뷰는 자동으로 JSON으로 전환되는 딕셔너리를 반환한다.

```
# Chapter12
# sanic_2.py
from sanic import Sanic
from sanic.response import json

app = Sanic(__name__)

@app.middleware('response')
async def convert(request, response):
    if isinstance(response, dict):
        return json(response)
    return response

@app.route("/api")
async def api(request):
    return {'some': 'data'}

app.run()
```

이 작은 미들웨어 함수는 마이크로서비스가 JSON 결과만 제공한다면 뷰 함수 구현을 더 단순하게 해준다.

비동기와 동기

비동기 모델로 전환한다는 의미는 프로그램 전반에 걸쳐 비동기 코드를 사용해야 한다는 것을 의미한다. 예를 들어 마이크로서비스에서 동기식 라이브러리인 `requests`를 사용한다면 엔드포인트에 대한 모든 호출은 이벤트 루프에서 블록되므로 비동기의 장점을 얻지 못한다.

기존 프로젝트를 비동기로 만드는 것은 설계를 완전히 바꾸는 것이므로 쉬운 작업이 아니다. 비동기 호출을 지원하게 변경해야 하는 프로젝트는 대부분 모든 것을 처음부터 다시 설계한다.

좋은 소식은 마이크로서비스를 개발하는 데 사용할 수 있는 비동기 라이브러리들이 점점 많아진다는 것이다. PyPI에서 aio나 asyncio로 검색하면 된다. 위키 페이지(https://github.com/python/asyncio/wiki/ThirdParty) 역시 살펴볼 만하다.

마이크로서비스를 개발할 때 사용 가능한 비동기 라이브러리 몇 개를 다음과 같이 정리했다.

- **aiohttp.Client:** requests 패키지를 대체할 수 있다.
- **aiopg:** Psycopg 상단에 만들어진 PostgreSQL 드라이버다.
- **aiobotocore:** AWS 클라이언트 - 공식 boto3 프로젝트로 합쳐질 수도 있다.
- **aioredis:** 레디스 클라이언트다.
- **aiomysql:** PyMySQL로 만든 MySQL 클라이언트다.

대체할 라이브러리를 찾지 못했다면 실행자executor를 통해 분리된 스레드나 프로세스에서 블로킹 코드를 실행하는 asyncio가 제공하는 방법을 사용할 수도 있다. 이 함수는 코루틴이며, concurrent 모듈의 ThreadPoolExecutor나 ProcessPoolExecutor 클래스를 사용한다.

다음 예제에서 requests 라이브러리는 스레드 풀에서 사용된다.

```
# Chapter12
# requests_example.py
import asyncio
from concurrent.futures import ThreadPoolExecutor
import requests

# blocking code
def fetch(url):
    return requests.get(url).text

URLS = ['http://ziade.org', 'http://python.org', 'http://mozilla.org']

# coroutine
async def example(loop):
    executor = ThreadPoolExecutor(max_workers=3)
    tasks = []
    for url in URLS:
        tasks.append(loop.run_in_executor(executor, fetch, url))

    completed, pending = await asyncio.wait(tasks)
    for task in completed:
        print(task.result())

loop = asyncio.get_event_loop()
loop.run_until_complete(example(loop))
loop.close()
```

run_in_executor()에 대한 각 호출은 Future 객체를 반환하는데, 비동기 프로그램에 동기적 지점synchronization point을 설정하기 위해 사용한다. Future 객체는 실행 상태를 주시하다가 사용이 가능할 때 결과를 얻어 올 수 있는 함수를 제공한다.

파이썬 3은 두 개의 Future 클래스를 갖고 있는데, 차이점이 크게 없어 혼란스러울 수 있다. asyncio.Future는 이벤트 루프에서 직접 사용할 수 있는 클래스고, concurrent.futures.Future는 ThreadPoolExecutor 또는 ProcessPoolExecutor 클래스에서 사용한다. 혼란을 피하기 위해 run_in_executor()와 동작하는 코드는 격리해야 하며, 결과를 얻을 수 있을 때 곧바로 가져와야 한다. Future 객체를 유지하면 위험할 수 있다.

ayncio.wait() 함수는 모든 Future가 완료되기를 기다린다. 그래서 example() 함수는 모든 Future가 반환될 때까지 블록된다. wait() 함수는 타임아웃 값을 가질 수 있으므로, 완료된 Future와 아직 동작중인 Future로 구성된 튜플을 반환한다. 타임아웃을 사용하지 않으면 (소켓 라이브러리에 타임아웃을 설정하지 않는 한) 무한정 대기한다.

스레드 대신에 프로세스를 사용할 수도 있다. 이 경우는 블로킹 함수에 들어오고 나가는 모든 데이터를 선택해줘야 한다. 특히 I/O 관련 코드라면 코드가 블록되지 않게 하는 것이 가장 좋은 옵션이다. CPU를 많이 쓰는 함수가 있다면 가능한 한 모든 CPU 코어를 활용하도록 별도의 프로세스를 실행해서 마이크로서비스 속도를 높이는 것이 좋다.

요약

12장에서는 파이썬의 비동기 방식을 활용해 마이크로서비스를 만드는 방법을 알아봤다.

플라스크가 뛰어난 프레임워크지만, 비동기 프로그래밍은 I/O를 많이 사용하는 마이크로서비스를 개발하는 데 새로운 전환점이 될 것이다.

파이썬 3.5 이상을 기반으로 하는 비동기 프레임워크와 라이브러리 수도 점점 늘어나고 있어 비동기 접근 방식은 더욱 매력적이다.

여러 마이크로서비스 중 하나에 대해서만 비동기 프레임워크를 적용하면 발생 가능한 위험을 미리 파악하고 안전하게 실험할 수 있다.

| 찾아보기 |

ㄱ

경쟁 조건 186
구글 클라우드 메시징 378
구문 강조기 126
기능 테스트 104, 108

ㄴ

느슨한 결합 38

ㄷ

단순 통지 서비스 378
단위 테스트 104
단일 책임 원칙 38
데이터 서비스 163
도메인 특화 언어 189
도커 344
도커 이미지 215
도커 컴포즈 216, 361
도커 허브 349
동기 방식 46
동기 함수 53
디버깅 77

ㄹ

라우팅 67
라우팅 모듈 69
레드햇 엔터프라이즈 리눅스 403
레디스 39
로컬 파일 취약점 258
루아 REPL 259
리액트 대시보드 281
리액트 프레임워크 281
리액트JS 280

ㅁ

마이크로서비스 27, 36
마이크로프레임워크 60
메시지 브로커 150
멤캐시드 39
모놀리식 30, 153
모델 143
모델-뷰-컨트롤러 279
모방하기 104
몽키 패치 49
문서화 102

ㅂ

바벨 283
반복자 405
발생자 405
방화벽 245
백그라운드 작업 149
버그질라 105
버전 고정 319
병렬성 47
보고서 서비스 162
부하 테스트 104, 113

분산 버전 제어 시스템 130
분산 시스템 223
뷰 143
블루프린트 77, 90
블링커 81
비동기 코드 54
비동기 파이썬 애플리케이션 53
비동기식 호출 206
비트버킷 131, 134

ㅅ

사용자 스토리 140, 141
사용자 인터페이스 36
사용자 정의 네트워크 기능 360
사용자 정의 시그널 82
사용자 정의 에러 핸들러 91
서명 알고리즘 78
서버 측 템플릿 주입 267
서비스 거부 258
서비스 디스커버리 365
서비스 수준 계약 215
서비스 워커 280
서비스 지향 아키텍처 29
세션 객체 144
셀레니움 117
순환 로그 파일 212
스레드-로컬 실행 컨텍스트 76
스웜 모드 364
스트라바 서비스 162
스트라바 토큰 153
스핑크스 124
승인 73
승인 코드 부여 237
시맨틱 버전 관리 체계 323

ㅇ

아마존 람다 369
아마존 웹 서비스 273, 367
아파치 벤치 113
앵귤러JS 280
어댑터 인스턴스 180
에러 처리 77
엔드 투 엔드 테스트 42, 104, 116
오픈 웹 애플리케이션 보안 프로젝트 257
오픈 컨테이너 협의체 404
오픈소스 소프트웨어 34
원격 코드 실행 258
원격 파일 취약점 258
원격 프로시저 호출 29, 172
웹 서버 지표 231
웹 애플리케이션 프레임워크 257
의사 스레드 48
인증 149, 155
인증기관 245

ㅈ

자격증명 155
전송 계층 156
전송 어댑터 178
전역 공간 77
정규 표현식 67
증분 버전 182
지속적인 배포 28
지속적인 통합 130

ㅊ

천공 카드 27
침투 태스트 108

ㅋ

커넥션 풀링 180
컨버터 70
컨텍스트 로컬 65
컨텍스트 스위칭 47
컨트롤러 143

코루틴 51, 407, 409
콜백 지옥 51
쿠버네티스 366
크로스사이트 스크립팅 258
크로스사이트 요청 위조 258
클라이언트 자격증명 238

ㅌ

태스크 큐 194
테스트 디스커버리 121
템플릿 77, 84
토네이도 46
토큰 기반 인증 239
토큰 발급자 245
토픽 큐 195
통합 테스트 104, 111
트랜스파일 282
트위스티드 46, 411

ㅍ

파이썬 패키지 색인 34
파이썬 핸들러 220
파일 디스크립터 337
퍼징 테스트 108
페이로드 240
표준 동기 코드 49
프로세스 간 통신 29
프로세스 매니저 308
프로토콜 버퍼 189
플라스크 34, 59
플라스크 대시보드 앱 290
플라스크 라우팅 시스템 72
플러그형 인증 시스템 74

ㅎ

해시 알고리즘 242
허가 149
헤더 240
확장 로그 포맷 219

A

ACM 44
Advanced Message Queuing Protocol 196
aiohttp 52, 413
AJAX 285
Amazon Lambda 369
Amazon Machine Image 373
Amazon Web Services 367
AMI 373
AMQP 196, 197
AngularJS 280
Apache Bench 114
Apache Public License Version 2 315
APL v2 315
app.logger 220
Association for Computing Machinery 44
async 52
Asynchronous JavaScript and XML 285
asyncio 51, 411
authenticate() 79, 157
Authentication 149
Authorization 73, 149
Authorization Code Grant 237
Auto Scaling 372
await 52
AWS 273, 367, 374

B

background.py 152
Bandit 274
base image 347
base64 73
BasicConverter 클래스 70
bdist_wheel 327
Bitbucket 131, 134

Blinker 80, 81
Blueprint 90
Boolean 플래그 159
Boom 113
Bugzilla 105
bug_link() 106

C

CA 245
callback hell 51
call_data_service() 256, 304
Celery 150, 162
Certificate Authority 245
CGI 45
change_user() 185
check_password_hash() 156
Circus 337, 356
CloudFront 375
Common Gateway Interface 45
componentDidMount() 286
Connexion 166
Consul 365
Content-Lengh 84
context local 65
context switching 47
Continuous Delivery 28
Continuous Integration 130
Controller 143
CoreOS 374
coroutine 51, 407, 409
CORS 294, 295
Coveralls 134
CPython 인터프리터 55
createClass() 283
create_token() 252
Cross Site Scripting 258
Cross-Origin Resource Sharing 295
Cross-Site Request Forgery 258
custom error handler 91

D

DateTime 192
db.session.query() 145
DDoS 공격 236
dis 모듈 55
Distributed Version Control System 130
Distutils 307
Django 87
Docker 344
Docker Compose 216, 361
Docker Hub 349
Docker 이미지 215
Document Object Model 117, 279
DOM 117, 279
Domain Specific Language 189
DoS 258
DVCS 130

E

EBS 375
EC2 371, 373
ECS 390
Elastic Block Store 375
Elastic Compute Cloud 371
Elastic Load Balancing 372
ElasticCache 375
ELB 372, 399
end-to-end 테스트 42
ETag 헤더 182
Etcd 365
exchange_code_for_token() 154

F

File Descriptor 337
Flakon 166
Flask 34, 59
Flask-Principal 159

Flask-Restless 91
Flask-SQLAlchemy 60, 144
flask-webtest 패키지 118
Flask-WTF 146
flask.app 62
flask.g 78, 182
form.hidden_tag() 148
Functional test 104
Fuzzing 테스트 108

G

GCM 378
generate_password_hash() 156
generator 405
GET 리소스 266
getInitialState() 286
get_connector() 175
get_new_bugs() 106
Gevent 44
GIL 55
Glacier 375
Global Interpreter Lock 55
Graphite 116
Graylog 214, 215
Greenlet 44, 47
GZIP 압축 187

H

Header 240
HMAC-SHA256 244
hmac.compare_digest() 252
HS256 242
HTML 태그 281
HTTP API 46
HTTP 메소드 67
HTTP 요청 173
HTTP 캐시 헤더 182
HTTP 클라이언트 173
HTTP 프로토콜 36
HTTP_SERVER 119

I

If-Modified-Since 183
incoming() 264
incremental version 182
INI 파서 88
ini 파일 277
Integration test 104
Inter-Process Communication 29
IPC 29
iterator 405

J

Jinja 85
Jinja 샌드박스 269
JIT 컴파일러 56
JSON 36, 165
jsonify() 64, 75
JSX 281
Just-In-Time 컴파일러 56
JWT 240, 242, 272

K

Konfig 프로젝트 89
Kubernetes 366

L

LFI 258
Load test 104
loadRunsFromServer() 286
Local File Inclusion 258
locust.io 116
logger.exception() 212
loose coupling 38

M

MANIFEST.in 321
max_retries 181
Memcached 39
message broker 150
MessagePack 189, 192
microservice 27
mock.patch 107
mocking 104
Model 143
Model-View-Controller 143
Model-View-Template 143
ModSecurity 257
Molotov 115
monkey patch 49
monolithic 30
MVC 143, 279
MVT 143
MyBugzilla 106

N

nginx 114
nginx 콘텐츠 팩 231
ngx.sleep() 264
Node.js 46
npm 290

O

OAuth2 140
OAuth2 댄스 153
OAuth2 프로토콜 236
Object-Relational Mapper 60
OCI 404
Open API 164
Open Container Initiative 404
OpenResty 259, 352, 353
openssl 명령 246
ORM 60
OSS 34
OWASP 257

P

parallelism 47
Payload 240
Penetration 테스트 108
PEP 309
periodic task 153
pip 96
pluggable 인증 시스템 74
pool_block 181
pool_connections 181
pool_maxsize 181
POST 호출 272
Postgres 서버 55
PostgreSQL용 라이브러리 53
premature optimization 113
process manager 308
protobuf 189
pseudo-threads 48
Pull Request 131
punched card 27
PyJWT 243
PyPI 34, 313
PyPy 인터프리터 56
pytest 121
pytest-flake8 122
Python Enhancement Proposals 309
Python Package Index 313
pyvenv 309

R

RabbitMQ 111
race condition 186
RDS 375
React.createClass() 283

ReactJS 280
Read-Eval-Print-Loop 259
ReadTheDocs 133
Redis 39
Registered Claim Name 242
regular expressions 67
Relational Database Service 375
Remote Code Execution 258
Remote File Inclusion 258
Remote Procedure Call 29, 173
request per second 114
requests 라이브러리 105, 173
reST 125
RESTful 36
reStructuredText 125
retries 178
RFC 242
RFI 258
RHEL 403
rotating 로그 파일 212
Route 53 372, 399
RPC 29, 172
RPS 114
RSA 개인 키 247
RSASSA-PKCS1-v1_5 서명 알고리즘 247
Runnerly 140

S

S3 375
SA 60
Sanic 414
SCons 309
sdist 325
Selenium 117
Semantic Versioning 323
Sentry 214
Server-Side Template Injection 267
service discovery 365
Service Worker 280
Service-Level Agreement 215
Service-Oriented Architecture 29
SES 376
session 객체 77
Setuptools 96
SHA-512 해시 알고리즘 247
Signature 240
Simple Email Service 376
Simple Notification Service 376
Simple Queue Service 376
Simple Storage Service 375
SLA 215
SMTP 서버 214
SMTPHandler 212
SNS 376, 378
SOA 29
Sphinx 124
sphinx-quickstart 125
SQL Injection 257
SQL 주입 257
SQL 쿼리 53
SQLAlchemy 60
SQS 376
srcache-nginx-module 266
SSTI 267
Strava 140
stravalib 153
Swagger 164, 165
swarm mode 364
sync 방식 46
syntax highlighter 126
syslog 212

T

TDD 101
Test Discovery 121
Test-Driven Development 101
test_client() 109
test_network_error() 107

test_proper_404() 110
test_raise() 110
thread-safe 블록 72
thread_local execution context 77
Time-To-Live 243
TIOBE 랭킹 44
TokenDealer 249, 253
Topic 큐 195
Tornado 46
Tox 123
tox-travis 프로젝트 132
transpile 282
Transport Adapter 178
transport layer 156
Travis-CI 131
TTL 243
Twisted 46

U

UDP 214
Unit test 104
unittest.main() 121
URL 매퍼 75
urllib3 180
url_for() 70, 72, 271
user story 140
user-defined network feature 360
uvloop 414

V

version pinning 319
View 143
Virtualenv 프로젝트 309

W

WAF 257
Web Server Gateway Interface 45
WebTest 118
Werkzeug 63
WSGI 45
WSGI 미들웨어 82
WSGI 표준 44
WSGI 환경 변수 73
WTForms 146
WTForms-Alchemy 149

X

X-Forwarded-For 83
X.509 표준 245
Xen 하이퍼바이저 373
XSRF/CSRF 258
XSS 258

Y

yamlify() 76

에이콘출판의 기틀을 마련하신 故 정완재 선생님(1935-2004)

파이썬 마이크로서비스

모범 사례로 알아보는 파이썬 마이크로서비스 개발, 테스트, 배포, 확장까지

발 행 | 2019년 5월 17일

지은이 | 타렉 지아드
옮긴이 | 김 현 욱

펴낸이 | 권 성 준
편집장 | 황 영 주
편 집 | 조 유 나
디자인 | 박 주 란

에이콘출판주식회사
서울특별시 양천구 국회대로 287 (목동)
전화 02-2653-7600, 팩스 02-2653-0433
www.acornpub.co.kr / editor@acornpub.co.kr

ISBN 979-11-6175-273-0
ISBN 978-89-6077-210-6 (세트)
http://www.acornpub.co.kr/book/python-microservices

이 도서의 국립중앙도서관 출판시도서목록(CIP)은 서지정보유통지원시스템 홈페이지(http://seoji.nl.go.kr)와
국가자료공동목록시스템(http://www.nl.go.kr/kolisnet)에서 이용하실 수 있습니다.(CIP제어번호: CIP2019017955)

책값은 뒤표지에 있습니다.